全国教育科学"十二五"规划
青年基金项目（CIA120152）

国际视阈中基于专业认证的本科教学质量保障体系构建

贾莉莉　著

立信会计出版社
LIXIN ACCOUNTING PUBLISHING HOUSE

图书在版编目(CIP)数据

国际视阈中基于专业认证的本科教学质量保障体系构建 / 贾莉莉著. —上海：立信会计出版社,2018.12
ISBN 978-7-5429-6023-8

Ⅰ.①国… Ⅱ.①贾… Ⅲ.①本科—教育质量—研究—中国 Ⅳ.①G649.21

中国版本图书馆 CIP 数据核字(2018)第 302038 号

策划编辑　　王艳丽
责任编辑　　王艳丽

国际视阈中基于专业认证的本科教学质量保障体系构建

出版发行	立信会计出版社			
地　　址	上海市中山西路 2230 号	邮政编码	200235	
电　　话	(021)64411389	传　　真	(021)64411325	
网　　址	www.lixinaph.com	电子邮箱	lixinaph2019@126.com	
网上书店	http://lixin.jd.com		http://lxkjcbs.tmall.com	
经　　销	各地新华书店			
印　　刷	江苏凤凰数码印务有限公司			
开　　本	710 毫米×1000 毫米		1/16	
印　　张	15.75			
字　　数	272 千字			
版　　次	2018 年 12 月第 1 版			
印　　次	2018 年 12 月第 1 次			
书　　号	ISBN 978-7-5429-6023-8/G			
定　　价	78.00 元			

如有印订差错,请与本社联系调换

前　　言

　　立德树人是高校的立身之本,本科教育是高等教育的基础,创办世界一流大学必须紧紧抓住提高人才培养质量的核心问题。因此,建立本科教学质量保障体系是世界各国高校普遍关注的重点。在高等教育国际化背景下,对本科教学质量保障体系构建的研究具有重要的现实意义。专业是大学培养人才的基本单位,专业认证是提高高等教育质量的重要方法。它具有以学生为中心、以结果为导向、以持续改进为机制的核心特征,在世界范围内具有广泛的影响力和认可度。从专业认证的角度入手,按照专业认证的基本要素和逻辑体系进行专业建设,不仅有利于丰富我国高等教育专业认证的相关理论研究,为高校开展专业认证提供理论指导和实践参考,而且有利于建立国际认可的教学质量标准和质量文化,促进我国本科人才培养规格与国际市场准入条件的顺利接轨。

　　本书遵循理论探讨—现实审视—国际视野—实践分析这一逻辑主线,通过分析高等教育质量保障思想的发展脉络,阐明了专业认证与本科教学质量保障的关系,厘定了专业认证的本质内涵、核心特征及其有效范式;通过追溯国内高校本科教学质量保障制度的发展历程,分析了当前我国高校本科教学质量保障体系存在的主要问题,明确了我国高校本科教学质量保障体系构建的关键点;通过追踪分析国际上工程教育认证制度和商科教育认证制度的发展进程,以及美国本科教学质量保障体系的改革案例,明晰了专业认证的基本要素和行动逻辑;通过对比分析以专业认证为抓手的本科教学改革实践,为我国高校以专业认证为导向构建本科教学质量保障体系提出了具有针对性的建议和对策。

全书共分八章。第一章绪论包括研究背景、研究现状、研究方法、核心概念界定等内容。第二章从高等教育的"质量"内涵出发，阐述了代表着"特殊性""完美性"（或"一致性"）、"合目的性""等值性""变革性"五个不同维度的质量概念；分析了高等教育质量保障思想"三阶段"和"四阶段"的发展历程，指出在不同的政治、经济和文化背景中，高等教育质量保障体系构成了不同的质量评价范式，形成了不同的理论分析和实践分析框架。第三章从专业认证的内涵入手，指出专业认证是基于"标准"的质量问责，是"理想"的质量保障方法；通过追溯我国高校本科教学质量保障制度的发展动因、发展进程和基本特点，从理论和现实两个角度指出了以专业认证为切入点开展本科教学质量保障制度改革的紧迫性和重要性。第四章从认证组织构成、认证程序、认证标准、认证结果、认证的基本特点等角度，先后对比分析了美国、日本、印度和中国的工程教育认证制度，勾勒了工程教育国际认证的共性特征，明确了专业认证是院校规范发展、自我提升、自我管理的重要途径。第五章从认证范围、认证标准、主要特点等角度分析了AACSB、EQUIS等全球范围内卓越商科教育的国际认证制度，明确了商科教育开展国际认证的特殊性要求；通过对比分析国内高校参与AACSB、EQUIS等两大国际认证制度的现状，客观指出了国内商科教育开展国际认证的难点问题。第六章从范式类型、核心理念和基本特征等方面，分析了专业认证作为本科教学质量保障有效范式的主要特点，指出了学生的学习结果评价是专业认证有效推进的重要抓手，并以美国高校为例，从"评什么""怎么评"等方面，对如何开展学习结果评价进行了论述。第七章选取了具有代表性的案例，从推进动因与原则、组织与实施、经验借鉴等方面，系统分析了"美国大学学习测评项目"的主要特点；从质量文化理念、质量评价范式、教学支持系统等方面，分析了世界一流大学卡耐基·梅隆大学的本科教学内部质量保障机制，总结了美国本科教学质量保障制度改革对我国高校本科教学质量保障制度的经验借鉴和启示。第八章从共性问题和特殊问题两个方面深入分析了我国高校本科教学质量体系运行中的突出问题和在国际认证过程中遇到的"瓶颈"问题，以及立足国内工程教育领域和商科教育领域开展专业认证的教学实践，从顶层设计、培养目标、监控关键点、教师发展、教学数据库建设等方面，提出了相应的对策和建议。

  作为一项科学研究，相关实证数据的收集和整理是研究成果具有创新性的重要基础之一。由于各种原因，本书内容在实证研究方面尚显不足，尤其是在商科教育的国际认证领域。作为《华盛顿协议》的正式成员，我国的工程教育认证制度已具有国际实质等效性，相关高校推进工程教育认证实践的数据信息相对公开、易获取；而对于参与 AACSB、EQUIS 等商学院国际认证的高校而言，鉴于目前这些国际认证组织的保密性原则，相关高校在商科教育国际认证实践方面的数据信息未公开，制约了本书实证数据的收集和分析。2018 年，教育部发布了《普通高等学校本科专业类教学质量国家标准》，该标准对高校如何按照专业认证的要求推进本科教学改革进行了明确规定。因此，随着我国高校本科教学改革的不断深化，无论是学理探讨或是实证数据分析，专业认证的相关研究和实践将会持续得到丰富和发展，这对于建设具有中国特色、国际水平的高等教育质量保障体系具有积极而深远的意义。

  在全书撰写的过程中，作者有幸获得上海市教育委员会的资助，赴美国匹兹堡大学国际教育研究所进修学习了一年，得到了 Williams Jacob James 教授的悉心指导和帮助。在这一年的学习中，作者不仅收集到了大量珍贵的文献资料，加深了对美国专业认证制度的认识和理解，丰富了书中案例分析的对象和内容，而且切实体验到了美国大学学术研究规范的严苛性，深刻认识到了敬畏科学研究的意义和价值，这对作者今后的学术研究具有很好的鞭策作用，吾当自勉之！

无论是人文社会科学领域或是自然科学领域,任何一项科研成果的取得都需要保持一种永不服输的精神和心境,保持一种"咬定青山不放松"的毅力和勇气。只有具备坚持不懈、遇到问题不气馁的觉悟,才能真正体验到科研的乐趣所在。同时,在研究的过程中,我们要学会"取巧",我们需要掌握科学的研究方法、培养良好的科研习惯,需要制定科学合理的研究目标和研究方案。只有做好这些,才能够让研究活动事半功倍,才能获得理想的研究成果。"耐得住寂寞,才守得住繁华,不忘初心,方得始终",与各位同仁共勉之!

一次远行,一种收获,一份成长,一份感恩。在全书付梓出版之际,感谢我的丈夫朱志国先生和我的儿子朱若愚同学全心全意的支持和付出,感谢课题组各位同仁、陈昕老师、立信会计出版社王艳丽编辑的耐心指导和帮助!

客观审视国内高校本科教学改革的现状,按照专业认证的基本要求和行动逻辑推动大学本科教学改革是必然趋势。在我国高校深入推进专业认证理论研究和教学实践的改革大潮中,本书抛砖引玉,若能有裨于万一,实乃人生一大幸事。囿于本人学识有限,本书不足和谬误之处恳请各位前辈和同仁批评指正!

作者
2018.12

目　录

第一章　绪论 ··· 1
　　一、研究背景 ··· 1
　　二、研究现状 ··· 1
　　三、研究方法 ·· 13
　　四、核心概念界定 ·· 14

第二章　高等教育质量保障思想的发展 ··· 16
　第一节　高等教育质量的内涵 ··· 16
　　一、代表着"特殊性"的高等教育质量观 ·· 16
　　二、代表着"完美性"（或"一致性"）的高等教育质量观 ····················· 17
　　三、代表着"合目的性"的高等教育质量观 ······································· 18
　　四、代表着"等值性"的高等教育质量观 ·· 20
　　五、代表着"变革性"的高等教育质量观 ·· 21
　第二节　高等教育质量管理思想的发展 ··· 23
　　一、高等教育质量管理的理论基础 ·· 23
　　二、高等教育质量管理的发展阶段 ·· 25
　第三节　高等教育质量保障框架的形成 ··· 27
　　一、理论分析框架 ··· 27
　　二、实践运行框架 ··· 33

第三章　专业认证与本科教学质量保障 ··· 39
　第一节　专业认证是本科教学质量保障的方法 ···································· 39
　　一、专业认证的内涵 ·· 39
　　二、专业认证是基于标准的质量问责 ··· 40

三、专业认证是理想的质量保障方法 …………………………………… 41
　第二节　中国本科教学质量保障制度的发展 ……………………………… 43
　　一、发展动因 ………………………………………………………………… 43
　　二、发展进程 ………………………………………………………………… 44
　　三、基本特点 ………………………………………………………………… 50

第四章　工程教育认证制度的国际比较 …………………………………… 53
　第一节　美国的工程教育认证制度 ………………………………………… 53
　　一、ABET 的认证组织 ……………………………………………………… 54
　　二、ABET 的认证程序 ……………………………………………………… 54
　　三、ABET 的认证标准 ……………………………………………………… 55
　　四、ABET 的认证结果 ……………………………………………………… 57
　　五、ABET 认证的基本特点 ………………………………………………… 58
　第二节　日本的工程教育认证制度 ………………………………………… 59
　　一、JABEE 的认证目的 …………………………………………………… 59
　　二、JABEE 的认证现状与认证程序 ……………………………………… 60
　　三、JABEE 的认证标准 …………………………………………………… 61
　　四、JABEE 的认证结果 …………………………………………………… 63
　　五、JABEE 认证的基本特点 ……………………………………………… 64
　第三节　印度的工程教育认证制度 ………………………………………… 65
　　一、NBA 的认证标准 ……………………………………………………… 65
　　二、NBA 的认证程序 ……………………………………………………… 67
　　三、NBA 认证的认证结果 ………………………………………………… 68
　　四、NBA 认证的基本特点 ………………………………………………… 69
　第四节　中国的工程教育认证制度 ………………………………………… 70
　　一、我国工程教育认证的发展历程 ……………………………………… 70
　　二、CEEAA 的组织构成 …………………………………………………… 71
　　三、CEEAA 的认证标准 …………………………………………………… 73
　　四、CEEAA 的认证程序 …………………………………………………… 73
　　五、CEEAA 的认证结论 …………………………………………………… 76

六、CEEAA 认证的基本特点 …………………………………… 76
七、国际比较视野中工程教育认证的共性特征 ………………… 77

第五章 商学院国际认证体系比较 ………………………………… 79
第一节 全球商学院认证体系 ………………………………… 79
一、商学院认证体系 …………………………………………… 79
二、会计学专业认证体系 ……………………………………… 84
三、中国高质量 MBA 教育认证 ……………………………… 87
第二节 AACSB 认证体系分析 ………………………………… 89
一、AACSB 的认证范围 ………………………………………… 89
二、AACSB 的认证标准 ………………………………………… 90
三、AACSB 认证的主要特点 …………………………………… 96
四、AACSB 认证的重要启示 …………………………………… 99
第三节 EQUIS 认证体系分析 ………………………………… 101
一、EQUIS 的认证范围 ………………………………………… 101
二、EQUIS 的认证标准 ………………………………………… 102
三、EQUIS 认证的主要特点 …………………………………… 105
四、EQUIS 认证对财经类院校发展的重要启示 …………… 107
第四节 国内高校参与商学院国际认证的现状 ……………… 108
一、参与 AACSB 和 EQUIS 认证的现状 …………………… 108
二、组织开展商学院国际认证的难点 ………………………… 110

第六章 专业认证的有效范式 ……………………………………… 112
第一节 专业认证的范式类型 ………………………………… 112
一、工程教育认证中的 OBE 模式 …………………………… 112
二、商学院认证中的 AOL 模式 ……………………………… 116
第二节 专业认证的核心理念 ………………………………… 118
一、强调以学生为中心 ………………………………………… 119
二、关注结果导向 ……………………………………………… 121
三、侧重持续改进 ……………………………………………… 122

第三节 专业认证有效范式的基本特征 ·················· 123
    一、学习结果评价"评什么" ·························· 123
    二、学习结果评价"怎么评" ·························· 125

第七章 基于有效范式的美国本科教学质量保障改革 ············ 129
第一节 MCLP 的推进动因与原则 ······················ 129
    一、MCLP 的推进动因 ····························· 130
    二、MCLP 的核心原则 ····························· 131
第二节 MCLP 的组织与实施 ························ 133
    一、MCLP 学科领域的选择 ·························· 133
    二、MCLP 专家的遴选 ····························· 134
    三、MCLP 的政策依据 ····························· 134
    四、MCLP 的成果特色 ····························· 135
第三节 MCLP 的经验借鉴 ·························· 139
    一、形成专门学科的学习结果评价体系 ··················· 139
    二、开展学习结果评价的专门培训 ····················· 140
    三、综合运用多样化的测评工具 ······················ 141
第四节 世界一流大学本科教学内部质量保障机制案例分析 ········ 141
    一、多维的质量文化理念 ·························· 142
    二、结果导向的质量评价范式 ······················· 144
    三、问题导向的教学支持系统 ······················· 146
    四、经验启示 ······························· 148

第八章 基于专业认证的本科教学质量保障改革 ·············· 152
第一节 我国高校本科教学质量保障体系存在的问题 ··········· 152
    一、共性问题 ······························· 153
    二、特殊问题 ······························· 156
第二节 基于专业认证的本科教学内部质量保障改革案例 ········· 158
    一、工程教育领域 ····························· 158
    二、商科教育领域 ····························· 165

第三节 思考与建议 ································· 168
   一、加强大学生的学习与发展研究 ······················ 169
   二、构建结果导向的闭环保障机制 ······················ 170
   三、强化教师的学习结果评价培训 ······················ 172
   四、优化校院两级教学支撑系统 ························ 173

参考文献 ··· 175

附录一 AACSB 商学院国际认证标准（2003 年）············ 184
附录二 EQUIS 商学院国际认证标准（2013 年）············· 200
附录三 AMBA 商学院国际认证标准（2011 年）············· 219
附录四 AACSB 会计学认证标准（2003 年）················· 224

第一章 绪 论

一、研究背景

提高本科人才培养质量是世界各国高等教育的核心问题,建立有效的本科教学质量保障体系是各国高校普遍关注的重点。在高等教育国际化背景下,研究本科教学质量保障体系构建具有重要的现实意义。从实际情况来看,我国大部分高校的教学质量保障活动尚停留在质量监控的层面上,虽然教育部已经发布了92个本科专业类教学质量的国家标准,但各高校相关学科专业的具体教学质量标准尚不够明确,完全意义上的教学质量保障体系仍处于不断探索和完善中。

专业认证是国际范围内高等教育质量保障的重要方法,是由第三方专业认证机构对各专业类教学计划实施的专门认证,其核心特征在于明确了专门职业人才培养的基本质量标准,为高校培养融通教育与社会实践的动态适用性人才提供了切实有效的指导。同时,经济全球化和《服务贸易总协定》推动了各国高等教育的人才培养在最大程度上实现了国际接轨,增加了人才流动和互认的可能,而要取得国际社会对我国专业人才教育质量的广泛认可,必须通过国际公认的认证标准和程序。2013年,我国加入《华盛顿协议》,这意味着我国的工程教育专业认证具备了国际实质等效性。因此,按照专业认证的基本要素和逻辑体系构建本科教学质量保障体系,对于在高等教育大众化时代构建长效的内部质量保障机制具有重要的现实意义和指导价值。

二、研究现状

(一)有关高等教育质量观的研究

高等教育质量观是高等教育质量体系的核心,对高等教育实践的发展与变革具有重要的引领作用。目前,学界有关高等教育质量观的研究呈现出多元化的特征,不同的学者从不同的角度对其进行了阐释,其中比较具有代表性的观点主要有以下四种：①从人才观的角度把高等教育质量观分为知识质量观、能力质量观、全面素质质量观，提出新时代需要坚持全面质量观；①②从教学实践的角度提出三种应该和谐统一的教育质量观，即内适性质量观、外适性质量观、个适性质量观；②③从市场需求的角度提出要确立发展的质量观、多样化的质量观、整体性的质量观，并用"市场力"来检验、约束、提高、保障高等教育质量；④从教育评估的角度提出树立科学的质量观，以高等教育教学评估为手段构建高等学校内部教学质量保障体系，建立校内教学质量保障的长效机制。③

（二）有关高等教育质量保障理论与实践的研究

高等教育质量保障是世界范围内高等教育研究领域的重要话题。目前，学界对高等教育质量保障的相关研究既有学理上的深入探讨，又有实践上的比较分析；既有对其历史演变轨迹的系统梳理，又有对其未来发展挑战的客观审视。

1. 高等教育质量保障思想的反思和改革探讨

传统意义上的相关理论研究更侧重于强调和肯定高等质量保障的积极意义，而现阶段的相关理论研究则更注重反思和批判高等教育质量保障可能的消极影响，更关注高等教育质量保障在新形势下的变革和发展。比较具有代表性的观点指出④，现代意义的高等教育质量保障既是一种具有强烈问责取向的意识形态也是一种技术手段，在日益理性化和专业化的同时也逐渐演化为一种权力机制。对于遵从的倡导、对于技术的迷思以及权力和责任的失衡，是当前高等教育质量保障所固有的弊端。要使提高高等教育质量成为一项可持续的事业，须将质量保障思想转变为一种质量文化，一方面，需要对传统的高等教育质量保障思想进行反思和革新；另一方面，需要在各利益相关者之间形成一种基于相互信任的、以社会契约关系为核心的整体性质量文化。

有些学者认为⑤，质量评价和质量保障是以问责为导向，而不是以提升为导向。因此，这一指向与学术文化的核心价值观是相悖的，因为学术文化倡导的是院校自治和自我提升。他们普遍认为，质量保障的过程旨在产生系列的质量报告，与学术文化的核心旨趣并不一致。质量保障的目的在于对外在质量标准的适应和匹配，而不是变革提升教学质量。质量保障的实施方式带来了巨大的管

---

① 潘懋元.高等教育大众化的教育质量观[J].清华大学教育研究,2000(1):11-15.
② 陈玉琨.高等教育质量保障体系概论[M].北京:北京师范大学出版社,2004:23.
③ 别敦荣.高等教育质量观与优质高等教育的发展[J].大学(研究与评价),2007(10):50-56.
④ 张应强,苏永健.高等教育质量保障:反思、批判与变革[J].教育研究,2014(5):19-28.
⑤ ROSA J M, AMARAL A. Quality Assurance in Higher Education: Contemporary Debates[M]. New York: Palgrave Macmillan, 2014:181-183.

理压力和成本负担;"科层制"的质量保障管理机制,分散了教师的教学和科研的精力。

也有学者指出①,立足世界高等教育质量保障的发展经验,后大众化阶段高等教育质量保障的实施主体、目标、手段以及评价标准将呈现出不同的特点。在后大众化阶段,政府在高等教育质量保障中的角色、社会各界对质量保障的关注点、质量保障文化的理念以及质量保障的范畴等将呈现出新的发展态势。因此,对已逐步进入后大众化阶段的中国高等教育质量保障体制建设来说,应积极树立以学习者为中心的质量保障理念,营造以质量文化为灵魂、以保障制度为载体的质量保障氛围,设计具有全球视野、国际普遍认同的质量保障框架。

2. 高等教育质量保障面临挑战的分析

有学者从历史和国际比较的视角指出②,东亚许多国家与地区的高等教育质量保障机制存在很多共性。这些共性主要体现在四个方面:①多数东亚国家和地区中央政府在批准新建院校或停办高校等方面拥有极大的权力;②东亚许多国家与地区建立了多层次的高等教育质量保障框架;③越来越多的利益相关者开始积极参与高等教育质量保障活动;④东亚许多国家和地区构建的高等教育质量保障体系都或多或少地受到西方高等教育质量保障理念和实践的影响。从高等教育质量保障的目的和今后的变化趋势来看,美国高等教育的质量保障模式在东亚地区产生了深远的影响,但是这并不意味着东亚各国与地区会使用统一的质量保障概念,或基于同样的社会背景开展相关活动或确立同样的高等教育质量保障目标。东亚许多国家和地区在积极构建新型高等教育质量保障体系和开展相关活动过程中面临的主要挑战和问题包括:一些国家和地区现行的高等教育质量保障框架不能很好地适用于所有层次和类型的高等院校,许多国家和地区的高等教育评估实践存在较为严重的官僚主义倾向,以及质量保障活动中学生参与度很低、没有形成真正的"质量保障文化"等。

有学者认为③,高等教育质量保障是现代高等教育系统中不可或缺的、正式的制度安排,也正在成长为一种新兴的、专门化的职业。强调问责、设置专门机构以及遵循近似的原则与实施程序等是全球高等教育质量保障的共同特征。在出现趋同化的同时,不同国家制度环境中的质量保障还呈现出一些本土化特征。

---

① 于杨.后大众化阶段高等教育质量保障的特点及发展趋势[J].高等教育研究,2016(3):39-45.
② 黄福涛.东亚高等教育质量保障的变化与挑战——历史与比较的视角[J].清华大学教育研究,2018(2):1-9.
③ 苏永健.高等教育质量保障的历史演进、全球扩散与发展趋势[J].高等教育研究,2017(12):1-11.

寻求问责与改进之间的平衡、提高学生在质量保障中的地位、通过范式变革形成质量文化、加强质量保障机构自身的建设等是高等教育质量保障发展的主要趋势,但如何将质量提高的理念内化为院校的质量文化意识,如何优化现有的调查工具及过程以更好地服务于质量的持续提高,则是当今高等教育质量保障面临的主要挑战。

有学者指出①,不恰当的高等教育质量管理活动可能会削弱高校办学的自主权,抑制其创新和多样性,可能会增加高校及其教师教学和研究工作之外的负担,而使高等教育质量管理活动异化为保障和提高高等教育质量的障碍,面对质量评估、制定质量标准等质量保障措施都存在异化风险的现实,高等教育质量管理宜着眼于督促高校承担质量责任、激发高校的活力和创造性,而不宜过分着眼于规范高校的教育活动。

3. 高等教育质量保障的国际比较研究

有学者指出②,荷兰的成功经验表明:大学自治与政府问责之间应存在合理的张力关系,政府问责的同时应遵循大学自治原则,大学自治的同时亦应回应政府问责,即尊重大学和政府维护各自权益的方式。大学自治与政府问责之间合理张力关系的形成,需要以高校获取相对独立地位、发挥学术团体的作用、完善第三方评估机制及有效借助市场力量为实现路径。也有学者指出③,欧洲高等教育质量保障标准由欧洲高等教育质量保障协会(European Association for Quality Assurance in Higher Education,ENQA)及其他"E4"集团*成员共同制定,该标准由内部质量保障标准、外部质量保障标准和质量保障机构标准三部分组成,三者相辅相成,共同构成了欧洲高等教育质量保障的基石。借鉴欧洲高等教育区质量保障标准的发展历程和内容理念,建议我国的高等教育质量保障工作应充分尊重高等教育系统的多样性,统筹内外部的质量保障活动,保持问责与改进之间的平衡,增强质量保障机构的独立性。

有的学者提出④,日本的高等教育质量保障可以划分为三个不同的阶段:基

---

① 马凤岐.高等教育质量管理的异化风险——基于国际经验的比较与启示[J].苏州大学学报(教育科学版),2018(2):33-40.
② 滕曼曼.荷兰高等教育质量保障中大学自治与政府问责之间的张力关系及其实现路径[J].外国教育研究,2017(9):26-35.
③ 陈寒.欧洲高等教育区质量保障标准:发展与启示[J].中国高教研究,2018(6):90-97.
* "E4"集团:E标志源于欧洲经济委员会(European Commission of Europe,ECE)颁布的法规,主要是对机动车技术进行认证。E标志证书的发证机构是 ECE 成员国的政府部门,各国的证书有相应的编号,"E4"是荷兰政府的证书编号,"E4"集团是接受荷兰政府认证的相关国家。
④ MORI,RIE.日本高等教育质量保障的发展历程[J].孟卫青,译.苏州大学学报(教育科学版),2018(2):60-66.

于许可的质量控制时代、基于院校自查的外部质量保障时代、目前被积极提倡但仍不确定的内部质量保障时代。基于许可的质量控制时代,是日本适龄青年人口迅速增长的时代,政府审批是日本高等教育质量保障的主要机制;在基于院校自查的外部质量保障时代,为保持政府严密监督和市场机制之间的平衡,引入第三方团体对高等教育质量进行认证和评估;在不确定的内部质量保障时代,基于各利益相关者对第三方认证与评估效力的质疑,日本高等教育系统提倡高校引入内部质量保障机制,并发布了针对内部质量保障的指导原则。同时指出,为顺应高等教育国际化向纵深发展的趋势和要求,中国、日本、韩国三国政府合作开展了国际交换和外部质量保障项目,并积极探索一种能在最大程度上让高等教育主要的消费者——学生受益的质量保障方式。

有的学者认为[①],在高等教育大众化和普及化的背景下,多样化是加拿大高等教育系统的主要特征。国际教育市场的竞争压力和新旧学位项目互认困难的现实问题,是推动加拿大开展高等教育质量保障活动的重要动因。其质量保障活动的主要特征是以立法为基础,注重大学的内部保障,各高等教育机构都建立了自己的内部评估政策并明确了相应的评估标准和程序;采取多样化的途径和方法对不同类型的高等教育机构或项目进行评估,针对某一专业通过不同的方式从不同层面上发挥质量保障作用;各利益相关者既关注质量保障结果也关注质量保障数据等。在未来,加拿大政府希望建立全国统一的质量保障体系与标准,继续推进"泛加拿大"(pan-Canadian)进程,形成国家层面的宏观调控与省级政府、高等教育机构、专业组织的分类指导相结合的内外部质量保障体系。结合我国国情,加拿大高等教育质量保障活动在非政府组织、高校联合组织建设和高校内部质量保障方面的经验值得借鉴。

有的学者研究发现[②],从教育治理的角度看,经过长期的历史发展,美国已经形成一种治理主体多元化、治理过程规范化、治理组织网络化、治理机制弹性化的内外"双轨制"高等教育质量保障体系,在深层教育结构和体制层面能够有效地持续推动高等教育的健康发展。联邦和各州政府的宏观引导、第三方认证机构的监督评估以及社会力量的评价监督是美国高等教育外部质量体系的主要特点;高标准的教师管理、规范化的院校自评制度是美国高等教育内部质量保障的明显特征。借鉴美国高等教育质量保障的有益经验,我国的高等教育质量保障

---

① 李素敏,陈利达.加拿大高等教育质量保障:动因、体系、特征与趋势[J].高校教育管理,2017(6):109-116.

② 张地珂.美国"双轨制"高等教育质量保障体系构建及启示[J].湖北社会科学,2016(2):176-180.

活动需要积极扶持多元化的治理主体,不断优化治理机制,完善高校内部治理体系。

4.我国高等教育质量保障的政策分析

有的学者指出①,从历史制度主义的视角看,1949—2009年,我国的高等教育质量保障政策经历了从单一封闭走向开放多样化的变迁趋势,大体上经历了革命性制度变迁与渐进性制度变迁两个阶段,呈现出了制度断裂与渐进演变交织的状态。计划经济制度的思维惯性、社会本位的文化观念影响质量保障制度的深层结构。质量保障制度具有较强的路径依赖现象,但也有制度的微调、置换甚至剧烈变化。如何通过制度创新来克服转型期的路径依赖,是中国高等教育改革的重大研究课题。

有学者以近30年我国高等教育质量保障政策为研究对象,从"颁布数量""适用类别""主体构成""文本形式""政策主题""政策工具"6个维度对69份政策文本进行了统计分析。该研究指出②,在1985—2016年,我国的高等教育质量保障从起步到形成较为庞大的政策体系经历了酝酿、发展、加速、密集4个时期,呈现出渐进性与爆发性、综合性与专一性、强权威性与弱依赖性、建设性与保障性、规制性与单一性并存的特征;政策数量与高等教育发展中的焦点事件紧密相关;政策的核心为评估,评估是我国高等教育质量保障的利器;政策工具的应用存在路径依赖,即权威工具使用过溢。政策价值取向从工具理性走向了价值理性。

有的学者研究发现,从扎根理论的视角看,我国的高等教育质量保障政策具有如下几个特征:一是在不同时期具有不同的表现形式,酝酿期的政策设计属于投资型,探索期的政策设计属于发展型,创新期的政策设计属于拓展型,完善期的政策设计属于收益型;二是相关制度逐渐规范化、价值主体趋于多元化、价值客体更加复杂化、价值关系持续动态化;三是价值选择取向经历了从政治价值到经济价值,再到社会价值,然后到多元化价值的嬗变过程。③

(三)有关本科教学质量保障的研究

本科教学质量保障是高等教育质量保障体系的核心。学界对这一研究领域

---

① 黄容霞.我国高等教育质量保障政策60年演变(1949—2009年)——基于历史制度主义分析视角[J].现代大学教育,2012(6):69-76.
② 刘晖,李晶.我国高等教育质量保障政策变迁——基于1985—2016年的政策文本[J].苏州大学学报(教育科学版),2018(2):24-32.
③ 唐素云.我国高等教育质量保障政策的价值分析(1985—2017年)[D].广州:广州大学,2018.

尤为关注,在理论探讨和案例分析方面,形成了一系列的研究成果,为本研究提供了较为丰富的研究素材和研究启示。

1. 本科教学内部质量保障体系构建的理论探讨

目前,学界普遍认为,全面质量管理是本科教学内部质量保障体系的基本分析框架。比较具有代表性的观点认为,高校内部质量保障体系建设是高等教育质量管理发展到一定阶段的产物。高校的目标和使命是质量保障的基础,办学投入是质量保障的条件,办学过程是质量保障的核心,办学成果的评价是不断改进和提高质量的主要途径和措施①。本科教学内部质量保障体系建设应当以质量生成过程的分析为基础,寻找质量关键控制点,梳理完善已有的质量管理制度,通过评价手段对这些控制点进行有效监控从而达到质量的保障。②

有效的教学活动是构建本科教学质量保障体系的关键,而学生自主学习动力和能力的提升是有效教学活动的重要保证。因此,学界相关的研究指出,应从学生的地位和发展需求出发,尝试探索构建一种新型的本科教学质量保障体系。例如,欧洲学者提倡要建立"学生参与"的高等教育质量保障③;美国学者提出要建立"以学生学习为中心"的高等教育评估模式,通过利用"全国大学生参与度调查"(National Survey of Student Engagement, NSSE)测量工具对全美范围内四年制本科院校学生的学习投入和发展程度进行年度调查,及时发现并改进大学生在学习过程中存在的问题与不足,从而不断提升教学质量。④

2. 本科教学质量保障体系构建的案例研究

鉴于高等院校机构层次和类型的多样性,学界有关本科教学质量保障体系构建的案例分析相对分散,研究视角各异,研究对象既有应用型本科院校和研究型大学,也有本国院校和境外高校,研究内容和结论的借鉴意义相对有限。比较具有代表性的观点有以下几种。

有的学者指出,从学生评教的视角看,哈佛大学本科教学质量保障体系的主要特征包括重视师生的共同参与,设置了专业化的教学质量保障机构,开展了形式多样的教学质量保障活动。结合国内高等教育发展的实际情况,高校应积极鼓励教师和学生参与到教学质量保障体系的建设中,以丰富质量保障的主体;应设立院校两级专业化的教学质量保障机构,以推动质量保障体系建设的制度化;

---

① 戚业国.高校内部本科教学质量保障体系建设的理论框架[J].江苏高教,2009(2):31-33.
② 戚业国.本科教学质量保障体系建设的思想与方法[J].教师教育研究,2007(2):6-13.
③ 赵叶珠.学生参与:欧洲高等教育质量保障的新维度[J].复旦教育论坛,2011(9):47-50.
④ 勒海卿.高等教育质量评估的新视角——"全美大学生投入性学习"NSSE 的解析[J].科技信息,2011(1):552.

应坚持在教学过程中实现教学质量保障体系建设,从而实现质量保障体系建设的可持续性发展。①

有的学者则通过运用大数据驱动设计厦门大学本科教学内部质量保障的闭环体系,提出本科教学内部质量保障体系应从关注定性质量转变为注重定性定量质量结合、从关注表象质量转变为注重内涵质量、从关注制度建设转变为注重质量文化、从关注质量的部分环节转变为注重质量的全生命周期环节,从而建立人才培养质量的有机协同机制,实现对人才培养全过程的闭环质量监控。②

(四)有关专业认证的理论研究

专业认证是高等教育质量保障的重要方法。近年来,有关专业认证的学理探讨、工程教育认证和商学院国际认证的主题研究相继展开,为专业认证的后续研究奠定了良好的基础。

1. 专业认证本质特性的分析

学界普遍认同了专业认证对于高等教育质量提升的意义和价值。比较具有代表性的观点指出,专业认证具有保证和提高教育质量、保证高等教育学术价值、避免受到政治的影响和干预以及为公众的利益服务的重要作用。③ 开展专业认证是高等教育国际化背景下大学参与竞争的内在诉求,可以确保大学获得预期的高质量生源。④

有的学者指出,专业认证既具有考察专业教育目标实现程度的外在形式,又具有以专业价值为主体性事实判断的内在属性;专业认证检验高校知识传授的效用和不以认证结果为终结的特殊价值,认证机构的管理主义倾向和高校的功利主义价值观在专业认证中占支配地位,对专业认证实施产生了负面影响。⑤

有的学者提出,专业认证主要具有两个方面的作用:一是用可接受的最低标准对专业的教育质量进行评价,使公众、学校和学生的利益得到基本保障;二是力图通过制定评价教学效果的准则,通过持续的自评、专家评审等,鼓励和促进

---

① 江珊.哈佛大学教学质量保障体系建设探析——基于学生评教的视角[J].高校教育管理,2016(2):86-91.
② 计国君,邬大光.构建大数据驱动的内部质量保障体系[J].厦门大学学报(哲学社会科学版),2018(2):53-64.
③ MILTON J S. An overview of U.S. accreditation[EB/OL].(2011-04-28)[2016-11-19]. http://www.chea.or-g/pdf/2009.06_Overview_of_US_Accreditation.pdf.
④ 菲利普·G·阿特巴赫.高等教育变革的国际趋势[M].北京:北京大学出版社,2009.
⑤ 张妍. 我国高校实施专业认证问题研究[D].沈阳师范大学,2012:6.

相关专业改进工作。① 同时,专业认证也是学生、联邦和州政府、雇主以及普通大众参与教育评估的主要手段②。

2. 专业认证理念的研究

目前,有关专业认证的核心理念,在国内外学界基本达成共识。研究者普遍认为,结果导向、以学生为中心、持续改进是专业认证的三个核心理念,这些理念代表了专业教育改革的基本方向。③ "结果导向"的理念要求专业教育教学应侧重学生学习结果的测评而不仅仅是教师教学目标的实现;"以学生为中心"的理念要求在专业教学过程中,应充分尊重学生的主体地位,充分调动学生学习的自主性和积极性;"持续改进"的理念要求专业教学的质量保障应建立良性循环的"闭合"机制,以确保教学质量的不断提升。

3. 专业认证制度的研究

认证是美国高等教育质量保障的基本特征,包括院校认证和专业认证两种形式。经过长期的发展,美国高等教育的认证制度已日臻成熟和完善,是学界一直关注的研究领域。

其一,有关专业认证制度特点的研究。有的学者指出,美国高等教育认证制度具有自愿与强迫相济、独立与制约相倚、科学性和民主性兼顾、自治与责任并重的四大特性。④ 有的学者通过对美国高等教育专业认证制度的形成动力、发展历史、运作过程、特点和作用的剖析,指出美国高等教育专业认证制度较好地协调了美国高等教育内部以及美国高等教育与政府、社会之间的关系,是美国高校自我管理的重要手段和维护学术价值的重要力量。⑤

其二,有关专业认证制度与专业执业资格制度的关系研究。有的学者提出,专业认证是高等学校人才培养与社会人才需求之间联系最为紧密的结合点,美国的市场准入制度与高校专业人才培养的专业认证制度之间具有紧密的关联性。⑥

其三,有关专业认证制度治理模式的研究。具有代表性的研究指出,专业认证制度是一个能够在不同专业或国家广泛移植采用的教育评估制度,其治理模

---

① 赵振新.AACSB工商管理类专业认证体系的系统研究[D].广州:华南理工大学,2011:4.
② EATON J S. Before you bash accreditation, consider the alternatives[J]. Chronicle of Higher Education, 2003, 49(25):15.
③ 李志义.解析工程教育专业认证的成果导向理念[J].中国高等教育,2014(17):7-10.
④ 熊耕.美国高等教育认证制度特点分析[J].比较教育研究,2002(9):8-12.
⑤ 吕小梅.美国高等教育认证制度研究[D].武汉:武汉理工大学,2006:11.
⑥ 董秀华.专业市场准入与高校专业认证制度研究[M].上海:上海人民出版社,2009:5.

式是实现高等教育专业人才培养的根本保障。从利益相关者理论、利益相关者共同治理理论的角度看,专业教育是一个由政府、专业协会(专业认证机构)、行业市场、社会公众、专业教育院系、教职人员、教师、学生等利益相关者组成的系统,为了维护各利益相关者的权益,应建立一个由专业教育利益相关者共同治理的质量保障体系。该质量保障体系通过专业协会(专业认证机构)的介入、能力标准体系的形成以及专业教育院校与专业协会(专业认证机构)合作等方面的共同作用来完成。①

4. 专业认证与教学质量保障体系的关系研究

虽然学界普遍认同专业认证是高等教育质量保障的重要方法,但是不少研究主要侧重分析了高校开展专业认证的必要性,对于如何按照专业认证的内在规律性要求构建教学质量保障体系尚处于探索阶段,系统性的理论框架仍在持续探讨中。有的学者指出,在高等教育全球化的浪潮中,建立和完善质量保障机制已成为我们当前的必然选择。有益的国际经验包括:对质量保证主体的职责进行重新定位;重组或新建质量保证组织机构;变革外部质量保证的内容与功能;发展专业组织或专业协会以及实施专业认证;建立国际化的高等教育质量保证网络等。②

有的学者指出,专业认证不同于以往的本科教学工作水平评估,也不同于各个研究机构或媒体对大学的评价和排名,正确理解和认识专业认证工作,建立有效的本科教学质量保障体系,需要处理好认证过程中的5个关系:点评与面评、自评与考评、"门槛"与水平、学校与业界、考查与督导③。

(五)有关工程教育认证的国际比较研究

工程教育认证是国际范围内比较成熟的专业认证制度。围绕工程教育认证的标准、组织实施等内容,学界从理论与实践、历史与现实等不同维度进行了剖析,展现了不同国家和地区工程教育认证的主要特征,对本研究深入探讨专业认证的相关理论和实践问题具有重要的借鉴和启发意义。

有的学者在借用伯顿·克拉克和加雷斯·威廉姆斯的高等教育系统协调关系模式理论的基础上,深入分析了英国重视高等工程教育质量保障的政治、经济、教育等背景动因,提出了英国高等工程教育质量保障的"三维"主体模型;从

---

① 卢晶.高等教育专业认证制度的治理模式研究[M].北京:经济管理出版社,2011:4.
② 李奇.论我国高等教育质量保障体系的建构[J].国家教育行政学院学报,2010(11):25-30.
③ 刘志军,等.正确认识和把握高等工程教育专业认证中的五个关系[J].中国高等教育,2009(18):22-23.

政府、大学和市场导向的工程理事会的角色出发,厘清了各自在推动英国高等工程教育质量保障过程中所承担的责任和拥有的权力。就政府而言,英国政府对高等教育保留了有限的权利,充分给予了大学办学自主权,在经费保障、政策制度、搭建质量保障平台、购买质量评估服务等方面履行了主要责任。就大学而言,它是根据市场变化和工业发展的需求,有效调整质量保障方向,从生源质量、课程与教学的质量、专业师资力量、教学质量评价等方面监控大学内部的工程教育质量。就工程理事会而言,它扮演了高等工程教育质量的客观评判者,以市场的质量标准来衡量大学工程教育质量水平的高低,重点承担了英国高等工程教育专业认证和工程师的注册,并代表英国工程团队与国际工程专业团体在协议框架下加强沟通交流,实现资质互认。①

有的学者以欧洲工程教育认证网络及欧洲工程教育专业认证体系的出现和发展为切入点,分析了其历史、背景、组织结构、认证标准,及其与欧洲各国工程教育专业认证之间的关系,并将欧洲工程教育专业认证体系与华盛顿协议进行了比较,发现欧洲工程教育专业认证体系在欧洲层面建立起了一种分散式的第一阶段和第二阶段统一的认证体系。欧洲工程教育专业认证体系既强调灵活性和兼容性,又努力保证各国的多样性。②

有的学者从历史制度主义的分析范式入手,探讨了德国工程教育专业认证制度的变迁逻辑。从历史的角度来看,德国工程教育专业认证制度的建立更多是外因催发下的产物,是一种自上而下、由政府主导的"强制性制度变迁";从主体结构来看,政府、高校、工业界和专业协会扮演着不同的角色,四者相互协作与博弈,形成了具有德国特色的制度均衡系统。③

有的学者指出,立足印度高校类型多样化和工程教育层次不同的现实,印度国家认证委员会采用产出导向的指标体系和动态提升的认证程序,对本国的工程教育进行了分级认证,以培养国际劳动力市场和本国发展所需要的优秀工程专业人才④。同时,从建立独立的认证机构、完善认证标准并实现国际互认、加强认证后的监督等方面,提出印度高等工程教育专业认证的实践经验对我国高等工程教育认证的发展具有重要的参考价值。⑤

---

① 辛越优.英国高等工程教育质量保障体系研究[D].浙江大学,2017:4.
② 袁本涛,郑娟.博洛尼亚进程后欧洲工程教育专业认证的发展研究[J].清华大学教育研究,2015(1):28-33.
③ 胡德鑫.德国工程教育专业认证制度的变迁逻辑及其启示——基于历史制度主义的分析范式[J].高校教育管理,2017(6):74-82.
④ 庄丽君.印度高等工程教育专业认证的特点[J].高教发展与评估,2016(1):47-54.
⑤ 甘宜涛,雷庆.印度高等工程教育专业认证:实践与借鉴[J].高教探索,2017(3):45-49.

有的学者以国内某大学已经接受工程教育认证的四个专业为研究对象,分析探讨了工程教育认证与工程教育质量之间的关系,指出利用现有的工程教育专业认证制度,有助于建立和完善工程教育质量保障,能够最大限度提升我国的工程教育质量。①

有的学者则系统地阐述了工程教育认证中基于学习产出的教育模式(outcomes-based education,OBE)的概念、理论基础以及特点,剖析了汕头大学近年来 OBE 工程教育模式的实践与探索,针对汕头大学 OBE 工程教育模式的实践架构、实施特点、实施重点、实施特色以及遇到的困难进行了详细阐述,以期为建设具有可持续性和弹性灵活的高水平 OBE 工程教育模式提供借鉴。②

(六)有关商学院国际认证的研究

商学院国际认证代表着卓越的商科教育质量,参与商学院国际认证是世界各国商科教育的重要发展趋势。与工程教育认证不同,商科教育认证需要在商学院获得认证的基础上,才能申请相应的专业认证。目前,学界有关商科教育认证的相关研究主要聚焦在美国国际精英商学院协会(The Association for Advancing Collegiate Schools of Business,AACSB)推出的 AACSB 认证体系,由欧洲管理发展基金会(European Foundation for Management Development,EFMD)推出的 EQUIS(The European Quality Improvement System,EQUIS)认证体系以及由英国 MBA 协会(The Association of MBAs,AMBA)推出的硕士及以上管理课程的 AMBA 认证体系,侧重从认证体系形成的动因、认证标准以及组织实施等方面进行了探讨。

有的学者指出,社会问责与竞争优势是美国大学商学院主动申请认证的两大动力要素,并提出美国大学工商管理专业认证是商学院发展战略的必然选择,成为商学院教育质量赢得社会认同并获取社会资源的重要手段,专业认证被视为教育质量优质的象征。在我国,评估结果公信度的提高,还需从评估理念、评估方式、评估定位、评估队伍和评估内容等方面加以完善。③

有的学者从 AACSB 组织的发展历程与机构设置、认证标准和认证程序、要素构成、整体结构、外部环境等方面对 AACSB 的认证体系进行了研究,并结合我国高等教育工商管理专业评估的实际情况,与 AACSB 认证体系进行了对比,针对我国高等教育工商管理专业评估存在的不足,借鉴 AACSB 认证体系的先

---

① 孙晓娟. 专业认证视角下工程教育质量保障研究[D].华东理工大学,2016;3.
② 顾佩华,等. 基于"学习产出"(OBE)的工程教育模式[J].高等工程教育研究,2014(1):27-37.
③ 李云梅. 美国大学工商管理教育专业认证探析[J].高等工程教育研究,2011(2):155-160.

进经验提出了若干建议。①

综上所述,已有的高等教育质量保障与本科教学质量保障研究大多从质量管理的角度,对本科教学质量保障体系进行了系统梳理和总结,丰富了高等教育质量保障的理论和实践。本书将从专业认证的角度,针对目前我国高校本科教学质量保障体系中存在的一系列现实问题,通过工程与技术专业认证(Accreditation Board for Engineer and Technology,ABET)与商学院国际认证(AACSB、EQUIS、AMBA)的比较研究和典型案例分析,归纳总结专业认证的基本构成要素和逻辑框架,以此为高校构建外部与内部有效结合的本科教学质量保障体系提供建议与对策。

三、研究方法

(一)文献法

文献法又称历史文献法,是一种比较古老、用途广泛的基础性资料收集方法。它旨在通过阅读、分析相关的文献资料,以全面客观、深入透彻地审视某一个问题。在实际运用过程中,研究者需要根据自身对课题的理解,确定所需要查阅的文献范围,充分利用纸质图书资源和网络资源等方式进行检索,进而收集文献、摘录信息、分析文献。本书通过系统收集并阅读有关高等教育质量保障、本科教学质量评估、专业认证及 AACSB、EQUIS、AMBA 认证体系研究相关的文献资料,全面梳理本科教学质量保障的理论脉络、专业认证的相关理论框架与实践探索,以形成对本科教学质量保障思想及其相关理论问题的系统认识,为本书奠定扎实的学理基础。

(二)比较研究法

比较研究法是一种在教育科学研究中运用广泛、价值较高的研究方法。它是根据一定的标准,对两个或两个以上有联系的事物或人进行研究,寻找其相似性或相异程度,探究其内在规律性的方法。本书立足专业认证的实践要求,从发展历程、认证理念、认证标准、认证程序等方面,分别对美国、日本、印度、中国等主要国家的工程教育认证制度,以及 AACSB、EQUIS 两大认证体系之间的共性和个性特征进行了比较分析,以期尽可能全面、深刻地把握工程教育认证和商学院国际认证体系的特征与本质,从而概括提炼出专业认证的基本构成要素和逻辑体系,以加深本书对专业认证内在规律性的理解和把握。

---

① 赵振新. AACSB 工商管理类专业认证体系的系统研究[D]. 广州:华南理工大学,2011:6.

（三）半结构式访谈法

半结构式访谈法（semi-structured interviews）是按照一个粗线条的访谈提纲而进行的非正式访谈。与结构式访谈法相比，该方法不遵循固定的程序进行访谈，鼓励受访者自由表达自己的观点；它具有较强的灵活性，通过对相关问题的细致追问，可以得到更深入的信息。为深入了解本科教学质量评估和专业评估过程中存在的问题及其改进需求，本书通过设计相应的访谈提纲，对本科教学质量保障的相关人员进行访谈，以全面把握发现本科教学质量保障体系构建过程中存在的瓶颈；对国内已经获取专业认证的高校就其获取认证的经验进行访谈，以发现我国高等教育专业认证过程中所面临的主要挑战、原因及其发展诉求，为本书提出的建议和对策提供有力支撑。

（四）案例分析法

案例分析法又称个案研究法，是研究者结合文献资料对某一研究对象进行分析，总结归纳事物一般性规律的方法。因此，在案例的选择上，应具有一定的代表性和典型性。本书以世界一流大学本科教学的内部质量保障机制为例，通过剖析其长效机制的主要特点，结合专业认证的内在规律性要求，为我国本科教学质量保障体系构建提出相应的建议和对策。

四、核心概念界定

（一）质量保障

有关质量保障的概念，国际上尚未完全形成共识。不同的学者从不同的角度进行了阐释。国际高等教育质量保障组织（International Network for Quality Assurance Agencies Education，INQAAHE）将质量保障定义为建立利益相关者自信心的过程；日本大学学位授予和大学改革机构将质量保障界定为高校保障其教学和研究制度的机制，其目的在于取得利益相关者的信任。

国内比较权威的说法指出，质量保障是"以保障和提高教学质量为目标，高等院校运用系统的概念和方法，设置必要的组织机构，把各部门、各环节的质量管理活动严密地组织起来，对影响教学质量的一切因素实行有效监控，形成一个有明确任务、职责、权限、相互协调、相互促进的质量管理有机整体"。[①] 这一概念进一步明确了质量保障的目的与形式、内容与方法，对于本科教学质量保障体

---

① 黄福涛.东亚高等教育质量保障的变化与挑战——历史与比较的视角[J].清华大学教育研究，2018(2):1-9.

系的构建具有明确的导向性和参考价值。

（二）专业认证

专业认证是承认高等学校所开设的专业符合预先的合格标准的质量保证过程。[①] 它是高等教育质量管理的一种基本模式，是相对于院校认证而言的。一方面它对专业的教育质量进行评估，引导并推动高校学科专业的教学改革、建设与管理，促使其不断提高教育质量；另一方面，它向公众提供专业教育质量的权威判断，具有公信力。与"纠结"于过程导向或结果导向的专业评估相比，它是针对专业教育质量而采取的一种过程评价与结果评价相结合的综合性评价、鉴定方式；与传统的以教师为中心、侧重教学目标实现的教学评价方式相比，它是以学生为中心、侧重学生学习结果评价的新型教学评价方式。作为一种重要的高等教育质量保障方式，专业认证为我国高校本科教学质量保障体系的构建提供了一种有效的路径选择。

---

① 张妍.我国高校实施专业认证问题研究[D].沈阳师范大学,2012:6.

第二章　高等教育质量保障思想的发展

质量从来都不是一个绝对的概念,高等教育的质量内涵也是一个不断发展的概念。高等教育质量保障是一种重要的质量管理方式,它的形成和发展与高等教育的质量观及其发展阶段密切相关,在高等教育发展的不同阶段具有不同的表现形式。在不同的政治、经济和文化背景中,高等教育质量保障构成了不同的质量评价范式,形成了不同的质量保障框架。从理论分析框架上看,主要有模型框架、政策框架和社会认知框架;从实践分析来看,外部质量评价和跨境质量评价是两种具有通用特征的质量保障范式。

第一节　高等教育质量的内涵

质量是一个相对的概念,对于不同的利益相关者具有不同的理解和内涵。尽管学界关于高等教育质量控制、质量保障、质量管理、质量审计、质量评估等领域的探讨络绎不绝,但是有关"质量"本质的探讨却很鲜见。比较具有代表性的观点指出,有关质量的内涵可以分为五种看似独立却相互关联的理解,即"特殊性"(exceptional)、"完美性"或"一致性"(perfection/consistency)、"合目的性"(fitness for purpose)、"等值性"(value for money)、"变革性"(transformative)。不同的质量内涵具有相应的质量评价方式。

一、代表着"特殊性"的高等教育质量观

传统意义上的质量概念是指产品的特殊性,这种特殊性包含三方面的意义:与众不同、卓越性、符合一系列既定的标准。所谓与众不同,意味着高等级、高质量的产品传递出的是产品拥有者或使用者的特殊地位。[1] 因此,"象牙塔"时代的高等教育本身就是质量的象征,当时能够接受高等教育的只是少数人。人们

---

[1] PREFFER N, COOTE A. Is Quality Good for You? A critical Review of Quality Assurance in Welfare Services[M]. London: Institute of Public Policy Research, 1991:11-13.

普遍认为,以牛津大学、剑桥大学为代表的高等教育机构本身就是高质量教育的体现,毋庸其他机构进行认定。所谓卓越性意味着高标准和"零瑕疵"[1],这种卓越性只能在特定条件下得以实现,拥有良好声誉和资源的高等教育机构自然可以招收优秀的学生并为之提供良好的教育环境以促进其成长,因为投入资源的卓越性,其产出质量自然也是卓越的。这种通过院校声誉和投入资源水平来判定质量的方法,已然成为英美等国测量高等教育机构质量的重要手段。所谓符合一系列既定的标准,意味着通过了系列质量标准的测定且被认定为"零瑕疵",这是科学质量控制的结果。这些质量标准通常由外部机构制定,通过测评的高等教育机构将被进行质量排名,政府对一所大学教育质量的判定依据就是这些既定的标准。从这个角度看,质量标准应该是客观的、可测量的[2],但是鉴于学科的差异和机构类型的差异,为所有高等教育机构制定统一的质量标准实际上很困难。

二、代表着"完美性"(或"一致性")的高等教育质量观

这种质量观聚焦产品的生产过程,在生产过程的每一个环节都设定了必须要达到的具体要求,以保证产品的"零瑕疵"。其中,每一个生产环节所要达到的具体要求并不是质量标准也不需要用其他标准来测评。"零瑕疵"意味着产品生产过程的每一个环节都是准确无误的,以确保最终产品的质量。从这个角度看,它体现了预防远胜于监控的质量观[1],它关注产品的每一个生产环节,以预防失误的发生;而不是在产品的最后产出环节进行监控,去确认发生了什么样的失误。从本质上看,"零瑕疵"的质量观与质量文化紧密相关。所谓质量文化,是指组织内的每个人不仅是质量的控制者,而且都要对质量负责。组织内个体与个体之间的联系节点构成了质量的"联系界面"[1],这些联系节点可能是顾客、程序员或供应商,每个联系节点的责任就是确保最终的产品能够满足接收者既定的明确而具体的要求。所以,质量不仅与消费者的需求有关,而且要确保产品生产或传递过程的每个环节都做到零失误。质量文化在本质上反感质量监控,更强调生产过程中"首先要做正确的事"[1],如果生产过程的某个环节出现失误,必须第一时间进行更正并要预防类似失误的再次发生。事实上,对最终的产出进行监控只不过是将每个生产环节的责任进行了"外移",而这恰恰是质量文化所排

---

[1] HARVEY L, GREEN D. "Defining" quality[J]. Assessment & Evaluation in Higher Education, 1993,18(1): 9-34.
[2] WALSH K. Quality and public services[J]. Public Administration, 1991,69(4): 503-514.

斥的。质量文化的本质就是让介入产品及其生产过程的每个人都要对质量负起责任。这种强调生产过程而不是资源投入和产出的质量观并不适合高等教育领域，因为高等教育旨在促进学生的全面成长和发展，学生的成长和发展不能简单等同于产品的生产，要为学生成长发展的过程制定一系列的专业要求并以近乎完美的方式得以实现，实属不易。

三、代表着"合目的性"的高等教育质量观

这种观点指出，质量的判定要考虑产品或服务的目的得以实现的程度，这是对质量的功能性定义。① 与前面的质量内涵相比，"合目的性"的质量内涵更具实用性，它提出了"合谁的目的""如何测评合目的性"等问题。

（一）合消费者的目的

合消费者的目的是指要满足消费者的需求。尽管消费者的需求决定了产品的规格，但是产品的生产过程仍由供应商所控制。从满足消费者需求的角度看，质量测评的重点应在最终的产出而非生产过程。在高等教育领域中，消费者一直是一个令人费解的概念，接受服务的学生是消费者吗？为服务买单的政府和雇主是消费者吗？大学教师、家长等其他利益相关者是消费者吗？学生既是消费者又是产品吗？尽管学者在这些问题上争论不已，但是他们基本认可学生是教育供给的消费者，毕竟学生接受了教育供给的服务并学有所成。但是，如果把学生看作是高等教育的直接消费者则是不妥的，因为从企业招收毕业生、为高校输送培训人员、与高校合作科研等活动来看，雇主也是教育产品的消费者。作为消费者的学生也并不能始终表达自己的需求，一般情况下，学生只能选择可以获得的资源，以至于最终的人才培养规格并不能全部反映学生的需求。假设学生是高等教育的消费者，学生的物质需求相对容易得到满足，但是学生的精神需求却难以把握和理解。师生关系是教育服务活动的核心问题，教育质量标准既要满足作为生产者的教师的需求，又要满足作为消费者的学生的需求，因此，明确教育服务的具体质量标准显然是困难的。如果从满足消费者需求的视角来界定高等教育质量，那么谁应该决定高等教育的质量，而且该如何评价高等教育质量呢？同时，教育服务活动是培养人的实践活动，不仅要满足消费者的需求，更重

---

① HARVEY L, GREEN D. "Defining" quality[J]. Assessment & Evaluation in Higher Education, 1993,18(1): 9-34.

要的是要"点燃"(delight)消费者。① 当然,准确测评教育服务活动"点燃"消费者的程度并非易事。

(二)合大学的使命

合大学的使命是指大学要实现自身的办学使命和办学目标。一所高质量的大学能够清晰地陈述自身的使命,而且能够有效地实现自身设定的发展目标。那么,如何判定一所大学是否有效实现了自身的办学使命与发展目标呢?人才培养是大学的根本使命,人才培养质量是衡量一所大学办学使命实现程度的重要判定依据。质量管理活动是确保和提升人才培养质量的关键。质量审计和质量保障都是重要的质量管理活动,但是它们的侧重点不同。质量保障并不是要明确测评或监控质量的具体标准,而是要确保大学的运行机制、程序和过程规范有序,以达到理想的质量。而质量审计则旨在评估一所大学是否建立了自身的质量保障体系并已经成功实现了自身的发展目标。质量保障是有效、系统的质量管理实践,但是也引发了一系列的质疑:质量保障机制能够确保学生真正享有大学所提供的所有教育服务吗?能够确保学生都被"点燃"了吗?能够确保消费者的需求被满足了吗?所以,随着市场竞争压力的日益加剧,在教育领域的"自由市场"中,消费者满意度的影响需要被考虑进大学的质量保障中。①任何一种产品仅仅符合质量生产标准是不够的,往往还需要对消费者具有一定的吸引力。所以,质量的测评必须考虑消费者的满意度。在高等教育领域,消费者满意度的测评是基于学生的满意度,但是实际上,学生对教育质量的相关信息知之甚少,也不会将自身的满意度和教育质量的优劣画上等号。虽然学生并没有将自身的满意度直接与大学教育质量的优劣等同起来,但是学生的满意度也会对大学教育过程产生一定的影响。在学习过程中,学生或许可以确定一个学期内的短期发展需求是否得到了满足,但是大多数学生很难准确判断大学四年的教育是否真正满足了自身的长期发展需求。在这种情况下,一旦大多数学生都对教育服务不满意,势必对大学产生直接的压力,进而对大学教育质量产生影响。因此,学生满意度的调查很有可能成为大学是否实现自身使命的重要判定依据。教育机构需要谨慎制定它们的质量标准,需要准确分析消费者的"所想"和"所需",但是不能仅仅满足于此。

综上,"合目的性"的高等教育质量内涵很难明确高等教育的目的。近年来,

---

① HARVEY L, GREEN D. "Defining" quality[J]. Assessment & Evaluation in Higher Education, 1993,18(1): 9-34.

政策制定者很少对高等教育的目的进行探讨,因为不同的利益相关者从各自的立场出发,对此各执己见。在一个市场竞争日趋激烈的环境下,大学往往会强调合目的性之中的一个目的,并采取相应的举措进行质量测评。

四、代表着"等值性"的高等教育质量观

人们普遍认为,质量是有价值的,这种价值是可以货币化的,因为高质量的产品往往价格不菲。在完全的市场经济体系中,个体可以购买自己有能力支付的等值产品和服务。与精英教育阶段"与众不同"的高等教育质量观相比,"等值性"的高等教育质量观并不仅仅看重知名大学质量不证自明的"名牌竞争"优势。更看重是大学所提供的教育与学生所支付的费用是否真正"等值",学生在知识、能力和素质方面是否获得了应有的成长和发展,学生的可就业能力是否得到了相应的增进和提升。政府充分利用了质量"等值性"的观点,自20世纪80年代开始,英国政府对公共部门的效率和效益提出了明确要求,《白皮书》也明确建议"教育上要有争取更大效益的持续动力"。① 问责是衡量质量"等值性"的核心方法,因为公共服务被要求对纳税人和消费者负责。与美国高等教育的问责模式相比,英国高等教育的问责模式对教育质量提出了更明确的具体要求。

市场竞争中的经济私有化现象揭露了高等教育中质量与服务"等值性"的紧密联系。在市场驱动的竞争环境中,大学的使命势必要求质量具有"等值性",因为政府想用最少的投资成本让更多的人接受高等教育,通过竞争可以极大地促进高等教育内部资源的最有效利用,所有的大学为了获得更多的资源不得不参与到竞争中。因此,伴随着公共管理领域内"3E"*原则对高等教育领域影响的逐渐加大,以可量化的绩效指标考核等形式的"效益"衡量机制成为高等教育质量保障的重要技术支持。但是,如果过分依赖绩效指标来测评高等教育质量,那么极有可能会忽略高等教育本质上的进步和变化。从另一个角度看,绩效指标关注的是消费者权益的问责。消费者权益明确规定了消费者对商品"等值性"的期待,是公共管理部门和私有部门对市场运行不足的补偿。消费者权益包含了一系列的服务标准,只有满足这些标准,才能够为消费者提供高质量的服务。鉴于高等教育服务的本质特殊性,消费者对其权益的维护和追责对高等教育质量的影响程度相对有限,毕竟高等教育的质量标准并不能完全体现和反映各利益

---

① HARVEY L, GREEN D. "Defining" quality[J]. Assessment & Evaluation in Higher Education,1993,18(1):9-34.

* 3E 是指经济(economic)、效率(efficiency)、效益(effectiveness)。

相关者的需求和权益。以学生满意度为例,学生权益的服务标准并非由学生自主设定,且只涉及了最低的服务标准,因此,学生对如何保持或提升高等教育质量具有很小的影响力。从维护消费者权益的角度看,各利益相关者对高等教育的质量问责能够在多大程度上影响高等教育的质量改进和提升,尚未有定论。学生的满意度或许算是一个质量问责的标准,但是学生满意度的测评内容和方式往往并不是由学生自己设定,其测评结果对提升或保持高等教育质量的影响力十分有限。

五、代表着"变革性"的高等教育质量观

从变革的角度看,质变是事物的根本变化。例如,冰块如果经历了升温过程,就会变成水甚至是水蒸气,那么,升温对冰的影响就是质的变化。客体的变革性不仅仅局限于外在物理形态的明显改变,而且包括客体的认知超越。① 质量的变革性概念在西方哲学史上相对完善,曾经先后被亚里士多德、康德、马克思等先哲们探讨过,它是先验主义哲学的核心概念。代表着变革性的质量概念对其合目的性的指向提出了质疑,在由以产品为中心向以服务者为中心转变的过程中可能会引发一系列的问题。在教育领域中这个问题尤为突出,教育是培养人的实践活动,在每一个学生身上,教育的变革必然是一个独特的妥协过程。教育提供者不是在一个真空环境中生产新知识,而是为了特定的目的"生产"特定的知识。同时,变革不是盲目的,而是一个辩证、妥协的过程。教育要为学生提供的是持续变革的过程,衡量教育质量的好坏在于是否提升了学生的素质,以及是否赋予了学生权利。

高质量的教育势必是提升学生素质的教育。这种教育"增殖"是衡量教育经历在学生知识、能力和技能方面提升程度的重要方法①,但是至于"增殖"多少取决于采用什么样的方法论,以及如何界定"殖"的内涵。例如,学生素质投入和产出的"增殖"测评方法能够提供一个量化指标,但是会忽略学生质性变化的本质。尽管一系列用于测评教育"增殖"程度的方法在"变革了哪些方面"提供了明确的观点,但是这些方法主要侧重于对产出的测评。因此,质量应该在影响教育"增殖"的一系列因素中进行探讨,教育提供者要确保学习者充分参与学习过程,并在学习过程中对知识始终愿意保持自主创造、自主传递和评估的责任心和热情。换句话说,教育应以学习者为中心,学习者的反馈是教育评估的重要依据。在教育质量评价中采用定性测评方法可以更好地探测学生对质量内涵的理解。因此,教育过程中对以学习者为中心的增殖评价的重视,使得我们不仅要关注教育质量

是否提升了学生的素质，而且还要关注其是否赋予了学生应有的权利。

在教育变革中赋予学生影响变革的权利就是赋予学生应有的权利。在商业领域，赋予雇员权利是将他们的知识和技能资本化的重要策略。在教育领域，赋予学生权利意味着学生参与决策过程可以影响教育变革，教育变革的结果对决策有影响并进而影响学习者。例如，教育变革能够提升学习者的自主意识和自信心，而这种自主意识和自信心反过来也会影响学习者在教育决策过程中的作用。

赋予学习者权利的方法有以下四种。① 第一种是学生评价，或者称作学生的满意度反馈。第二种是为学生学习提供最低标准和监管责任，类似于前述的学生权益。第三种是学习者自主掌控学习，学校为学生提供一系列的选修课，允许学生自主选择课程。这也意味着学生对教学的选择权，如果学生的选择权不够充分，那么学生可能就无法获得一个深度学习的经历。第四种方法是发展学生的批判思维能力，这个方法不仅赋予了学生在教育过程中的权利，同时也对他们的人生发展大有裨益。但是学者 Wiggins 指出②，发展学生的批判思维是赋予学生权利的重要内容。发展学生的批判思维能力就是要让学生学会判断他们的观点、确认并提供高质量的工作，让学生学会质疑并分析已有的"范式"，让学生学会正视自身的无知，让学生学会自我评价。③ 如果一个人不具备批判思维意识和能力，那么他会很少质疑他所学习的知识，也不会对自身进行客观全面的评估和改进。因此，学校应把学生看作智力工作者，所有的评价制度都应该透明公开并被视为学生学习过程中不可分割的一部分。

当然，赋予学生权利在一定程度上给大学学术人员提出了新的挑战和要求。当学生在学习标准制定、教学实践和课程设置等方面具有一定自主权和"发言权"时，就意味着大学学术人员可能会对教学组织结构、学习内容和学习过程失去控制，可能会在一定程度上影响教育决策及其推进，从而影响教育质量的提升和改进。所以，在高等教育领域，学生的权益更多体现在专业和课程的选择上，而在具体学习标准的设定、教学实践及课程设置等方面，学生的权益相对有限。

---

① HARVEY L, GREEN D. "Defining" quality[J]. Assessment & Evaluation in Higher Education, 1993,18(1): 9-34.

② WIGGINS G. The truth may make you free but the test may keep you imprisoned: Towards assessment worthy of the liberal arts[C]//Assessment 1990: understanding the implications, 1990b. Washington DC: American Association for Higher Education, Assessment Forum Resource, 1990: 15-32.

③ HARVEY L, GREEN D. "Defining" quality[J]. Assessment & Evaluation in Higher Education, 1993,18 (1): 9-34.

所以,代表着"变革性"的"质量"内涵具有两个明显的特征:一是"赋予"学生权利,二是实现教育"增殖"。而"赋权"和"增殖"的结合,则是"卓越"教育质量的应有之义。学者Astin曾指出①,"增殖"实际上就是测评"卓越"的一种方法,卓越的大学都是那些具有重要影响并能够给予学生在知识和个人发展方面最大增殖的大学。学者Wiggins也指出②,"卓越"的教育必然具备"卓越"的质量文化,赋予学生权利则是"卓越"质量文化的核心。作为赋予学生权利的重要内容,发展学生的批判思维能力必须突破传统而采用与之相适应的教学评价方式。

第二节　高等教育质量管理思想的发展

高等教育质量保障本质上是一种高等教育质量管理活动,高等教育质量保障思想的形成标志着高等教育质量管理范式的重大转变。③ 不同的学者从不同的角度,对高等教育质量管理的发展历程进行了研究,既有"三阶段"论,也有"四阶段"论。本书借用库恩的"范式"理论,从质量理念、质量目标和质量评价方法等方面对高等教育质量管理的发展历程、高等教育质量保障思想的形成,进行了系统的梳理和探讨,以期更全面、更深刻地理解高等教育质量保障的内涵及其价值。

一、高等教育质量管理的理论基础

(一)全面质量管理理论

高等教育的质量管理思想吸收借鉴了全面质量管理(total quality management,TQM)理论的相关要素和内容。TQM起源于美国制造业领域,随后推广到了其他的工业发达国家。20世纪80年代,TQM理论在主要发达国家得到了进一步的拓展和深化,其定义为:一个组织以质量为中心,以全民参与为基础,目的在于通过让顾客满意和本组织所有成员及社会受益而达到长期成

---

① ASTIN A W. Assessment as a tool for institutional renewal and reform[C]//American association for higher education assessment forum, assessment 1990: accreditation and renewal, Washington, DC: AAHE,1990: 19-33.

② WIGGINS G. The truth may make you free but the test may keep you imprisoned: Towards assessment worthy of the liberal arts[C]//Assessment 1990: understanding the implications, 1990b. Washington, DC: American Association for Higher Education, Assessment Forum Resource, 1990: 15-32.

③ 戚业国.高校内部本科教学质量保障体系建设的理论框架[J].江苏高教,2009(2):31-33.

功的管理途径。① TQM 理论强调产品质量的形成是严格控制产品生产过程的结果,而不是单纯依靠产品检验的结果。因此,国内也有学者将 TQM 的内容概括为"三全一多",即全过程管理、全企业管理、全员参与管理和多方法的质量管理。② 所以,TQM 是一种综合的、全面的经营管理方式和理念。它是企业行业正确审视、客观研判机遇和挑战的一种方法,是企业行业为提高产品质量而在组织范围内进行的质量规划,已经远远超出了一般意义上的质量管理领域。

在质量文化背景下,TQM 尝试着把不同的质量内涵结合起来,对企业行业的产品质量监控和保证具有重要意义。随着各利益相关者对高等教育质量日益密切的关注,TQM 理论的思想和方法逐渐在高等教育领域得以运用,并对高等教育质量管理产生了重要影响。在美国高等教育认证领域,各认证机构纷纷引入 TQM,并以此为基础制定了认证标准和认证程序,对高等教育质量进行全面的考核,充分体现了 TQM"三全一多"的质量管理理念。比如,美国高等教育认证制度既关注招生、培养、学位授予等人才培养的整个过程,又关注学生、教师、行政人员和用人单位等多方教学培养主体对质量保障工作的共同参与,更关注教学方法、考核评价方式等多种手段对教学效果的保障功能。

(二)高等教育系统的"三角协调"理论

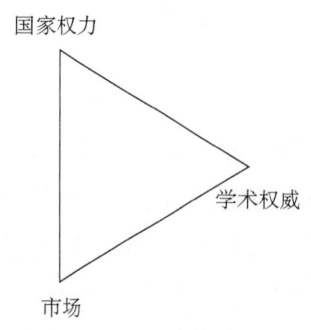

图 2-1 高等教育系统的"三角协调"理论

伯顿·克拉克指出②,随着高等教育系统的日渐复杂,各种官僚、政治、市场和学术权力从不同角度对高等教育形成了不同的牵拉力,这些力量之间的制衡关系构成了高等教育系统发展的不同模式。国家权力、市场和学术权威是高等教育发展的三大重要势力,这三种势力形成了一个协调的三角形(如图 2-1 所示),三角形的每个角代表一种势力发挥主导作用的极端形式,三角形内部的位置代表三种势力不同程度的结合。③ 偏向国家权力的高等教育发展模式意味着国家政

---

① 赵振新. AACSB 工商管理类专业认证体系的系统研究[J].华南理工大学学报,2011:13-14.
② 伯顿·克拉克.高等教育系统——学术组织的跨国研究[M].王承绪,等,译.杭州:杭州大学出版社,1994:25.
③ 史秋衡、陈蕾.中国特色高等教育质量评估体系的范式研究[M].广州:广东高等教育出版社,2011:28.

府对高等教育的发展具有较强的控制力,在这种模式中,大学的办学自主权较弱;偏向学术权威的高等教育发展模式意味着教授权力或者学术权力在大学发展中拥有重要的话语权,在这种模式中,大学享有充分的学术自治和学术自由;偏向市场的高等教育发展模式意味着大学的边界已经延伸至整个社会,大学要适应市场的需求并自觉选择适应社会需要,在这种模式中,大学会彼此影响、相互竞争。

二、高等教育质量管理的发展阶段

(一) 三阶段论

从高等教育质量管理的发展与高等教育质量观的演变关系角度看,高等教育质量管理的发展大体上经历了质量控制、质量评估和质量保障三个阶段,每个阶段都有与之相适应的质量理念、质量目标和质量评价方法。①

1. 质量控制阶段

20世纪六七十年代,工业领域进入TQM阶段。随着ISO系列国家标准的研发,"完美性"(或"一致性")的质量观形成,即只要产品符合相关的技术标准,就是有质量的合格产品。此时,质量管理的目标是要设立和达成相关的质量标准,并将这些标准固定下来;质量评价的方法是用统一的标准和尺度来判断,侧重强调产品的规范和合格,关注内部质量评价。因此,质量控制实质上是一种实施管理、规范管理的重要工具。②

2. 质量评估阶段

自20世纪90年代开始,受自由主义思想和公共管理理念的影响,随着高等教育功能与形态的不断发展变化、世界范围内高等教育财政经费的削减以及各利益相关者对高等教育的问责,"合目的性"的质量观形成,即高等教育应能够满足国家、社会、用人单位、学生和家长的不同期望和需求。此时,质量管理的目标是对各利益相关者的需求进行类型和层次的分析,形成质量评判的依据,确保高等教育提供的产品和服务能够满足各利益相关者的需求。质量评价的方法是收集和整合有关质量要素的信息,侧重强调顾客的满意度。因此,质量评价的过程是高等教育如何满足各利益相关者需求的过程,评价主体的多元化和关注外部评价是其突出的特点。

---

① 史秋衡,陈蕾.中国特色高等教育质量评估体系的范式研究[M].广州:广东高等教育出版社,2011:17-18.

② 史秋衡,陈蕾.中国特色高等教育质量评估体系的范式研究[M].广州:广东高等教育出版社,2011:18-19.

3. 质量保障阶段

随着知识经济时代的到来,高等教育对经济社会发展智力支撑和人才支持的功能更加凸显,高等教育不仅要适应未来社会的发展,而且要引领、改造未来的社会,促进人才的可持续发展成为新时期高校质量管理的迫切需求,"变革性"的质量观也随之形成。"变革性"的质量观融合了前两个阶段的质量观,形成了一种连接高等教育内外部需求的质量观。此时,质量管理的目标是为各利益相关者提供质量证明,保持和改进高等教育质量。质量评价的方法是以外部质量标准为依据,立足不同的院校类型、学科专业特点,构建形成相适应的内部质量保障机制,收集核查相关质量要素信息并提供相应的质量证明。

(二)四阶段论

从现代大学的历史演变过程来看,在其不断变化发展中,大学的组织形式虽然已发生了较大的变化,但大学的本质和精神却在很大程度上得到了有效传承。大学自产生之日起,就无法回避质量管理的问题。高等教育质量管理活动与教育评价理论和实践的发展演变具有紧密联系,其大致上经历了以下四个发展阶段①。

1. 自发阶段

自中世纪大学诞生到 20 世纪 30 年代美国的教育测量运动兴起,受欧洲大学自治、学术自由的影响,精英教育阶段的"象牙塔"大学就是高水平教育质量的象征,因为这些大学都是在"闲逸的好奇"的认识论基础上诞生,是服务于少数精英阶层的教育机构,大多数人无法进入这些名校接受教育,其教育质量毋庸证明。这个阶段的高等教育质量是大学内部的事务,各大学主要依据自己的传统自觉地进行质量控制,质量评价完全由大学自身决定。

2. 质量证明阶段

从 20 世纪 30 年代教育测量运动到 20 世纪 40 年代教育评价学诞生,随着人们对教育测量运动的热衷,这个阶段的教育质量被认为是一种与价值无关的客观存在,可以通过教育测量进行评判。这个阶段的质量管理目标就是判断教育质量的真实情况,并制定相应的措施来提高质量。因此,关注外部因素对教育质量的影响,并提供质量证明是这个阶段的明显特征。

3. 质量冲突阶段

从 20 世纪 40 年代后期教育评价学诞生到 20 世纪 80 年代初期质量保障观

---

① 戚业国.高校内部本科教学质量保障体系建设的理论框架[J].江苏高教,2009(2):31-33.

形成,这一时期的教育质量被认为是一个与价值密不可分的问题,其教育质量管理的目标在于判定教育价值的实现程度,但是教育价值"由谁确立"及"如何判定"等问题常常会引发不同利益相关者的不同看法和观点,毕竟不同的利益相关者对高等教育的期望有所不同,因此会在管理实践中导致不同程度的矛盾和冲突。

4. 质量协商阶段

从 20 世纪 80 年代到现在,受第四代教育评价理论的影响,这个阶段质量管理的目标在于质量的改进与提高,要求尊重不同利益相关者的不同期望和需求,在多元主体价值协商与认同的基础上共同推动高等教育的质量提高。

第三节 高等教育质量保障框架的形成

高等教育的质量保障框架包括外部质量框架和内部质量保障框架。外部质量保障框架更多涉及政府、教育主管部门或第三方机构对院校的质量评价方式,虽然各个国家的政治、经济和文化特征有所不同,但仍然存在一定的共性特征。内部质量保障框架更多涉及院校自身的质量评价方式,尽管它以外部质量保障框架为指导,但是在运行过程中,结合院校的办学实际,在同一个国家不同的院校内部,其质量保障的方式和内容也存在较大的差异。基于对高等教育质量共性特征的探讨,本节从模型框架、政策框架、社会认知框架等方面对高等教育质量保障的理论框架进行了分析;从外部质量评价、跨境质量评价和内部质量评价三个方面对高等教育的实践运行框架进行了探讨。

一、理论分析框架

(一) 模型框架

学者 Becher 和 Kogan 区分出了日常学术世界的两大元素[①]:规范性模型(normative mode)和运行性模型(operative mode),这两大元素在评价实践中并非截然分开,而是交互存在的。规范性模型涉及价值观的监督和维持(比如在质量保障体系中人们认为什么是重要的);运行性模型则涉及质量保障体系中不同层面上需要处理的实际问题(比如人们实际上在做什么以及人们被要求做什么)。原则上讲,规范性模型是主导,因为价值观的优越性主要通过行动来体现,而不是通过行动来定义。每一种模型都有内外两个层面,内在的规范和内在的

---

① BECHER T, KOGAN M. Process and Structure in Higher Education[M](2nd ed.). London: Routledge, 1992: 23-25.

运行机制直接体现了高等教育机构的本质属性和目的,而外部规范和外部运行机制则表示哪些因素以什么样的方式影响着质量保障体系。规范性模型是外部质量评价标准,运行性模型是大学内部的质量保障体系,如果大学内部的质量保障体系的构建与外部质量评价标准保持一致,那么这两种模型就达到了一种平衡;一旦两者不一致,这种平衡就会被打破,大学必须进行变革以保持两者之间的平衡。在 Becher 和 Kogan 看来,变革是认知不一致的反应,大学的变革是社会认知模式在高等教育领域的应用所带来的组织变化。社会认知模式是理解组织变化的重要途径之一,当组织内的成员对某些价值观和行为冲突存在认知的不一致或者是认识到组织某些方面已经明显失序时,组织就会发生变革。社会认知模式不同于其他的组织变革模式,如进化模式关注的是外在环境对组织变革的影响,技术模式则关注领导者的作用和内部环境,而社会认知模式则更关注组织认同和价值观,其推动变革的过程更像是帮助组织成员改变习惯和对组织认同的过程。

  质量评价也是一种挑战并试图改变现存教育价值观的手段。在质量评价的过程中,外部专家考查内部运行绩效并依据外部标准做出判定。被评价的院校被假定其行为与评价标准相匹配并有可能发生变革。在专家进校现场考察之后,院校会根据专家意见和建议主动进行变革以提升自己。外部质量评价是运用由外部专家制定的外部标准判断高等教育机构质量评价体系运行绩效的手段和方式。外部质量评价的标准反映了高等教育外部的价值观和规范性,外部的价值观和规范性通过评价过程被引入院校。比如,绩效评价指标虽然从表面上看是客观的,但它只不过是将人们对高等教育质量相关问题具象化的技术,将人们对高等教育质量的规范性假设融入这些指标的遴选和结构中。正是从这个角度,学者 Barnett 把质量看作是一种意识形态(ideology)[①],这种意识形态有力地将我们所理解的好的高等教育实践活动具象化,而其他有关质量的观点则被搁置一边或者慢慢被消解了。

  在大量的文献研究中,质量评价的影响都是正向的,即质量评价都有利于质量的提升或改进,然而,质量评价的结果并不一定是自然而然的质量提升。因此,我们不能想当然地认为外部质量评价一定会带来质量的提升。作为一种外部力量,质量评价能够对大学内部产生影响,同时也会促进院校对其运行机制进行调整和优化。

---

 ① BARNETT R. Beyond All Reason:Living with Ideology in the University[M]. Buckingham:SRHE and the Open University Press,2003:30-32.

（二）政策框架

政策包括两个维度：一个是概念的维度（ideational dimension），另一个是实质的维度（material dimension）。前者是指支持公共行动的常规要素，主要包括强调特定领域内政策产生的一整套价值和标准规范；后者则是指实现公共行动所采用的方法，主要包括政策实施的可能有效工具和政策评估的程序。① 从理论上讲，这两个维度构成的分析框架可以用来分析不同国家之间高等教育质量保障政策的趋同性；从实践上讲，尽管不同的国家制定的质量保障政策会有所不同，但是其可能会采用相似的程序进行评估。因此，概念维度上的公共政策在不同领域内具有相似性。

学者 Lakato 研究指出②，一个研究项目包括"核心带"（core belt）和"防护带"（protective belt）两个相互区分的元素。前者是指整个项目的方法论导向，主要包括稳定的价值观、信念和行动标准，旨在监督、规范利益相关者的活动行为；后者则是指验证研究结论所需要的一系列研究假设和预期成果，这些研究假设和预期成果是确保项目运行的基本要素。正是因为有了这些研究假设和预期成果，研究项目才能得到持续地优化和调整，从而满足了实证研究的需要。从这个角度看，科学的进步是通过外部推动力作用于内部而发生的，是从"防护带"向"核心带"转变的过程。按照 Lakato 的观点，"防护带"是实质框架元素，而"核心带"则是概念框架元素。

学者 Premfors 列举了高等教育政策的六大基本选择要素：规模、结构、地域、招生、管理和课程。在他看来，高等教育政策的形成是卓越性、平等性、自治性、问责性和有效性等五大基本价值观应用的结果。② 政策领域内基本选择要素的实现形成了该领域内的特定政策，这六大基本选择要素在不同的政策中同时包含了概念维度和实质维度，这两个维度的结合构成了特定时间和特定范围内的范式支配。一旦政策在一定的时空中得以实现，该领域就存在了一定的政策范式，即政策的概念维度和实质维度的结合。概念维度关乎该领域内组织的基本信仰及目标，这些信仰包括该组织内大多数成员认同的价值观和标准，这些信仰会通过不同手段和方式的运用而转变成实践。事实上，单纯地认为高等教育政策的形成是高等教育六大基本选择要素综合起来的结果具有一定的误

---

① WESTERHEIJDEN D F, et.al. Quality Assurance in Higher Education: Trends in Regulation, Translation and Transformation[M]. The Netherlands: Springer, 2007:160-165.

② WESTERHEIJDEN D F, et.al. Quality Assurance in Higher Education: Trends in Regulation, Translation and Transformation[M]. The Netherlands: Springer, 2007:160-165.

导性。Premfors关于高等教育的基本价值观已经在实践中得到了充分的关注，并在高等教育转型发展中得到了充分彰显。因此，高等教育的政策范式已经由学术自由、学术诚信转变成了问责、效率和社会责任。这种转变是对高等教育在社会结构中所处地位的重新界定，是对财政削减、规模扩张等外在挑战与压力的正面回应。

正如Premfors所言，一个国家的高等教育质量保障政策是六大基本选择要素在特定时间和空间上的实现。这些政策不仅要体现高等教育本质属性和要求，而且还要能够集中反映高等教育实践中亟需解决的重点问题，一旦这些元素得到确认，高等教育质量保障的基本政策就会形成一个涵盖了概念和实质两个维度的可比性框架。虽然不同国家在高等教育质量保障领域的施策手段和方式会有所不同，但是不同国家的高等教育质量保障活动仍然可以相互比较和借鉴。鉴于高等教育质量保障的领域特点，一个国家在高等教育质量保障政策形成的过程中必须考虑如下五个方面：质量保障政策的目标、由谁控制质量保障的过程、质量保障程序涵盖的领域、质量保障程序如何建立和信息如何收集等。这五个方面构成了质量保障政策的总体框架，对这五个方面的回应将反映各利益相关者之间在质量保障上的权力博弈，不同利益相关者对质量保障的观念和看法将影响质量保障政策的实施。

1. 高等教育质量保障政策的目标

一般来说，高等教育质量保障的目标有两种：总结性目标和形成性目标。前者更强调通过系列程序所达成的结果与特定后果的关联性，后者则更强调学生学习的达成度，允许指出存在的不足并愿意改进。如果制定的是总结性目标，那么高校教育质量评价所采用的方法及其结果与其得到的财政拨款相关；如果制定的是形成性目标，不论质量评价引入什么样的程序及采用什么样的方法，其评价结果都不会影响高校的财政拨款。在很大程度上，总结性目标和形成性目标之间的转换至少可以部分地进行调整。目前，高等教育领域对认证的重视反映了质量保障政策目标可以调整的事实。与以往偏重形成性目标的高等教育认证相比，现在的高等教育认证更倾向于以总结性目标为导向。

综观高等教育质量保障研究领域，越来越多的研究更强调质量保障政策的外部管理规范、相互认可以及标准的国际可比性。形成性目标致力于教学方法的变革与提升以及院校组织模式的改革，尤其是院校逐步拥有更多的办学自主权并尽可能形成国际范围内普遍认可的学习项目。随着学生和学术人员流动性的加大，确实需要通过认证提供跨国的质量管理规范。然而，高等教育质量保障政策必须关注学生的真实发展需求,不能为了增加国际可比性就更多地关注总结性目标导向的质量保障政策,而忽视了关注学生学习体验的形成性目标导向的质量保障政策。

2. 高等教育质量保障的控制

高等教育质量保障政策既要融合国家的政治性要求,又要赋予院校一定的自主权。以荷兰高等教育体系为例,从20世纪80年代甚至更早些时候到20世纪90年代,高等教育质量保障由荷兰国家教育部门和院校共同管理,国家教育部门会指派高等教育检查员到院校参与质量管理,而大学联盟组织和高等专业教育机构也会到院校参与质量管理。在对院校所培养的人才应具备的能力和素质存在争论时,院校会表达其支持或赞同其中一方的倾向性意见和观点,并提出明确的计划进行改进,这一方就会成为质量保障政策的管理主体。因此,质量保障程序的执行主体必须享有自治权才能从根本上避免决策的偏向性,从而才能真正确保整个质量保障过程的有效性。

3. 质量保障程序涵盖的领域

一般来说,质量保障程序涉及的领域有行为研究、项目学习和院校管理。行为研究和项目学习两个领域考虑到了高等教育机构的传统使命,而院校管理则包括了院校更广泛的活动内容,比如,院校财务经费的合理使用、院校治理的类型等。考察项目进展和科研绩效通常需要不同的程序,应由不同的主体和组织机构来实施。

4. 质量保障程序的确立

政策理念转变成政策实践的过程主要分为以下两个阶段。

第一个阶段涉及方法论问题,主要包含三对基本矛盾关系:结果导向与过程导向、内部程序与外部程序、定性程序与定量程序。

在结果导向与过程导向这对矛盾关系中,结果导向的程序旨在回答问题,比如,在"院校培养的人才有多好"这样的命题中,很难精确定义"什么是好"以及"如何测量这种好"。结果导向的程序是基于两个假设而提出:第一个假设是高等教育机构提供了客观产品,如毕业生的数量或者是出版物的数量;第二个假设是这些结果可以通过一系列的预设标准进行测评。与结果导向的程序不同,过程导向的程序不存在既定产品的客观测评方法,它更强调不同院校教育的一般过程和研究的实施过程。

在内部程序与外部程序这对矛盾关系中,质量保障程序关注的是程序的不同阶段以及参与其中的人员。内部质量保障程序更依赖自评报告的撰写,因为自评报告是基于质量保障主体制定的有关质量保障过程的指导方针而形成;相反,外部质量保障程序更依赖同行专家的评议。

在定性程序与定量程序这对矛盾关系中,与其说它们是相互对立的关系,不如说它们是相互补充的关系。因为定量程序关注绩效指标,定性程序关注同行评议。绩效指标提供明确、客观和可测量的信息,是决策形成的坚实基础,它可以把质量保障程序和目标发展连接起来。当然,定量程序也存在一定的问题,比如,这些指标用在高等教育领域是否合适,以及所收集的数据是否具有可比性。

第二个阶段涉及院校执行质量保障程序是否自愿的问题。从欧洲发源的教学评价和院校评价完全是院校的自愿行为,这种活动促进了院校之间的相互学习和提高。如今,质量评价日渐成为专业认证或大学整体组织认证的重要内容和目标,回避质量评价既不现实也不可行。

5. 质量保障程序中所收集数据的运用

如何运用在质量保障程序中收集的数据,将会反映先前的质量保障目标和系统安排,也会反映政策的导向性。一方面,收集的信息不仅对院校评价有用而且对社会其他部门也会有用。比如,英格兰质量保障局有关院校质量审计的报告就可以在该部门的官方网站上免费获得。另一方面,这些信息也可以被用作院校的排名评价。大学联盟有关院校评价和排名的相关情况已经先后通过书籍和期刊进行了公布,这将被家长、学生和其他相关部门用作择校的参考,也将成为高等教育商业化的重要推动力。但是这些信息在多大程度上对学生和家长择校产生了什么样的影响,仍然需要进一步的深入研究。

(三)社会认知框架

学者Argyris的单环学习理论(single loop learning theory)和双环学习理论(double loop learning theory)描述了规范性模型和运行性模型之间的张力以及可能的结果。① 单环学习理论涉及保留现存的价值观和规范标准,当目标、价值观和框架都被假定好之后,就出现了单环学习理论,它强调技术性和有效性,并创造了一种新的平衡,或者说通过变革行为修正了现存的不平衡。相反地,双环学习理论涉及现存价值观的转变和战略转型的过程,它包括对目标、信念、价值观、概念框架和战略的批判性反思。学者Argyris指出,对于个人和组织来

---

① ARGYRIS C. Single-loop and double-loop models in research on decision making [J]. Administrative Science Quarterly, 1976, 21(3):363-375.

说,完成双环学习相对困难,因为现存的价值观体系很难消除。单环学习理论和双环学习理论都被看作是不同程度的变革,单环学习理论是个人和组织的调整,更多地涉及了行为的变化;而双环学习理论则通常被认为是个人和组织的转型变革发展,伴随而来的主要是范式的转换。

Argyris 认为,有时候新的标准和价值观虽然已经形成,但是组织成员及其组织并没有出现行为和运行上的变化。①在这种情况下,组织成员会认为他们已经发起了变革或者是相信会变革,但是不会采取实质行动。一些成员会秉持他们的见解,但是不会按照新的价值观和标准行事。在这种情况下,虽然个体或整个组织被要求采取实质行动支持变革,但是在实际变革过程中,这些个体或整个组织实质上却不作为,因为他们并没有真正理解和接受新的价值观。即使他们表面上宣称自己赞同新的价值和理念,但是在实践中并不采取实质行动。不少组织成员甚至没有觉察到自身在这种状态下的行为惰性。因此,个人和组织的变革发展也就很难发生。

从单环学习行为发生的角度看,外部质量评价的意义和价值在于其评价标准是大学质量保障运行的重要依据和指导。换句话说,大学坚信高质量的教育标准是相同的,调整质量保障体系运行的目的在于保持其与外部评价标准的适配性,是获取高质量教育的重要战略和战术。从双环学习行为发生的角度看,高等教育的变革是规范性模型和运行性模型转变的结果,它不仅包括获取高质量教育的战略和战术,而且包括对什么是高质量的教育的理解。在这种情况下,被评估的院校组织成员不仅在行动上不一致,而且思想观念也有所不同。这就会导致出现两种不同程度的变化:只有运行体系变化的变革,或者是规范标准与运行体系都发生变化的变革。当然,也有可能出现虽然大学内部成员赞同外部的评价标准,但是却没有在运行中发生相应的变化;或者不但运行上没有调整,而且规范标准上也没有发生任何的变化。

二、实践运行框架

质量评价是支持高等教育机构变革的有效技术。质量评价不仅推动了院校教育质量的改进和提升,而且强化了主管部门对院校的控制和管理。接受质量评价的大学往往会采取主动的措施改进它们的现状以满足评价标准的要求,这在无形中推动了大学的变革。

质量保障运行机制的差异性主要体现在质量评价主体和评价方法的不同上。首先,由谁来评价?从实践上看,质量评价是政府确立、院校参与,由独立的组织机构进行评价。外部同行专家通常来自学术界,也包括少部分的利益相关者代表。第二,评什么?质量评价的对象可能是院校整体,也可能是一个学院、一个学科或专业等;评价的焦点主要是教学、科研、管理等。第三,怎么评?这涉及质量评价实施的程序和方法,以及形成和运用评价结果的方法。一般来说,高等教育质量评价主要有两种方法:定性方法和定量方法,前者主要借助于同行评议而进行,后者则主要借助于绩效指标而展开。

(一)外部质量评价框架

如前所述,质量是一个相对的概念,对于不同的利益相关者,它的含义是不同的。从政府角度看,高质量的教育意味着有尽可能多的学生在规定时间内以最低的成本完成了学业,达到了毕业要求。在雇主看来,高质量的教育体现为毕业生所获得的知识、能力和素质等。对学生来说,高质量的教育则意味着能够促进个体发展并为个体走上工作岗位做好了准备。在大学教师看来,高质量的教育是在知识传播、学习环境、教学与科研平衡发展基础之上的好的学术训练。不同的利益群体对教育质量的内涵以及如何测评都有不同的理解,所以,学者 Barnett 从"质量是一种意识形态"的角度指出,高等教育质量是预先安排好的,从来都不是中立的,它依赖于特定利益群体的判断,代表着特定利益群体的看法和观点。① 在这种质量理念下,质量保障的目标在于满足外部多元主体的主观性需求,侧重外部质量评价框架体系和标准的构建。

以欧洲为例,外部质量评价的框架体系主要包括如下五个要素。②

(1)一个全国性的独立于政府的第三方协调性组织机构,负责设计高等教育机构质量保障所运用的程序和方法。

(2)依据第三方评价机构设定的程序和方法,高等教育机构组织学术人员进行自评并提交自评报告。

(3)院校的自评报告是外部同行评议的基础,这样的质量评价应该在学术人员与管理人员、学生和校友之间进行讨论,外部同行专家应该是学术人员和管理人员。

(4)公布同行评议报告的主要目的在于发现院校存在的问题,为其提供改进建议,促进院校提升质量。

---

① BARNETT R. Beyond All Reason: Living with Ideology in the University[M]. Buckingham: SRHE and the Open University Press, 2003:30-32.

② LIU, Shuiyun.Quality Assurance and Institutional Transformation-The Chinese Experience[M]. Singapore:Springer, 2016:40.

(5) 质量评价的结果与院校的公共财政拨款不存在必然联系。

同时,学者 Dill 和 Beerkens 根据对美国、欧洲、亚洲、澳大利亚和南美洲学术质量保障活动的研究,提出了一个新的外部质量评价框架,主要包括如下五个要素。①

(1) 一个全国性的独立于政府和大学的外部质量保障机构,政府和大学应该为其提供财政支持,但是不能随意干涉该组织的相关活动。

(2) 必须为政府提供关键的学术质量信息。有效的质量信息对于学术质量保障很重要,如果不能准确获得这些信息,外部质量保障机构就不能及时针对相关问题进行解决,这可能会危及整体的学术质量保障体系。

(3) 完善的外部质量评价程序。它能够帮助院校改进并强化其内部的质量保障体系。

(4) 有效、可靠和严格的质量审计。严格的质量审计过程以及立足证据进行决策的程度,将引领全国的外部质量保障实践。

(5) 必须对外部质量评价机构及其活动进行评价。外部质量评价机构的活动和政策应该接受常规的公开评价,国家评价或审计机构可以承担这项评估活动。

(二) 跨境质量评价框架

随着高等教育国际化的不断加深,无论从广度或是深度上,跨境高等教育的合作与交流日趋深入。因此,在质量评价领域,跨境高等教育质量保障机构的兴起成为一个重要的新兴趋势。例如,欧洲的博洛尼亚进程为多个国家提供了高等教育质量保障的通用框架,由欧洲高等教育质量保障协会(European Association for Assurance in Higher Education,ENQA)统一组织实施。为了增加欧洲高等教育区(European higher education area,EHEA)质量保障活动的流动性,2005 年,欧洲高等教育质量保障协会制定了欧洲高等教育质量保障标准(standards and guideline for quality assurance in the European higher education area),简称 ESG2005。为了增加质量标准的适用性,经 2015 年修订后,形成了 ESG2015。

ESG2015 包括以学生为中心的内部质量保障标准、以持续改进为导向的外部质量保障标准和独立的质量保障机构标准三部分(如表 2-1 所示),共计 24 个

---

① DILL D D, BEERKENS M. Designing the framework conditions for assuring academic standards: Lessons learned about professional, market, and government regulation of academic quality [J]. Higher Education, 2013, 65(3): 341-357.

观测点。每项标准都包含一个指南,用于解释标准的意义和描述标准的实现方法。其中,以学生为中心的内部质量保障标准从政策规划、学生管理与支持、教师建设、信息管理和定期审查等五个方面进行了规定。① 在政策规划方面,ESG2015 要求高等院校应有公开的由学生和其他利益相关者共同设计的内部质量保障政策;在学生管理与支持方面,ESG2015 关注学生的发展需求;在师资建设方面,EGS2015 关注教师以学生为中心的教与学的有效开展;在信息管理方面,EGS2015 要求高等院校应有效收集、分析、应用并公开与学生培养质量相关的信息;在定期审查方面,ESG2015 强调高等院校对学习成果的专业监控、评审和外部质量审查。以持续改进为导向的外部质量保障标准要求外部质量保障活动的实施应该是透明而持续的过程,不能因外部反馈或高等院校内部的后续改进活动结束而结束;要求评估专家应该是来自不同的领域的专业人士,能够做出独立的判断;允许高等院校对外部质量保障过程进行申诉。这种处理高等院校对评估结果存在误解和不满的专业方式,能够极大地促进评估机构与被评院校之间的交流,确保外部质量保障结构的可靠性和实施改进行动的顺畅性。①

从逻辑关系上看,ESG2015 的内部质量保障标准是基础,外部质量保障标准是准则,质量保障机构标准是前提,三者共同构成了欧洲高等教育质量保障活动的基石。它不仅提高了欧洲高等教育质量保障活动的有效性,而且推动了欧洲高等教育的互认性,促进了欧洲高等教育质量的持续改进。①

表 2-1　ESG2015 的内容

	政策规划	1. 质量保障政策 2. 专业设置与审查
内部质量保障标准	学生管理与支持	3. 以学生为中心的学习、教学和评价 4. 学生录取、进步、认证和认可 5. 学习资源和学生支持
	教师建设	6. 教师
	信息管理	7. 信息管理 8. 信息公开
	定期审查	9. 专业的持续监控和定期审查 10. 周期性的外部质量保障

---

① 陈寒.欧洲高等教育区质量保障标准:发展与启示[J].中国高教研究,2018(6):90-97.

(续表)

外部质量保障标准	11. 对内部质量保障的考察 12. 设计适合目标的方法 13. 实施过程 14. 同行评议专家 15. 结果的标准 16. 报告 17. 申诉
质量保障机构标准	18. 质量保障活动、政策和过程 19. 官方认证 20. 独立性 21. 专题分析 22. 资源 23. 内部质量保障和专业指导 24. 周期性的外部评审

(三) 内部质量评价框架

外部质量评价与保障体系是影响高校发展的"外因",内部质量评价与保障体系是左右高校发展的"内因"。说到底,高校教学质量改进和提升的根本在于高校自身,只有高校内部重视教学质量的评价和保障,才是提升高校育人质量的关键。因此,构建高校内部的教学质量评价体系是高校发展的必然要求。以国内高校为例,内部质量评价与保障的基本框架主要包括如下五个方面。

(1) 成立教学质量评价与保障的组织机构。为强化对教学活动的监督和管理,促进教学质量的改进和提升,基本上所有的高校都设有教学质量评价与保障的组织机构。从名称上看,有的称为教学质量监控办公室(或中心),有的称为教学督导与评价办公室(或中心),也有的称为教学质量评估办公室等。从组织机构属性上看,多数高校的教学质量评价和保障机构是独立办公,在部分高校内部,该机构为独立的职能部门,是教务处的下设部门。从职能上看,该机构主要负责对学校本科教学运行秩序进行监督和评价,对教师教学、学生学习和学校管理进行全面监督与反馈。

(2) 建立校级本科教学状态数据库和质量年报制度。将现代信息技术与教学管理相结合,建立本科教学状态数据库,客观展现本科教学的实际运行状态,对各项运行指标进行常态化监测,及时为学校管理提供实时准确的信息,便于学校改进本科教学工作。同时,通过每年定期撰写本科教学质量年度分析报告,多层次多角度对本科教学工作进行总结和反思,为学校的教学运行决策提供依据。

(3) 建立二级学院本科教学评价制度。各二级学院每年定期对教学工作进行评价和考核,并将评价和考核的结果直接与年度绩效分配挂钩。评价内容主要包括本科教学运行与管理、教学质量监测、教学改革与建设、特色性的教学工作(如创新性的人才培养举措或管理制度)等。

(4) 建立专业评价和课程评价制度。结合办学实际,高校研制了与办学定位和发展需求相匹配的专业评价指标体系,定期开展专业自评,对专业建设质量进行实时监测,为及时改进专业建设提供针对性的建议和意见。同时,立足学科专业特点,在已有课程标准的基础上,研制新的课程评价标准,完善课堂教学质量认定标准,督促教师不断提升教学水平。

(5) 建立多维度的教师评价制度。充分运用学生评价、同行评价、教师自评、督导专家评价等机制,进一步完善教师评价制度,以更好地提升教师教书育人的动力和能力。不少高校建立了学生信息员反馈制度,要求学生对教师的课堂教学表现实时向二级学院进行反馈,促进教师更好地改进教学。

第三章 专业认证与本科教学质量保障

专业认证是高等教育质量保障的一种重要方法,在世界范围内具有广泛的影响力和认可度。它旨在通过定量和定性相结合的评价方式来改进和提升教学质量,是一种行之有效的本科教学质量保障手段。由于中国高等教育系统的多样性和复杂性,以及其发展阶段的独特性,形成了具有中国特色的本科教学质量保障制度。在经历了水平评估、合格评估和审核评估的发展阶段之后,除了工程教育认证具有国际实质等效性之外,其他学科专业领域的认证制度尚处于探索发展阶段。

第一节 专业认证是本科教学质量保障的方法

专业认证是本科教学质量保障的有效方式,从质量问责的角度看,专业认证是一种基于标准的问责,它更关注学生的学业成就和教学质量的改进。作为一种理想的质量保障手段,它具有测评院校专业现状和引领发展、定量与定性相结合、消除质量评价与财政性拨款内在矛盾三个显著特征。

一、专业认证的内涵

在全球化背景下,高等教育正面临公共财政危机。作为一种重要的评估手段,质量认证已经成为全球范围内运用广泛的质量保障方式。高等教育质量认证主要包括院校认证/区域认证(institutional/regional accreditation)和专业认证(professional/programmatic/specialized accreditation)两种类型[①]。院校认证/区域认证侧重评估机构或项目的整体质量,用以审查大学、学院以及专业项目的教育质量;而专业认证则侧重评估某种职业性专业教育的质量,由专门职业学会会同该专业领域的教育工作者一起通过认证对达到或超过既定的教育质量

[①] 王孙禺,赵自强,雷环.中国工程教育认证制度的构建与完善[J].高等工程教育研究,2014(5):23-34.

标准的专门职业性教学计划进行认可,并协助专门职业性的教学计划进一步提高教育质量。①

美国是高等教育认证制度相对完备的国家。全美共有六大区域性认证机构,这些机构在大学课程、大学治理和教师任职资格等方面制定了基本的认证标准,获取院校认证是美国大学获得公共财政资助的基本条件,因此,大多数美国大学都已通过相应区域的院校认证。目前,专业认证涵盖的学科领域主要包括工程教育、商学院、医药教育、护理教育、建筑教育和物理治疗教育等。

从认证方式上看,院校认证是强制性的质量评价形式,只有通过认证,才能获得合法的办学自主权,才能获得财政性拨款。专业认证则是自愿性的质量评价形式,一般是在获得院校认证的前提下进行,获得院校认证之后才有资格申请专业认证。从认证层次上看,专业认证的范围既有本科教育也有研究生教育;既对学士学位项目进行认证,也对硕士学位和博士学位项目进行认证;既包括学术型学位的认证,也包括专业型学位的认证。由于专业认证是针对专业学位或项目质量进行的评估,所以其优越的专业特征正日渐成为国际普遍通行的专业评估制度。专业认证最早起源于北美,之后其他国家开始陆续引入专业认证制度。各国学者相继对此进行了研究,希望通过对专业认证制度的移植和改造来改进本国当前的专业教育和专业评估。

二、专业认证是基于标准的质量问责

质量问责是高等教育质量保障系统的核心概念。在新管理主义影响下,教育系统中的权力与责任将会被重新分配,在权力下放的背景下,市场化、管理主义、表现主义逐渐成为教育质量保障系统中的核心政策技术。② 专业认证是一个评估过程,它不仅依赖评估技术和工具,而且对质量问题高度关注,尤其关注质量标准的形成及实现。③ 因此,专业认证是基于标准的质量问责模式。

(一)问责关系

在高等教育领域,政府和学校是质量问责的主体和客体,但是质量问责并不仅仅限于政府与学校之间,也取代不了公众对学校的问责、学校内部校长对教师的问责。但是,在新公共管理时代,在质量问责关系上,政府对学校的问责是质量问责的主要形式。由于质量问责是一项专业性强、繁杂的活动,在具体的质量

---

① 夏天阳.各国高等教育评估[M].上海:上海科学技术文献出版社,1997:35.
② 沈伟,卢乃桂.问责背景下的教育质量:何为与为何[J].全球教育展望,2011(2):56-61.
③ 董秀华.专业认证:中国高教评估不可不是的视角[J].中国高等教育评估,2004(4):9-14.

问责行动中,政府需要委托专业机构,对高等教育工作进行评价,并提供专业支持。作为专业机构,专业认证组织的主要职责在于对院校专业教育质量进行评价和反馈。

(二)问责内容

专业认证关注学生的学业成就。受"效率主义"的影响,高等教育质量是否"物有所值"一度成为社会各界热议的焦点问题。但是效率问责的重点不在于如何节约教育经费的使用,而在于学生实际学习结果的达成,体现为学生是否达到了质量标准所规定的预期学习效果,是标准参照评价而不是常模参照评价。[①]或者说,评价的信息主要用于为学校提供反馈、促进学校发展,而不是为学校排列等级。[①]所以,学生的学习结果是专业认证关注的重点和核心。

(三)问责后果

专业认证旨在促进改善教育教学质量。专业认证提供资质认定的证明,其结果大致分为通过认证和不通过认证两种,通过认证代表着院校专业达到了一定的质量标准;而不通过认证则意味着院校专业尚未达到应有的质量标准。在实行专业认证的国家和地区,没有获得认证资格的高等学校往往被认为缺乏质量保证。[②]具体来讲,一方面,通过专业机构对专业教育质量进行评价,及时发现、诊断高校学科专业建设与管理、教学改革等方面存在的问题,引导并促进其进行改进,从而不断提升专业教育教学质量;另一方面,专业机构对院校专业教育教学的质量评价具有一定的权威性,不仅可以给社会公众提供专业教育质量的可靠判断依据,而且可以向家长、学生和社会用人单位等利益相关者提供学校的相关信息。

因此,基于标准的专业认证对高等教育质量的影响主要体现在四个方面:一是根据专业教学的目标评价学习过程;二是专业教学资源的保障;三是评价学生的专业素质、知识水平、价值观念等;四是明确该专业相关行业的基本要求。[③]

三、专业认证是理想的质量保障方法

(一)评价目标:兼具测评现状和引领变革的双重使命

一方面,专业认证是用最低的质量标准对专业教育进行的评估,这些质量标

---

① 张斌.基于标准的教育问责:内涵分析[J].全球教育展望,2011(2):62-67.
② 范爱华.专业认证与专业评估之辨析[J].黑龙江教育(高教研究与评估),2007(11):90-92.
③ 袁东敏.我国高等教育专业教育发展之路径选择[J].湖南师范大学教育科学学报,2013(4):86-89.

准可以让各利益相关者的需求得到最基本的保障;另一方面,专业认证通过持续的自评以及专家现场评审、咨询和服务等,鼓励和促进院校及其相关专业改进并提高教学质量。在专业认证的过程中,接受认证的专业必须在外部质量标准的指导下,从自身的使命定位出发,将外部质量标准内化为本专业相应的内部质量标准。从这个角度看,专业认证可以确认一个专业性的教学计划是否具备了明确而适切的目标,以及是否拥有了相应的教学资源以及是否能够实现其目标。如果不能顺利通过认证,则说明该专业教学计划需要立足相关的因素和条件进行调整和优化。这个过程既是对专业教育现状的评估,也对专业教育的变革具有引领作用。

(二)评价标准:定量与定性相结合

质量标准是质量评价活动的核心要素。合理的评价标准是质量评价活动有效开展的重要保证。专业认证的质量标准包括客观标准和主观标准,前者主要是指可以量化的内容,后者则主要是指不容易被量化的内容。例如,专业教学计划中的生师比、学时学分、课程数量等都可以是定量标准,而专业定位与目标等则只能是定性标准。定量标准与定性标准相结合,不仅可以准确判断专业教学计划是否达到了应有的质量标准,而且可以对不同国家、不同院校之间的专业教学计划进行相互对比和借鉴。

(三)评价结果:消解质量评价与财政性拨款的内在矛盾性

学者 Westerheijden 指出[①],质量评价和财政拨款之间存在内在的矛盾性。如果评价结果与真实的奖惩不挂钩,评价结果可能只是一个顺应性游戏,学生学习、自我批判和提升的潜在益处可能都会失去,也不会引起院校的重视。虽然存在这种"纠结",但是在实践中每一个质量评价计划都会在高奖惩与无奖惩之间试图寻找一个最佳结合点,既能够推动院校积极参与质量评价,又能够将评价的结果合理转化为院校提升质量的重要推动力。因此,作为一种质量保障方法,专业认证较好地协调了高奖惩与无奖惩之间的矛盾,专业认证的结果不仅可以为校内决策提供重要的咨询参考,而且地方资金的分配通常也会受到认证报告的影响。换句话说,没有通过认证的专业虽然不会被大幅度削减财政性拨款,但是通过认证的专业往往会赢得更多、更优质的教学资源。

---

① WESTERHEIJDEN D F, et.al. Quality Assurance in Higher Education:Trends in Regulation, Translation and Transformation[M]. The Netherlands:Springer, 2007:160-165.

第二节 中国本科教学质量保障制度的发展

目前,中国的高等教育已经实现了从精英教育阶段向大众化教育阶段的跨越式发展,正在加快从高等教育大国向高等教育强国的转变。作为发展中国家,中国高等教育大众化的实现是政府推动的结果。中国高校的本科教学质量保障制度先后经历了水平评估、合格评估和审核评估阶段,形成了政府主导外部质量保障政策、院校内部质量保障体系多元化、大学排行榜发挥指挥棒影响等基本特点,教学质量评价范式也实现了从同一标准向多元标准、从硬件建设到软件建设、从重结果到重过程的重大转变。

一、发展动因

(一)理论动因

马丁·特罗从毛入学率的角度将高等教育的发展分为三个阶段:毛入学率低于15%的精英教育阶段;处于15%~50%的大众化教育阶段;高于50%的普及化教育阶段。目前,亚太地区的多数国家已经进入高等教育大众化阶段,但是不同国家大众化教育的具体特征有所不同。一般来说,高等教育的大众化可分为两种模式:主动模式和被动赶超模式(如表3-1所示)。所谓主动模式是指高等教育大众化是经济发展的自然结果,如美国、日本等发达国家。所谓被动赶超模式是指高等教育大众化是政府推动的跨越式发展的结果,实际上与经济发展的程度不匹配,如中国等发展中国家。从财政支持上看,在发展中国家,政府拨款是高等教育发展的主要资金来源;而在发达国家,高等教育发展的主要资金来源是学费和私人捐赠等社会财政。从教育结构上看,主动模式下的高等教育是多元化体系;而被动赶超模式下的高等教育则更多是精英教育结构的扩展。[1]

表3-1 高等教育大众化的两种模式

类型	主动模式	被动赶超模式
推动力	经济发展的自然结果	政府推动的跨越式发展
财政支持	学费和私人捐助等社会财政	政府拨款
教育结构	多元化	精英教育的扩展
代表国家	美国、日本等发达国家	中国等发展中国家

---

[1] WU M A, HAWKINS N J. Massification of Higher Education in Asia[M]. Singapore: Springer, 2018: 9-10.

（二）现实动因

在我国,高等教育大众化跨越式发展的突出特征是大学招生数量、大学数量和大学规模的迅速增长。虽然扩招让更多的学生拥有了上大学的机会,但是也带来了大学功能和类型如何合理分类的问题,引发了高等教育体系与经济结构和社会需求之间的矛盾和不平衡。高等教育大众化不仅仅是毛入学率的提升,更应该是教育观念、学校规模和类型、质量标准、招生模式、教学内容、课程设计以及管理模式的变化和进步。因此,我国高等教育质量在扩招之后面临一系列严峻的挑战。20 世纪 90 年代,大学扩招开始后,招生人数的激增使得大学已有的硬件设施和软件配备难以满足高等教育教学的实际需要,导致大学规模庞大而管理水平跟不上,资源短缺且利用低效,整个大学系统问题重重。

伴随着全球化的推进,发达国家先进的办学理念、管理模式等成为国内大学纷纷学习和借鉴的对象。在国际社会普遍重视大学研究的背景下,政府和大学对科研的重视达到了前所未有的程度。重点学科建设等导向性政策使得政府将大多数的财政资金拨给了研究型大学,从院校层面到教师个人都极为重视科研。对于院校来说,具有突出的科研成果是获得更多资源和社会声望的重要筹码;对于教师个人来说,拥有突出的科研成果是个人职称晋升的重要条件,与教学相比,教师更愿意在科研上投入时间和精力,因为科研成果更显性、易判定,而教学效果则较隐性、难评判。因此,无论是院校或是教师都对教学的有效性不够重视,继而影响了高等教育教学质量保障体系的构建。

面对越来越大的就业压力、学费上涨、学术腐败等问题,社会各界对大学教育的价值产生了质疑和问责,同时在西方公共管理主义思潮的影响下,政府也开始发起公共财政的问责,这就迫使政府和院校不得不开始重新审视大学的教育质量。因此,从这个角度看,构建本科教学质量保障制度是社会各界对大学重建信任的必由之路,通过开展本科教学质量保障活动,大学可以向社会各界证明大学教育所具备的重要价值和功能。

二、发展进程

（一）启动阶段

20 世纪 80 年代以来,受世界范围内高等教育质量保障运动的影响,1985 年中共中央颁布了《中共中央关于教育体制改革的决定》(以下简称《决定》),该《决定》要求教育管理部门对高等教育机构进行周期性的质量评估。1990 年,我国首个高等教育质量评估的官方机构——中国高等教育评估研究会成立,颁布了中国第一部关于高等教育评估的法规——《普通高等学校教育评估暂行规定》，对高等院校质量评估的目标与功能、评估机构、评估程序和评估方法进行了描述和规定。这是我国第一部关于高等教育评估的法规。1993年，《教育改革与发展纲要》颁布，要求教育质量评估都应该建立绩效指标，并且质量评价应该成为教育管理和监管部门的常规性工作。1994年，国家教育委员会（以下简称国家教委）全面启动本科教学工作评估，针对不同类型高校设置了选优评估、合格评估和随机评估三套指标体系，标志着我国高等教育评估体系初步成型[1]。合格评估的对象是新建本科院校，其目的在于帮助这类学校达到国家规定的基本办学水平和质量标准，参评学校由原国家教委指定。选优评估始于1996年，被评院校是本科教育历史较长、基础较好的高校，其目的在于促进这类学校深化改革和办出特色，参评学校由原国家教委根据学校申请而定。而随机评估始于1999年，被评对象是介于上述两类院校之间的普通高校，参评学校由教育部随机抽取。1994—2001年，共有221所高等院校参加了上述三种形式的质量评估[2]。

（二）水平评估阶段

2002年，在整合合格评估、选优评估和随机评估等三类评估指标体系的基础上，形成了本科教学工作水平评估方案。2003年，教育部印发《关于对全国592所普通高等学校进行本科教学工作水平评估的通知》，初步明确了实施5年一个周期的本科教学质量评估制度，计划5年内分批分期对592所"985"高校、"211"高校、省部属重点高校和非重点老本科院校等进行评估。首轮接受水平评估的589所高校中，优秀率为71.9%、良好率为24.4%、合格率为0.37%、不合格率为0[3]。2004年，教育部发布《普通高等学校本科教学工作水平评估方案（试行）》，对本科教学工作水平评估的指标体系、等级标准和评估结论等进行了详细的规定和说明。同年，高等教育教学评估中心成立，开始承担相关的质量评估工作，同时着手编制了5年一轮的评估制度，要求所有提供本科教育的高等院校都应该自觉接受5年为一个周期的滚动式质量评估方式。由此，中国高等教育的教学评估工作开始逐步呈现出科学化、规范化、制度化和专业化的特征[4]。

---

[1] 韩伏彬.本科教学工作水平评估与合格评估的比较研究[J].衡水学院学报,2014(2):111-114.
[2] LIU S Y. Quality Assurance and Institutional Transformation-The Chinese Experience [M]. Singapore：Springer,2016：66-67.
[3] 韩伏彬. 本科教学工作水平评估与合格评估的比较研究[J].衡水学院学报,2014(2):111-114.
[4] 顾晓薇,等.本科教学工作审核评估、合格评估与水平评估[J].教育教学论坛,2017(36):14-15.

同时,教育部也对职业教育、私立院校教育和研究生教育的质量评估提出了明确的要求。研究生教育质量评估工作则有学位与研究生教育发展中心承担,而职业教育和私立院校的质量评估则主要由省级评估机构负责。2004年,高职高专院校首轮人才培养工作水平评估方案形成,并在26所高职高专院校展开试点评估工作。2008年,教育部发布《高等职业院校人才培养工作评估方案》,明确了高等职业教育质量评估的程序和指标,提出高等职业院校要逐步形成以学校为核心、教育行政部门为引导、社会参与的教学质量保障体系;规定省级教育评估机构负责跟进该计划的实施与进展,而教育部则负责对当地政府评估过程的监管。2010年,《国家中长期教育改革发展规划纲要》颁布,进一步强调指出,政府应该鼓励和促进职业教育机构和中介机构对学科、专业和课程进行质量评估,应该建立科学标准的质量评估体系。

(三)合格评估阶段

2011年,教育部针对未参加过教学工作评估的各类新建本科院校全面展开合格评估,同年开始启动高等工程教育的质量评估活动。2011年,教育部颁布《教育部关于普通高等学校本科教学评估工作的意见》(以下简称《意见》),对新时期的本科教学评估工作进行了新的部署和安排,提出了"五位一体"的本科教学评估制度,即坚持自我评估、专业认证、专业评估、院校评估和国际评估相结合的评价制度,成为未来国内高校本科教学质量评估的重要依据。该《意见》指出,高等教育教学评估的顶层设计是将专业认证与评估、院校评估、国际评估以及教学基本状态数据常态监控作为主要内容。2012年,教育部同时出台《普通高等学校本科教学工作合格评估指标体系》和《普通高等学校本科教学工作合格评估实施办法》,对合格评估的对象、程序和指标体系进行了明确说明。2018年,在全面总结高等学校本科教学合格评估工作的基础上,教育部对普通高等学校本科教学工作合格评估的部分指标进行了调整说明。

(四)审核评估阶段

2013年,教育部出台了《教育部关于开展普通高等学校本科教学工作审核评估的通知》。审核评估的对象有两类:一类是参加普通高等学校本科教学工作水平评估获得"合格"及以上结论的高校,另一类是参加普通高等学校本科教学工作合格评估获得"通过"结论且满5年的新建本科院校。审核评估不设指标体系,只是在规定的审核范围内根据学校自设的目标与标准进行评估,结果不分等级,以写实性报告为准。

审核评估具有目标性原则、主体性原则、多样性原则、发展性原则和实证性原则(如图3-1所示)。① 目标性原则是指审核评估过程是判断学校人才培养目标的符合度与达成度的过程。它关注的是学校确定了什么目标、如何实现目标、如何证明达成了目标、如何改进以确保目标达成。主体性原则是指高等院校是教学质量保障的主体,保障教学质量是高校内部与外部相关组织和个人的重要责任。作为一种推动院校自我反思的外部质量保障方式,审核评估要求学校建立完整而有效的质量保障体系,并开展系统而深刻的自我评估,尤其关注院校内部质量保障体系的完整性和有效性。多样性原则是指要充分尊重高等院校的办学自主权,应考虑院校办学和人才培养的多样性以及质量评价标准的多元化。它旨在引导院校立足国家和社会需求,结合自身实际,科学定位人才培养目标,制定适切的质量标准,形成培养特色。发展性原则是指要注重院校发展目标、过程和结果之间的关系,注重资源的有效利用,注重质量的改进和提升。换句话说,审核评估不仅仅是为了发现问题,更重要的是要解决问题并促进质量提升。实证性原则是指审核评估实行的是以事实为依据的同行评议过程,即判定必须以事实为根据,这些事实根据可以是定量的也可以是定性的,同时必须是客观的、具有代表性和相关性的。

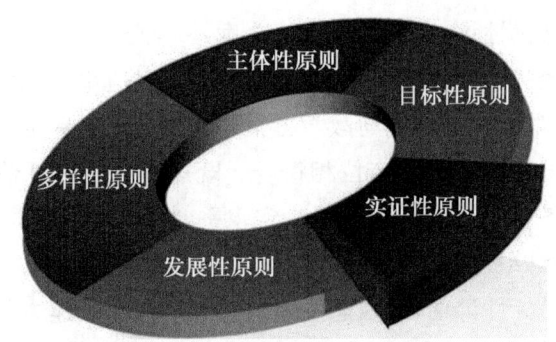

图3-1 审核评估的原则

审核评估秉持"一个坚持、两个突出、三个强化"的指导思想(如图3-2所示)。② "一个坚持"即坚持"以评促建、以评促改、以评促管、评建结合、重在建设";"两个突出"即突出内涵建设、突出特色发展;"三个强化"即强化办学合理定

---

① 李志义.紧紧牵住"牛鼻子"审核评估就不会"跑偏"[J].高教发展与评估,2013(5):1-12.
② 陆根书.改革开放40年来中国本科教学评估的发展历程与基本特征[J].西安交通大学学报(社科版),2018(11):19-29.

位、强化人才培养中心地位、强化质量保障体系建设。

图3-2 审核评估的指导思想

审核评估强调全面质量管理,是在总结已有评估经验并借鉴国外先进评估思想的基础上提出的新型评估模式。① 与水平评估、合格评估不同,审核评估的主体是高等院校自身而不是政府部门,它充分调动了高等院校的主动性和积极性,从"要我评"转变成了"我要评",激发了高等院校关注质量保障的内在动力和热情。

(五)水平评估、合格评估和审核评估的区别

1. 评估属性

水平评估是选优性评估,强调三个符合度:一是学校自身的办学定位及其人才培养计划要与经济社会发展要求、学生全面发展需求以及学校的实际情况相符合;二是学校教学资源的配置与教学方案要与既定的目标定位相符合;三是人才培养质量要与学校的目标和定位相符合。既然是选优性评估,水平评估自然更加关注院校的各项指标是否达到了一定水平,根据院校各项指标达到的实际水平,水平评估的结果可分为优秀、良好、合格、不合格四种。

合格评估是达标性评估,旨在通过评估引导并促进新建本科院校合理定位、改善办学条件、加强规范管理、完善校内教学质量保障体系、保证教学质量。因此,合格评估关注三个"基本",即办学条件基本达标、教学管理基本规范、教学质量基本保证,其评估结果可分为合格通过、暂缓通过、不合格三种。"合格通过"的评估结果可以作为学校申请新增本科专业设置、新增硕士与博士学位授予单位的主要依据之一。"暂缓通过"的院校则需要在规定的暂缓期内采取积极措施进行整改,然后可以申请重新接受评估。评估"不合格"的院校则由教育部结合

---

① 李汉邦,邢永昌.把握核心精神 科学实施审核评估[J].中国高等教育,2014(13/14):31-33.

实际情况,令其限期整顿、停止招生或停办。

审核评估是写实性评估,旨在查找、诊断院校教育教学和管理中存在的突出问题,敦促院校进行整改,以保障教育教学质量。审核评估关注"五个度",即办学定位和培养目标与社会需求的适应度、培养效果与培养目标的达成度、教师和教学资源对高校人才培养的保障度、教学质量保障体系运行的有效度以及学生和用人单位的满意度。"五个度"大致上分5等进行评价(见表3-2)。因为是写实性报告,其评价结果主要是列出一般不合格项目和严重不合格项目。针对审核评估中发现的问题,院校要制定相应的整改措施进行整改,教育部会随机组织专家及时回访,对于整改效果不佳的院校会进行通报。首次审核评估及其整改的结果是下一轮审核评估的基础,专家进校会重点考察首次审核评估整改的效果。

表3-2 "五个度"分等评价情况

评价内容	1等达标度	2等达标度	3等达标度	4等达标度	5等达标度
适应度	完全适应	比较适应	基本适应	不太适应	很不适应
保障度	充分保障	较好保障	基本保障	保障不力	没有保障
有效度	非常有效	比较有效	基本有效	有效性低	完全无效
符合度	非常符合	比较符合	基本符合	不太符合	很不符合
满意度	非常满意	比较满意	基本满意	不太满意	很不满意

2. 评估主体

在水平评估、合格评估的过程中,教育部是本科教学质量评估的主体;而在审核评估过程中,虽然教育部依然是本科教学质量评估活动的主要组织者,但是高等院校的积极性和主体性被充分激发了出来,它们成为本科教学质量评估的具体实施者和执行主体。

3. 评估对象

中国本科教学质量评估制度化进程的特殊性源自中国高等教育系统的复杂性和多样性。鉴于高等教育跨越式、大众化的发展特点以及高校类型和层次的差异,水平评估、合格评估和审核评估的具体对象有所不同。水平评估主要针对的是本科办学历史长、教学质量好的高等院校,包括现在的"985"高校、"211"高校和老牌本科院校等,合格评估主要针对的是未参加过本科教学评估的各类新建本科院校,而审核评估则主要针对的是已经通过水平评估和合格评估的高等院校。从另一个角度看,这三种不同类型的评估代表了中国本科教学质量评估的不同发展阶段。

4. 评估标准

水平评估制定了19项二级指标,要求评估专家对此进行等级设定;合格评估提出了39个观测点,要求专家对此进行独立考察、独立判断;审核评估只给出了定位与目标、师资队伍、教学资源、培养过程、学生发展、质量保障、自选特色项目等"6+1"个审核项目、25个要素、69个要点的评估范围,并没有设定具体的标准(见表3-3)。这些审核项目、审核要素和审核要点是一个整体,它们依次包含、相互关联。

表3-3 水平评估、合格评估与审核评估的区别

	合格评估	水平评估	审核评估
评估属性	达标性	选优性	写实性
评估核心	三个基本	三个符合度	"五个度"
评估标准	专家对39个观测点进行独立考察、独立判断	专家对19项二级指标进行等级设定	专家对69个要点进行核查
评估结果	通过、暂缓、不通过	优秀、良好、合格、不合格	合格、不合格
评估对象	未参加过本科教学评估的各类新建本科院校	本科办学历史长、教学质量好的高等院校	通过水平评估和合格评估的高等院校
评估主体	教育部	教育部	高等院校

三、基本特点

(一)外部质量保障政策由政府主导

纵观我国本科教学质量评估制度化的过程不难发现,无论是四年制本科教育质量评估、研究生教育质量评估或是两年或三年制的职业教育和私立高等教育质量评估,都是由政府主导进行的。2018年,教育部首次公布了普通高校本科专业目录中92个类别、587个专业的本科教学质量国家标准,涉及全国高校56 000多个专业点。这次本科教学质量的国家标准明确规定了每个专业类别的学制、参考学时和学分,规定了专任教师的数量和结构、学科背景,规定了专业类的基本办学条件、基本信息资源及教学经费等,对专业类知识体系和核心课程体系提出了建议。①

---

① 张安富.本科教学工作审核评估的再认识及持续改进[J].高教发展与评估,2018(3):18-26.

（二）内部质量保障体系具有多元化的共性特征

从内部质量保障体系来看，国内大学的本科教学内部质量保障体系具有如下四个主要特征①。

一是设有专门的质量保障机构。如前所述，国内大多数高校都设立了本科教学质量评价办公室（或中心），该机构承担着全校本科教学工作的监督和评价职能。无论是独立的职能部门或是教务处的下设部门，该机构都在本科教学状态数据库运行、教学质量监控和评价反馈方面发挥着重要作用。

二是成立教学督导组对本科教学进行监督改进。教学督导组成员大多是具有丰富教学经验的在职或退休教师。通常情况下，他们会定期组织现场听课，针对课堂教学中存在的实际问题在课后与任课教师和学生进行交流和反馈。因此，教学督导组的主要职责是发现课堂教学中存在的问题并查找原因，然后帮助教师改进教学。

三是实行同行听课。通常情况下，院校会要求教师之间互相听课，帮助彼此发现教学中存在的突出问题，然后交流切磋、互相学习、共同改进。除此之外，也会有院校管理者包括校级领导和院级领导定期深入课堂听课。不少院校已将校长和党委书记定期听课制度化、常规化，旨在更全面地督促教师不断改进教学。

四是开展学生反馈。目前，学生反馈被视为最重要的教学质量保障机制之一。学生反馈的方式包括学生调查、个人访谈、群体访谈、学生代表报告等。学生调查是使用最广泛的方式，教师可以通过这种方式收集学生反馈的各种信息，包括课程评价、教学评价以及其他方面的信息。

（三）大学排行具有重要影响

随着高等教育与市场联系程度的加深，大学排行榜也日渐成为重要的外部质量评价手段。尽管不同排行榜的评价指标及其权重各有侧重，但是其共性特征就是为家长和学生选择大学提供了"风向标"，大学排名越靠前说明其办学实力和水平就越高，家长和学生对其信赖度也就会越高。目前，国内具有较高社会认可度的大学排行榜主要有上海交通大学学术评价中心推出的"世界一流大学学术水平排名"（academic ranking of world universities，ARWU）、武汉大学中国科学评价研究中心的《中国大学及学科专业评价》年度报告、网大（netbig）和

---

① LIU S Y. Quality Assurance and Institutional Transformation-The Chinese Experience [M]. Singapore：Springer，2016：68-69.

校友网推出的大学评价报告等;国际范围具有较高认可度的排行榜有《美国新闻与世界报道》(U.S. News and World Reports)、QS(quacquarelli symonds)和英国《泰晤士高等教育》(Times of Higher Education)的世界大学排名等。由于相对缺乏教学的准确数据和信息,利益相关者主要依据研究水平和社会声誉对一所大学质量的优劣进行评判。这些大学排名对政府和大学的相关决策者产生了误导,因为这些排名暗示大学科研搞得好等同于教学质量就好。

(四)体现了三大转变

1. 评估标准从"同一"向"多元"转变

与水平评估相比,审核评估没有具体的标准,而是要求每个院校根据自己的实际情况,针对"6+1"个项目、25个要素、69个要点的评估范围,制定自己的本科教学质量评估方案,实现了评估标准从"同一标准"向"一校一个标准"的转变,克服了水平评估"一刀切"的不合理性。

2. 评价关注点从重"硬件"向重"软件"转变

与重硬件设施条件的水平评估相比,审核评估重视院校管理水平对办学质量的功能和作用,强调本科教学的中心地位和以学生发展为中心的基本理念,强化质量保障体系建设,对于从根本上扭转本科教学质量保障弱化的趋势具有重要意义和价值。①

3. 评价方式从重视结果向重视过程转变

无论是水平评估还是合格评估,都是以结果为导向,从不同方面对不同类型院校的本科教学工作结果做出的鉴定性结论;而审核评估强调以问题为导向,通过审视核查学校在办学过程中人才培养相关要素的实际运行状态,精准把脉,为院校全面认识本科教育教学及其管理工作中的问题,分析这些问题产生的深层次原因,制定相应的改进措施,提供重要帮助和指导。

---

① 张安富.本科教学工作审核评估的再认识及持续改进[J].高教发展与评估,2018(3):18-26.

第四章 工程教育认证制度的国际比较

20世纪初,工程教育认证在主要发达国家启动。作为一种重要的质量保障方法,工程教育专业认证主要由非政府性质的第三方机构组织实施,是高等院校实现规范发展和自我管理的重要途径。高等工程教育的院校和产业界的专业人员是工程教育认证的具体执行主体。通过工程教育认证,对达到或超过既定质量标准的高校和工程专业给予认可,对教育实践中存在问题的院校和工程专业,协助其进一步改进、提升工程教育质量。[①] 经过近一个世纪的发展,工程教育认证已完全实现建制化,它是连接工程教育界和工业界的桥梁,是注册工程师制度建立的基础环节,是工程技术人才参与国际流动的重要保证,现已成为国际上通行的工程教育质量保障制度。[②]

第一节 美国的工程教育认证制度

美国工程与技术认证委员会(Accreditation Board for Engineer and Technology,ABET)是美国工程教育认证工作的主要负责机构。ABET的前身是美国工程师专业发展委员会(Engineers' Council for Professional Development,ECPD),成立于1932年,是一个接受并通过了美国高等教育认证委员会(Council for Higher Education Accreditation,CHEA)认证的非营利、非政府组织。ABET实行会员制,会员大都来自工程实业界,分为正式会员单位和准会员单位,正式会员单位由美国主要的工程师学会组成并负责对工程类有关学科专业进行认证,准会员单位则主要是对ABET认证感兴趣并愿意提供支持的学会组织[③]。目前,ABET共有36个正式会员单位,这些会员单位的代表专

[①] 王孙禺,赵自强,雷环.中国工程教育认证制度的构建与完善[J].高等工程教育研究,2014(5):23-34.
[②] 王娜.中国大陆高等工程教育专业热证的发展历程与展望[J].高等理科教育,2011(1):64-67.
[③] 朱永东,张振刚.美国ABET工程教育专业质量认证研究[J].中国高教研究,2009(12):54-56.

家们在世界范围内制定政策与发展战略并执行工程教育认证活动。ABET认证由来自企业、高校和政府部门的专家通过评估项目材料、考察校园、参与认证结果决策等方式来开展。

一、ABET的认证组织

ABET下设应用和自然科学认证委员会(Applied and Natural Science Accreditation Commission)、计算机认证委员会(Computing Accreditation Commission)、工程教育认证委员会(Engineering Accreditation Commission)和工程技术认证委员会(Engineering Technology Accreditation Commission)四个专门委员会,具体的认证活动由四个专门委员会组织实施。这些委员会的职责在于评估相关的教育项目并判定其最终的认证结果,每个认证委员会负责对认证标准、政策和程序进行持续改进和提高,但是认证标准的所有变动最终都需要得到ABET的认可。① 截止到2018年10月,根据ABET的官方网站统计显示,ABET已经在全球32个国家的793所高校认证了4 005个项目。此外,每年都会有来自36个会员团体的2 200名专家在科学、技术、工程和数学等教育领域进行质量认证。②

二、ABET的认证程序

美国工程教育专业认证的程序主要包括四个阶段。③ 一是申请认证阶段,由准备参加的院校自愿向ABET提交认证申请。二是专业自评阶段,通过检查本专业的教育目标和学生的学习结果是否一致,检查师资质量、设备以及相关资料是否符合认证要求,收集学生学习的相关证据等,撰写专业认证的自评报告,提交给ABET总部和相关的专门认证委员会。三是现场考察,由3~4个来自ABET会员团体的专家共同形成认证专家组,对即将参加认证的专业进行实地考察,以核实专业自评报告的真实性和准确性。对于自评报告中发现的问题,认证专家组会对学生和教师进行相关访谈,并针对专业教育的现有优势和不足,给出适当的建议。四是审议并宣布认证结果,专门认证委员会根据现场考察情况的总结报告和学校针对自评报告进行整改的具体情况,宣布认证结果。

---

① ABET. Accreditation commission[EB/OL].[2018-10-09]. http://www.abet.org/about-abet/governance/accreditation-commissions.
② ABET. At a glance[EB/OL].[2018-10-09].http://www.abet.org/about-abet/at-a-glance/.
③ 骆健,等.美国工程教育专业认证现状及启示[J].中国电力教育,2012(28):9-10.

三、ABET 的认证标准

立足不同时期工程行业实践的发展需求,ABET 的认证标准一直在不断地修改和完善。特别是 20 世纪 80 年代以后,随着美国经济社会的发展和工程技术人才市场需求的变化,ABET 原有的认证标准因过于僵化、指令性太强等问题,一度遭到了学者和组织机构的质疑和批判。① 1995 年,ABET 制定了基于结果的认证标准——《工程标准 2000》(Engineering Criteria 2000,EC2000),该标准更强调专业质量的持续改进和创新。从 2001 年开始,新的认证标准 EC2000 被用于工程教育所有的认证活动中。需要说明的是,2000 年,工程技术委员会成立审核委员会,针对工程技术专业发表了《技术标准 2000》(Technology Criteria 2000,TC2K)。2001 年,TC2K 获得 ABET 董事会的批准,成为工程技术专业领域新的认证标准,TC2K 将持续改进计划视为专业质量保障体系的核心。①

EC2000 依旧由通用标准和专业标准两部分组成。通用标准从学生、专业教育目标、学生学习结果、持续改进、课程、师资、设施、学校支持八个方面,规定了所有工科专业必须达到的质量标准(如表 4-1 所示)。专业标准则是对特定专业所应达到质量标准的特殊要求。与原有的标准相比,EC2000 有两个明显的转变:一是由注重输入性要素评价转向注重输出性结果评价;二是由基于最低标准的质量保证转向基于质量的持续改进。② 输出性结果评价要求申请认证的专业必须制定预期的教育目标,必须由雇主、教师、校友、学生等各利益相关主体的共同参与,并结合各专业的发展实际情况,依据 EC2000 所规定的 11 项学生学习结果(如表 4-2 所示),对学生在毕业时应该获得知识和技能进行明确表述,形成具体的、适切的、可操作的学生学习结果。②

表 4-1　EC2000 的通用标准

维度	基本要求
学生	培养学生达成教育目标的过程及在过程中所采取的措施,如学生表现、课程与就业辅导、转学要求等

---

① 杨若凡,何倩.美国工程技术类专业认证标准对我国应用技术大学建设的启示[J].中国高教研究,2015(8):87-92.

② 余天佐,刘少雪.从外部评估转型自我改进——美国工程教育专业认证标准 EC2000 的变革及启示[J].高等工程教育研究,2014(6):28-34.

(续表)

维度	基本要求
教育目标	专业培养目标,指学生毕业后未来几年个人成就的目标展望。根据各专业的具体情况进行定义,要与社会需求、学校人才培养目标相一致,专业通过设置相关的课程、建立相关的制度保证教育目标的实现。如是否有毕业生和雇主的问卷调查等
学习结果	毕业要求,指学生在毕业时所掌握的知识和能力。如2017—2018年ABET工程教育专业认证标准中学生学习结果涵盖了应用数学、科学和工程知识的能力、设计和进行实验的能力以及分析和解读数据的能力等11个方面
持续改进	认证的专业运用一种或多种方法获取或准备数据,运用适当的标准直接或间接对教育目标、学习结果等进行自评,在认证过程中解释自评中提出的数据或例证,证明学生的学习结果和毕业要求已经达标,并就持续改进做出对应的解决方案
课程设置	专业必须设置与教育目标和学习结果相一致的课程,满足ABET提出的基本课程内容要求。如2017—2018年ABET认证标准中必须包括数学与基础科学、工程科学和工程设计类课程、其他的通识教育课程等,以及满足ABET对个别专业的特殊要求(由各专业工程协会定义课程内容要求)
师资队伍	配备与课程体系相匹配的、足够的、达到一定水平的教师来实施教学,教师还要能够为学生提供咨询、辅导,保持与工业界的互动交流
设施	有充足的教室、实验室、实验设备、图书资源等满足学生和教师的教学与研究需要
学校支持	学校在经费、机构、制度等方面为专业的发展提供必要的支持

资料来源:杨梅,孔难难.中美工程教育专业认证体系的分析研究[J].价值工程,2018(9):268-269.

表4-2　EC2000通用标准中的学生学习结果

序号	学生学习结果
1	数学、科学和工程知识的应用能力
2	制订实验方案、进行实验以及分析和解释数据的能力
3	在经济、环境、社会、政治、伦理、卫生与安全、工艺性和持续性等条件下,根据需要,设计一个系统、一个部件或一个过程的能力
4	在多学科综合小组中开展工作的能力
5	对工程问题进行识别、规划,以及解决工程问题的能力
6	对职业与伦理责任的认知
7	有效的人际交流能力

(续表)

序号	学生学习结果
8	理解工程在全球、经济和社会环境中的影响力所需的宽厚教育基础
9	对终身学习意义的正确认识和参与能力
10	有关现实问题的知识
11	在工程实践中运用各种技术、技能和现代工程工具的能力

资料来源:余天佐,刘少雪.从外部评估转型自我改进——美国工程教育专业认证标准 EC2000 的变革及启示[J].高等工程教育研究,2014(6):28-34.

四、ABET 的认证结果

ABET 认证的每个阶段对其工作内容和时间要求都有相应的明确规定,整个操作过程要严格遵守 EC2000 的相关要求,其认证结论通常分为下一轮常规评估(next general review,NGR)、中期报告(interim report,IR)、中期访问(interim visit,IV)、报告整改(show cause report,SCR)、考察整改(show cause visit,SCV)、报告延期(report extended,RE)、考察延期(visit extended,VE)、整改延期(show cause extended,SE)、不予鉴定(not-to accredit,NA)等 9 种。[①] 其中,NGR 代表被认证专业满足了认证的标准和要求,认证有效期是 6 年;IR 代表被认证专业存在一定的问题,需要制定相应的改进报告,认证有效期是 2 年;IV 代表被认证专业存在一定的问题,需要通过专家现场考察进行改进,认证有效期是 2 年;SCR 代表先前已经获得认证的专业存在一定的问题,需要制定相应的改进报告,认证有效期是 2 年;SCV 代表先前已经获得认证的专业存在一定的问题,需要通过专家现场考察进行改进,认证有效期是 2 年;RE 适用于中期报告之后,代表被认证的专业整改效果良好,可以延长认证的有效期,一般为 2~4 年;VE 适用于中期现场考察之后,代表被认证的专业整改效果良好,可以延长认证的有效期,一般为 2~4 年;SE 适用于整改报告或整改现场考察之后,代表被认证的专业的整改效果良好,可以延长认证的有效期,一般为 2~4 年;NA 则代表认证的专业达不到认证的标准和要求,不予鉴定,院校可以保留追诉的权利(如表 4-3 所示)。

---

① ABET. Decision and notification[EB/OL].[2018-09-11]. http://www.abet.org/accreditation/get-accredited/decision-notification/.

表 4-3　ABET 的认证结果与有效期

认证结果类型	认证有效期
下一轮常规评估(NGR)	6 年
中期报告(IR)	2 年
中期访问(IV)	2 年
报告整改(SCR)	2 年
考察整改(SCV)	2 年
报告延期(RE)	2～4 年
考察延期(VE)	2～4 年
整改延期(SE)	2～4 年
不予鉴定(NA)	—

资料来源：ABET：Decision and Notification[EB/OL].[2018-10-09].http://www.abet.org/accreditation/get-accredited/decision-notification/.

五、ABET 认证的基本特点

(一)认证活动独立且严格

ABET 是一个独立于政府和学校的第三方组织机构。虽然政府提供一定的政策支持和资金援助，但是不干预认证的具体事务，从根本上保证了 ABET 认证的客观性和公正性。ABET 认证是非强制性的，是否参加认证完全取决于院校自身。ABET 严格按照美国相关法律法规运作，并接受法律和公众的监督。美国《高等教育法案》和《高等教育法案修正案》中的相应条款以及 ABET 宪章、条例和程序规则都对认证评估进行了明确具体的规定，严禁任何个人或团体超越法规和规则，通过不正当的行为获取利益。同时，根据工程教育的动态发展变化，ABET 定期会对认证的规则、程序和标准进行修订，尤其是其认证标准每年都修订 1 次。①

(二)认证标准体现结果导向

EC2000 是美国高等教育质量问责的产物，是对高等教育评估从重视教育投入向重视教育产出转变的回应，是 ABET 把认证焦点从院校转向学生的集中体现。EC2000 聚焦"学生学到了什么"而不是"教师教了什么"，这种从注重"教"到

---

① 朱永东,张振刚.美国 ABET 工程教育专业质量认证研究[J].中国高教研究,2009(12):54-56.

注重"学"的范式转型,使得 ABET 的认证导向发生了明显的变化,实现了从过程导向到结果导向的转变,即从原来强调专业资源投入的严格教学过程转变成了更关注工程实践中工程人员的必备能力和素质。这种结果导向的范式对工程教育产生了深刻而广泛的影响,根据 EC2000 提出的 11 种毕业生能力和要求,高校不仅需要教师积极改革教学方法,而且要求自身必须与行业企业保持紧密的联系,才能够及时追踪工程实业界的发展动态,了解企业对人才培养的实际需求,为毕业生培养和就业创造更有利的条件。

（三）认证核心关注专业的自我持续改进

EC2000 改变了传统意义上工程教育专业认证的基本要求——达到或超过最低的质量标准,明确提出了持续改进的认证理念和要求。持续改进并不是要否定最低的质量标准,而是要求以最低质量标准为方向,能够长期保证工程教育的质量维持在一定的标准上,实现工程教育专业的可持续发展。持续改进不仅是外部认证转化为工程教育专业自主发展的关键环节,而且为工程教育能够动态适应利益相关者的发展需求提供了重要保障。

第二节 日本的工程教育认证制度

日本的工程教育专业认证始于 2001 年,在 2005 年成为《华盛顿协议》的第一个非英语国家的正式成员。日本的工程教育专业认证机构是日本工程教育专业认证委员会(Japan Accreditation Board for Engineering Education,JABEE),该机构由日本文部省联合各专业学术团体以及产业界人士成立于 1999 年,并于 2001 年开始进行本科层次的工程教育专业认证。[①] JABEE 是在强烈的危机意识驱动下开始构建和运行的,一方面,20 世纪八九十年代,随着日本泡沫经济的破灭,企业的发展受到严重影响,[②]经济发展陷入僵局,日本提出了"科学技术创造立国"的国家发展战略;[①]另一方面,经济全球化的发展推动了工程技术人才的国际流动,迫切需要高等教育的人才标准与国际接轨。

一、JABEE 的认证目的

JABEE 不是针对教育机构或学生个人的资格认证,而是对内容和水准达到

---

① 陈枝叶,杨若凡.日本工程教育专业认证及对我国的启示[J].职业技术教育,2015(2):89-92.
② 张海英.日本的工程教育认证[J].高等工程教育研究,2011(5):46-50.

国际通用技术人才要求的专业课程的认证,以实现技术人才培养的国际等质性。① 一方面,通过充实本科层次技术的基础教育提升技术人才的专业能力;另一方面,通过与产业界的合作强化技术人才的专业能力,使技术人才具有国际通用的能力标准(如图4-1所示)。因此,JABEE专业认证的目的在于通过认证工作保证高等教育机构教学活动的质量,使教学的成果真正能够帮助未来的工程技术者获得必要的最低限度的知识和技能。② 其目标在于"依靠与学术机构和工业界相互合作以及标准体系下的认证,确保日本研究所和大学等高等教育机构所提供的工程项目与国际接轨,通过发展工程教育和培养国际工程师来促进社会和工业的发展。"②

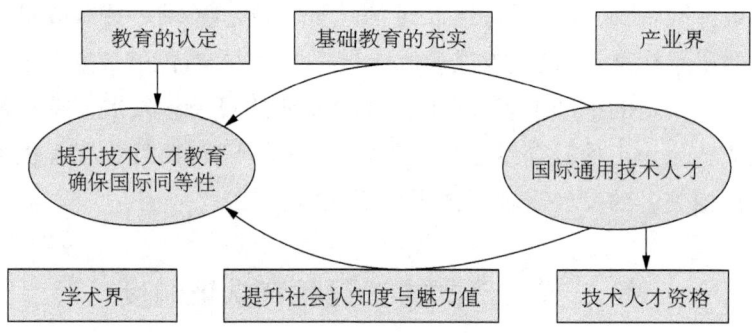

图4-1 JABEE认证的目的

资料来源:王宁,郄海霞.日本工程教育第三方认证的特点与启示[J].职业技术教育,2016(36):69-75.

二、JABEE的认证现状与认证程序

(一)JABEE的认证现状

日本的工程教育认证虽然起步较晚,但是发展速度迅速。截止到2013年年底,已有169个教育机构的474个工程教育专业参与了认证。包括本科和研究生两个教育层次,主要涉及土木工程、化学工程、机械工程等16个大类,分别由相关的专业学会负责制定(如表4-4和表4-5所示)。③

(二)JABEE的认证程序

JABEE的认证对象是日本高等教育机构中学制为四年的工程专业。认证

---

① 王宁,郄海霞.日本工程教育第三方认证的特点与启示[J].职业技术教育,2016(36):69-75.
② 郑晓齐,等.亚太地区高等教育质量保障体系研究[M].北京航空航天大学出版社,2007:28.
③ 陈枝叶,杨若凡.日本工程教育专业认证及对我国的启示[J].职业技术教育,2015(2):89-92.

表 4-4　JABEE 认证专业分类表

	专业数	所占比例
机械工程及相关专业	78	16.46%
土木工程及相关专业	64	13.50%
电气·电子·情报通信	58	12.24%
工学(融合与新领域)	58	12.24%
化学工程及相关领域	52	10.97%
建筑学及相关领域	39	8.20%
信息工程及相关领域	39	8.20%
其他专业及相关领域	86	18.20%

表 4-5　JABEE 认证机构及专业数

	国立大学	公立大学	私立大学	高等专门学校(专攻科)	大学校
机构数	54	10	54	50	1
专业数	220	24	150	79	1

过程主要包括高校提交认证的申请报告、高校向审查小组提交撰写的自评报告、审查小组审查自评报告、审查小组现场考察、审查小组向 JABEE 提交认证结果、JABEE 向社会公布认证结果(如图 4-2 所示)。

三、JABEE 的认证标准

JABEE 的工程教育专业认证标准包括通用标准和专业补充标准,前者是所有认证专业必须达到的最低要求,后者则是根据具体专业的特殊要求对通用标准的补充,主要包括强制性项目和参考项目两个方面。强制性项目是对通用标准中相关课程设置标准的补充,而参考项目则是对通用标准中有关教育目标认证标准的补充,旨在为认证提供更翔实的参考资料,确保认证的顺利进行(如表 4-5 所示)。[①] 为了与国际工程教育认证趋势保持一致,JABEE 于 2010 年制定了新的认证标准,在《华盛顿协议》有关毕业生素质的相关内容中增加了"团队协作"的能力要求。

[①] 陈枝叶,杨若凡. 日本工程教育专业认证及对我国的启示[J]. 职业技术教育,2015(2):89-92.

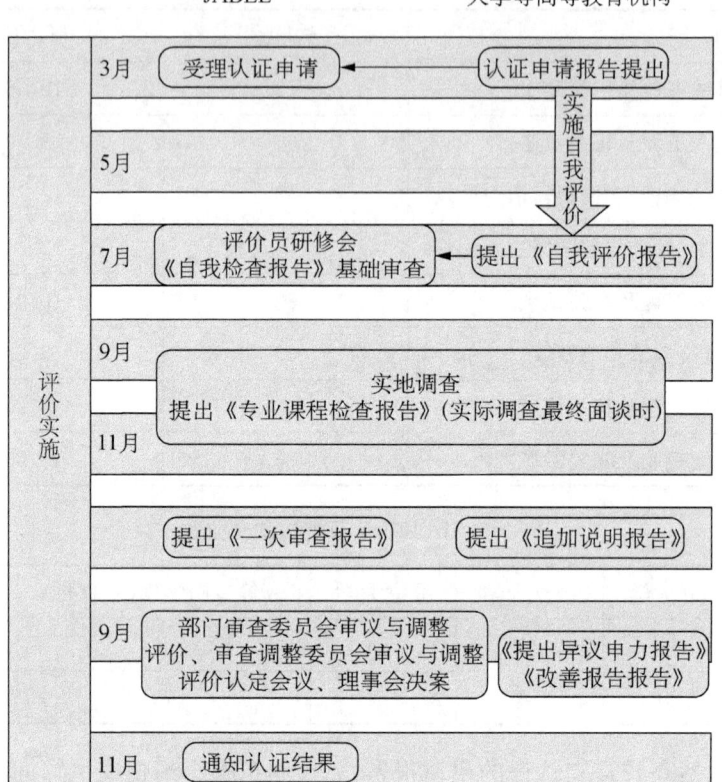

图 4-2　JABEE 的认证流程

资料来源：王宁，郊海霞.日本工程教育第三方认证的特点与启示[J].职业技术教育，2016(36):69-75.

表 4-5　JABEE 新旧标准对照表

	旧标准体系	新标准体系
计划	学习·教育目标的设定和公开	教育目标（制定并公开）
做	课程要求	教育方法,包括课程设置、教学实施和学生学习、师资、招生、教学环境和学校支持
	教学方法	
	教学环境	
检查	学习·教育目标的达成	教育目标评定
反馈	教育改善	教育的持续改善

截止到 2016 年,JABEE 主要在工程系学士专业课程、工程系修士*专业课程、信息系学士专业课程、建筑系学士专业课程及建筑系修士专业课程 5 个专业课程领域开展认证。① 这些专业课程认证需要满足教学目标、教学手段、教学目标达成及教育改善四个方面的共同基准(如表 4-6 所示)。②

表 4-6　JABEE 认证标准(2016 年适用)

教学目标	基准 1	学习与教育达成目标设定与公开
教育手段	基准 2	教育手段
		a. 教育课程的设计
		b. 学习与专业课程的实施
教育手段	基准 2	c. 教育组织
		d. 招生及学生入学及变动方针
		e. 教育环境·学生支援
教学目标达成	基准 3	学习与专业课程目标的达成
教育改善	基准 4	教育改善
		a. 教育检查、继续的改善

四、JABEE 的认证结果

JABEE 的认证结果一般分为 A(acceptable)、C(concerned)、W(weakness)、D(deficiencies)四种情况(如表 4-7 所示)。② 其中,A 代表满足了认证标准;C 代表基本满足了认证标准,希望可以继续采取措施提升;W 代表满足认证标准的程度偏低,必须采取措施进行提高;D 则代表不满足认证标准,需要重新申请认证。因此,A、C、W 三种认证结果都表示通过了认证,而 D 则表示没有通过认证。从认证有效期上看,获得 A 和 C 认证结果的有效期一般为 6 年,期满后需重新申请认证;获得 W 认证结果的有效期一般为 3 年,第 3 年考核通过后,认证有效期可以再延长 3 年。

---

* 日本大学的修士学位相当于我国大学的硕士学位。
① 王宁,郗海霞.日本工程教育第三方认证的特点与启示[J].职业技术教育,2016(36):69-75.
② 陈枝叶,杨若凡.日本工程教育专业认证及对我国的启示[J].职业技术教育,2015(2):89-92.

表 4-7　JABEE 认证结果说明

认证结果	结果说明	认证有效期	通过与否
A	满足了认证标准	6 年	通过
C	基本满足了认证标准,希望可以继续采取措施提升	6 年	通过
W	满足认证标准的程度偏低,必须采取措施进行提高	3 年或 6 年	通过
D	不满足认证标准,需要重新申请认证		不通过

五、JABEE 认证的基本特点

（一）JABEE 是第三方认证机构

JABEE 是具有独立法人资格的非政府组织机构。从 JABEE 的组成成员来看,正式会员是日本各个相关学术领域的全国性学会,赞助会员则是大企业,这种组织构成意在代表学界、企业界和社会的意见,[1]但是它也与政府存在着协作关系,即政府虽然会提供一定的政策支持和资金援助,但不会干预具体认证事务。JABEE 认证没有强制性约束力,是否参与认证完全取决于学校的意愿。

（二）认证标准注重结果导向的评价

承袭基辛格·戴尔"工程设计"的实践理念,JABEE 新的标准体系注重学生的学习产出,从九个方面规定了学生学习产出的最佳状态[2]:一是具备从国际视野出发全面思考问题的能力;二是具备工程活动对自然和社会的影响以及工程师责任的理解力;三是具备相关的数学和自然科学知识应用能力;四是具备本学科领域专业知识应用能力;五是具备利用各种科技信息技术的能力;六是具备交流能力;七是具备终身学习和自我学习能力;八是具备系统管理和完成相应任务的能力;九是具备团队协作的能力。

（三）认证结果与职业资格证书制度相结合

JABEE 的认证结果与日本国家技术人员的资格证书制度具有良好的衔接性。日本国家技术人员资格考试分为理论考试和实务操作考试。2004 年,文部科学省曾宣布,修完由 JABEE 所认证专业课程的毕业生可以免除国家技术人员资格考试的第一次理论考试;累计 7 年以上或是具有连续 4 年以上实务经验就可以参加实务操作考试,考试合格后即可取得国家技术人员专业资格(如图 4-3 所示[3])。

---

[1] 张海英.日本的工程教育认证[J].高等工程教育研究,2011(5):46-50.
[2] 陈枝叶,杨若凡.日本工程教育专业认证及对我国的启示[J].职业技术教育,2015(2):89-92.
[3] 张海英.日本的工程教育认证[J].高等工程教育研究,2011(5):46-50.

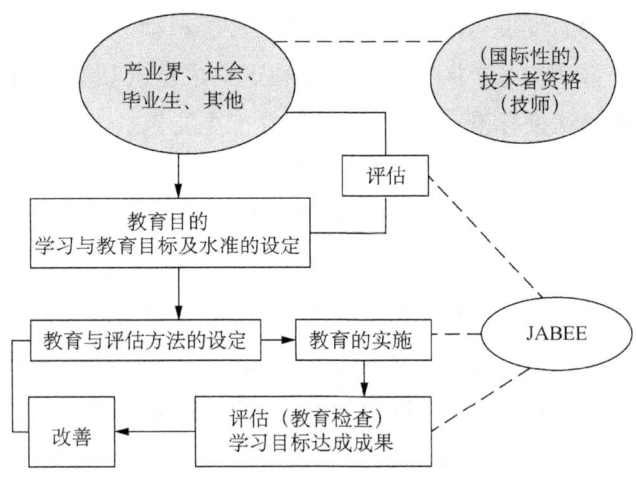

图 4-3 JABEE 认证的基本特点

第三节 印度的工程教育认证制度

印度是高等教育规模尤其是高等工程教育规模最大的国家之一。[①] 为了保证大规模的高等工程教育质量,印度向来非常重视高等工程教育认证,也形成了一套完善的高等教育专业认证制度。印度的高等工程教育认证及其他的专业认证工作主要由全印度技术教育委员(All India Council for Technology Education, AICTE)负责,该委员会成立于1945年。目前,印度有两个高等教育质量认证机构,一个是国家评价和认证委员会(National Assessment and Accreditation Council, NAAC),另一个是国家认证委员会(National Board for Accreditation, NBA),前者主要负责高等教育机构的认证,后者则主要承担技术教育的专业认证。[②] NBA 成立于1994年,是一个独立的自治性机构。2007年,NBA代表印度被正式被接纳为《华盛顿协议》的预备成员,2014年成为正式会员[③]。因此,NBA 的专业认证结果具有国际实质等效性。

一、NBA 的认证标准

为确保高等工程教育的毕业生具备必备的知识、能力和素质,满足工程师职

[①] 付梦芸.印度研究生教育专业认证的基本经验及其启示[J].学位与研究生教育,2015(1):69-73.
[②] 甘宜涛,雷庆.印度高等工程教育专业认证:实践与借鉴[J].高教探索,2017(3):45-49.
[③] NBA. General manual of accreditation[EB/OL].[2018-09-12].http://www.nbaind.org/files/general-manual-of-accreditation.pdf.

业化和国际化流动的发展需求,经过与雇主、校友、教师、政府等相关利益主体的协商合作,以《华盛顿协议》中毕业生素质和正式成员的认证标准为参照,NBA制定了一套严格的认证标准。NBA的认证标准主要包括学校愿景、使命与教育目标,专业产出,课程,学生,教师,技术设备支持,教学—学习过程,管理、制度支持和财政资源以及持续改进等9个方面的内容。① 每个方面的认证标准都规定了相应的具体要求(如表4-8所示),申请认证的专业只有满足了这些具体的要求,愿意分析该专业存在的优势和不足,并主动寻求持续改进的机制,该专业才能通过最后的认证。所以,NBA认证的是专业而非院系,所认证的专业主要包括工程技术、管理学、药剂学、建筑学与应用工艺、计算机应用、护理学以及旅游管理6个领域。②

表4-8 NBA认证标准

评价标准	具体内容
学校愿景、使命和教育目标	毕业生未来专业和职业生涯发展可取得的成就,教学管理体制,定期审视和修订专业教育目标等
专业产出	课程和专业产出的界定与确认(《华盛顿协议》12条毕业生素质),专业产出的实现,专业产出的评估,怎样利用评估结果促进专业改进等
课程	讲授、辅导和实践教学的课程结构,课程对专业产出和专业教育目标的贡献情况,校企合作与实习,课程开发等
学生	学生升学率,学习质量(平均成绩积点),就业与深造情况,学生参加专业活动情况
教师	生师比,教师职称结构,教师学历情况,教师专业发展,教师科研水平,教师与校外合作情况等
技术设备支持	教室,教师办公室,专用实验室,技术支持等
教学—学习过程	大一新生的生师比,大一授课教师的学历,实验室情况,导师制,自主学习情况,就业指导,课外活动等
管理、制度支持和财政资源	校园基础设备,经费预算与使用,图书馆建设,网络等
持续改进	学生学习成绩的持续改进,生师比的持续改进,教师队伍的持续发展,教师科研水平的持续提高,教师的在职学习,教学设备添置等

资料来源:庄丽君.印度高等工程教育专业认证的特点[J].高教发展与评估,2016(1):47-54.

---

① 甘宜涛,雷庆.印度高等工程教育专业认证:实践与借鉴[J].高教探索,2017(3):45-49.
② NBA. General manual of accreditation[EB/OL].[2018-09-12]. http://www.nbaind.org/files/general-manual-of-accreditation.pdf.

印度的高等工程教育分布在各类不同的高等教育机构中,鉴于这些院校机构层次和类型的差异性和复杂性,印度高等工程教育的专业认证实行分层分级认证。所谓分层主要是指认证分为本科和研究生两个层次,所谓分级主要是指专业认证分为一级认证和二级认证,前者针对的是国家重点院校和大学的院系、自治学院以及准大学的相关专业,后者则针对的是附属学院的相关专业。① 尽管运用的同一个认证标准,但是在不同层次、不同级别的认证中,同一标准被赋予了不同的权重(如表4-9所示)。② 不难看出,专业产出和教师的贡献是各个层次的认证都重视的关键性指标。

二、NBA 的认证程序

NBA 专业认证采用自愿申请的原则。NBA 专业认证的程序主要包括提交申请、初步交流、资格认定、递交自评报告、现场考查、宣布最终的认证结果等。

表4-9　NBA 各级各类认证标准的权重情况

认证标准	第1级认证			第2级认证		
	专科	本科	研究生	专科	本科	研究生
学校使命、远景目标和专业教育目标	75	100	75	75	75	75
专业的产出	225	225	250	200	150	225
课程	100	125	75	100	125	75
学生	100	75	100	100	100	100
教师	100	175	200	100	175	200
设备和技术支持	100	75	75	100	125	75
学术支持部门和教-学过程	150	75	75	150	75	75
管理、学校的支持和经费资源	75	75	75	100	75	100
持续改进	75	75	75	75	100	75
总分	1 000					

在资格认定阶段,要求申请认证的工程技术类专业必须取得 AICTE 颁发的合法办学手续,并且至少已有两届毕业生。申请认证的院校要按照 NBA 提

---

① 甘宜涛,雷庆.印度高等工程教育专业认证:实践与借鉴[J].高教探索,2017(3):45-49.
② 庄丽君.印度高等工程教育专业认证的特点[J].高教发展与评估,2016(1):47-54.

供的认证指南提交自评报告，然后由相关评估专家进驻申请院校进行现场考查。需要说明的是，NBA 的评估专家通常来自印度国内的知名大学、科研机构、政府、企业和工业领域。参加现场考查的评估专家以自评报告为基础，通过系统查阅、比对院校相关专业提供的文献资料和数据，并与相关师生随机进行访谈，以全面了解申请认证的专业情况，然后撰写调查报告草案并递交审核委员会审核，后经过评估与认证委员复审、学术顾问分委员会复核，最后由执行委员会做出是否通过认证的决定（如图 4-4 所示）。①

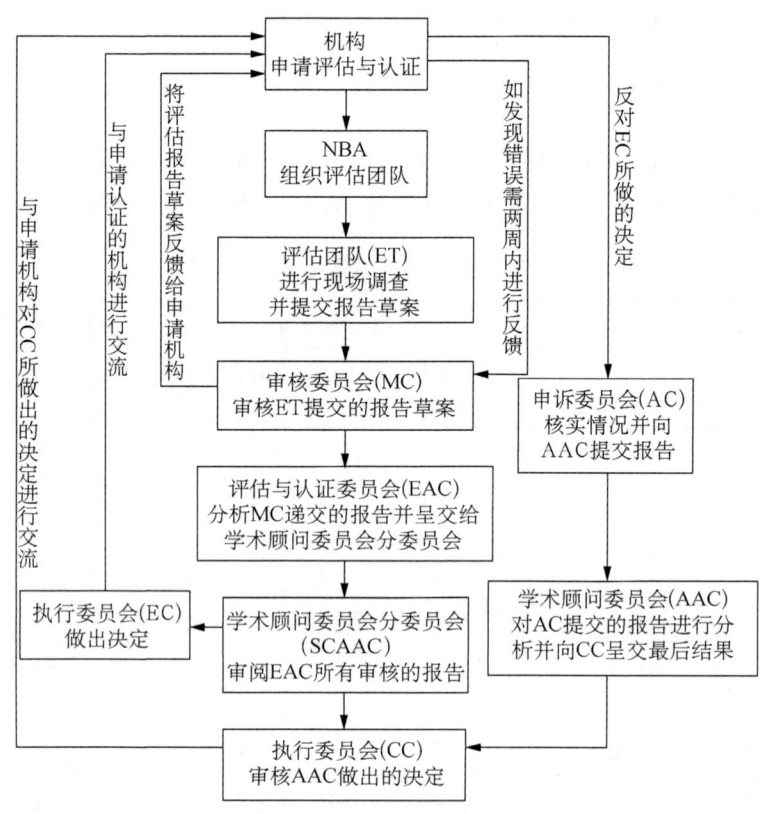

图 4-4　NBA 的认证流程

三、NBA 认证的认证结果

NBA 的专业认证结果通常有四种：第一种是完全满足了专业认证的要求，认证有效期是 5 年；第二种是经过 3 个月整改之后考虑通过认证；第三种是有效

---

① NBA. Accreditation policy[EB/OL]. [2018-08-31]. http://www.nbaind.org/accreditation.aspx#accreditation-policy.

期为 2 年的临时认证,通常是申请认证的专业有 2 个以上的标准未完全达到认证要求;第四种是不通过认证。凡是通过认证的专业每年都需要向 NBA 递交年度自评报告,一经发现该专业有任何指标未达标,NBA 有权撤销认证结果。①

四、NBA 认证的基本特点

(一)认证活动高度独立自治

NBA 非政府性、自治性的组织属性,决定了印度工程教育认证活动的独立性。这种独立性主要表现在两个方面:一是经济上的独立性,虽然 NBA 每年都会得到印度政府的拨款以及企业的公益资助,但是 NBA 运作的主要经费来源并不是这部分资金,而是高等工程教育专业申请认证的鉴定费,每年大约 5 万印度卢比,折合人民币大约 4 750 元;二是工作上的独立性,虽然 NBA 是 AICTE 的下设机构,但是被授予了高度的自主权限,对于高等工程教育认证的标准、方式以及认证结果的裁定,NBA 拥有绝对的自主性。② 由此可见,对于发展中国家来说,在工程教育认证和质量保证逐步脱离政府的控制而走向专业化的进程中,市场将会是强大的推动力。③

(二)认证标准突出结果导向

NBA 的认证标准对"专业产出"和"持续改进"等指标及其权重、认证状态的维持和不同有效期的规定等都进行了系统的设计和要求,凸显了印度工程教育认证的结果导向性。①重视毕业生质量、关注动态改进、注重持续提升等核心要求,使得印度高校将专业认证的外部质量保障手段转变成了内部教学质量保障的关键环节,通过周期性的外部同行评估,形成了自发、自觉提升专业质量的内部长效机制。申请认证的专业若有一个标准不达标,就意味着整个认证的失败,因此,这种近乎苛刻的认证规定将会敦促各类院校更加主动积极地关注工程教育的各个环节,真正建立起切实有效的质量保障体系。

(三)认证标准关注院校差异性

科学合理的认证标准是体现认证公信度和说服力的前提和基础④。首先,NBA 的认证标准注重本土特色和国际经验的结合。NBA 的认证标准既借鉴了

---

① NBA. Accreditation policy[EB/OL].[2018-08-31]. http://www.nbaind.org/accreditation.aspx#accreditation-policy.
② 庄丽君.印度高等工程教育专业认证的特点[J].高教发展与评估,2016(1):47-54.
③ BORDIA S. Problems of accreditation and quality assurance of engineering education in developing countries[J]. European Journal of Engineering Education,2001,26(2):187-193.
④ 甘宜涛,雷庆.印度高等工程教育专业认证:实践与借鉴[J].高教探索,2017(3):45-49.

欧美等发达国家的认证经验,也形成了适合印度国情的高等教育认证标准,真正实现了工程教育的实质等效性。其次,NBA的认证标准注重统一性和多样性的结合。由于印度实施工程教育的院校类型和层次存在一定的差异性,所以,NBA实行分级认证,两级认证的指标权重有所不同。最后,在实施认证的过程中,NBA还会根据院校的实际情况,适当调整相应的指标权重及其计算方法,力求体现不同类型、不同层次工程教育的多样性,以满足本土工业界对不同类型人才的不同需求。

第四节 中国的工程教育认证制度

作为发展中国家,我国工程教育认证制度的形成与发展相对迅速,从专业认证制度启动到成为《华盛顿协议》正式成员,历时三十多年。与发达国家相比,我国的工程教育认证制度在认证历程、认证机构、认证程序、认证标准、认证结果等方面,都具有自身的特点。

一、我国工程教育认证的发展历程

我国的高等工程教育专业认证最早始于1985年,原国家教委组织召开了高等工程教育评估专题研讨会,首次探讨了高等工程教育评估制度确立的重要性。[1] 随后,高等工程教育的评估试点工作逐步得以展开。1993年,第一届全国高等学校建筑工程专业教育评估委员会成立,并于1995年正式开展专业评估。1997年,由原建设部主管的6个专业中有4个建立了专业认证制度,为后来全国的工程专业认证工作奠定了基础。1998年,原建设部与英国土木工程师学会共同签订土木工程学士学位专业评估互认协议书,我国大陆的土木工程专业评估初步实现了与国际接轨。2003年,建筑学、土木工程、城市规划、工程管理、建筑环境与设备工程、给水排水工程六个专业的专业认证全部确立。[2]

2004年,中国工程教育委员会向国务院建议加快推进我国的注册工程师制度与国际接轨,并建议加入国际互认组织——《华盛顿协议》。2005年,全国工程师制度改革协调小组成立,启动实施工程师制度改革和工程教育认证工作。经过十多年的发展,我国大陆的高等工程教育认证逐步完成了建制化,建立起了相对完备的与国际实质等效的中国工程教育认证体系。

---

[1] 王娜.中国大陆高等工程教育专业认证的发展历程与展望[J].高等理科教育,2011(1):64-67.
[2] 毕家驹.中国工程专业认证进入稳步发展阶段[J].高教发展与评估,2009(1):1-5.

第四章　工程教育认证制度的国际比较

2013年6月,我国成功申请成为《华盛顿协议》的预备成员。2015年10月,具有独立法人资格的社团组织——中国工程教育专业认证协会(China Engineering Education Accreditation Association,CEEAA)注册成立。2016年6月,在马来西亚吉隆坡举行的国际工程联盟大会上,《华盛顿协议》全会通过决议,正式接纳我国为正式成员。由此,我国将全面参与《华盛顿协议》各项规则的制定,我国工程教育认证的结果和通过认证专业的毕业生学位将得到国际认可,这标志着我国工程教育认证完全实现了与国际接轨,极大地提高了我国工程教育的国际影响力。

目前,我国工程教育专业认证已覆盖21个专业大类,计划到2020年实现所有专业大类全覆盖。截止到2017年年底,教育部高等教育教学评估中心和CEEAA共认证了全国198所高校的846个工科专业,进入全球工程教育的"第一方阵"。[①] 通过推进工程教育专业认证、全面深化工程教育改革、实施"卓越工程师教育培养计划"等一系列改革举措,有力支撑了"中国制造""一带一路"等国家战略。2017年,教育部启动"新工科"建设,加快发展新兴工科专业,改造升级传统的工科专业。站在新的历史起点上,我国正在从全球工程教育改革发展的参与者向贡献者、引领者转变。

二、CEEAA的组织构成

(一) CEEAA的成员

CEEAA旨在通过开展工程教育专业认证来提升我国的工程教育质量,为工程教育改革和发展服务,为工程教育适应政府、行业和社会需求服务,为提升中国工程教育国际竞争力服务。[②] 目前,CEEAA有33个团体会员和部分个人会员。其中,团体会员覆盖工程领域全国性的行业协会和专业学会,个人会员主要是来自教育部、人力资源和社会保障部、住房和城乡建设部、中国科学技术协会、中国工程院的相关领导以及部分高等学校、行业机构和企业的领导和专家。

(二) CEEAA的组织机构

CEEAA下设理事会和监事会。理事会是协会的执行机构,下设9个各类专业委员会和5个试点工作组(如表4-10所示),以及学术委员会和认证结论审

[①] CEEAA.我国近千专业进入全球工程教育"第一方阵"[EB/OL].[2018-10-23].http://www.ceeaa.org.cn/main! newsView.action? menuID=01010401&ID=1000011710.

[②] CEEAA.协会概况[EB/OL].[2018-10-23].http://www.ceeaa.org.cn/main! newsJumpView.action? menuID=01010301&ID=1000000581.

议委员会,具体负责相关专业领域认证工作的实施。监事会是监督组织机构,主要负责监督理事会、秘书处的工作。秘书处是 CEEAA 的日常办事机构,下设学术部、综合部、培训咨询部、信息部、认证部、国际部等机构,主要负责工程教育认证协调管理方面的相关具体事务(如图 4-5 所示)。

表 4-10　CEEAA 的专业委员会

序号	各分委员会及工作组
1	机械类分委员会
2	计算机类分委员会
3	化工与制药类分委员会
4	水利类分委员会
5	环境类分委员会
6	电子信息与电气工程类分委员会
7	安全类分委员会
8	交通运输类分委员会
9	材料类分委员会
10	轻工食品类试点工作组
11	矿业类试点工作组
12	仪器类试点工作组
13	测绘地理信息类试点工作组
14	地质类试点工作组

资料来源:CEEAA.我国工程教育认证的专业委员会[EB/OL].[2018-09-10].http://www.ceeaa.org.cn/main! newsJumpView.action? menuID=01010301&ID=1000001608.

(三) CEEAA 的认证专家

根据 CEEAA 的《工程教育认证专家管理办法》规定①,工程教育认证专家主要由相关的教育部高校教学指导委员会、高校、行业主管部门、行业组织、典型工业企业和技术单位等,根据遴选条件向认证协会秘书处推荐,经专业类认证委员会遴选后确定其候选资格,然后推荐给秘书处参加专家资格培训,培训合格后进入认证专家库。

---

① CEEAA.工程教育认证专家管理办法[EB/OL].[2018-10-24].http://www.ceeaa.org.cn/main! newsTop.w? menuID=01010701.

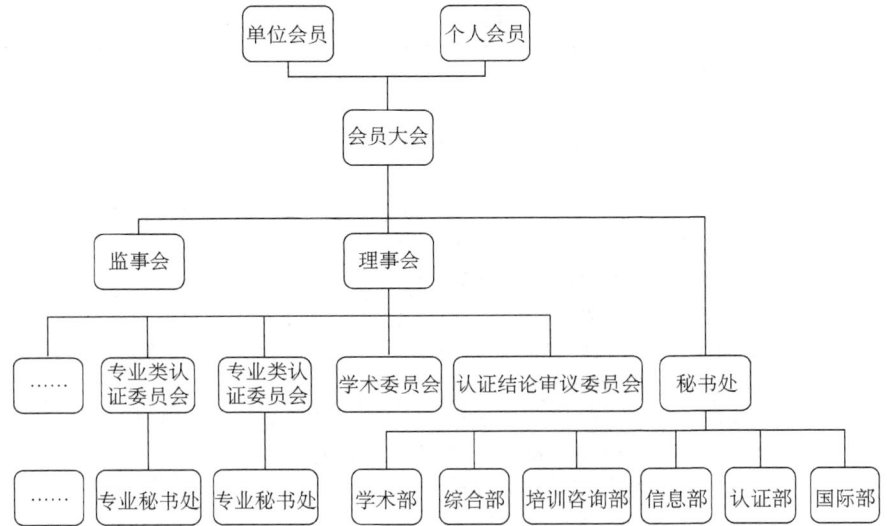

图 4-5 CEEAA 的组织机构设置

资料来源：CEEAA.我国工程教育认证专业委员会的组织机构[EB/OL].[2018-09-10].http://www.ceeaa.org.cn/main! newsJumpView.action? menuID=01010301& ID=1000001605.

三、CEEAA 的认证标准

根据 2017 年 11 月最新修订的认证标准，CEEAA 的工程教育认证标准包括通用标准和专业补充标准两部分。通用标准从学生、培养目标、毕业要求、持续改进、课程体系、师资队伍、支持条件等 7 个方面对接受认证的高校和专业进行了相应的描述和规定(如表 4-11 所示)。专业补充标准则是对相应的专业领域所应具备的专业性标准进行了规定，涵盖了地质类专业、测绘类专业、机械类专业、计算机类专业、化工与制药类专业、水利类专业、环境工程专业、安全工程专业、电子信息与电气工程类专业、交通运输类专业、矿业类专业、材料类专业、食品科学与工程专业、仪器类专业、核工程类专业(试行)、纺织类专业(试行)、土木类专业等 17 个专业大类。①

四、CEEAA 的认证程序

CEEAA 的认证工作在学校自愿申请的基础上开展。参与 CEEAA 认证的基本条件为：正规设立的工科本科专业，属于 CEEAA 认证的专业领域并已有三届毕业生。CEEAA 认证申请的流程为：由高校向秘书处提交申请书，秘书处收

---

① CEEAA.工程教育认证标准[EB/OL].[2018-10-23].http://www.ceeaa.org.cn/main! newsList4Top.w? menuID=01010702.

表 4-11　CEEAA 的通用标准要求

标准类别	具体要求
学生	1. 具有吸引优秀生源的制度和措施 2. 具有完善的学生学习指导、职业规划、就业指导、心理辅导等方面的措施并能够很好地执行落实 3. 对学生在整个学习过程中的表现进行跟踪与评估，并通过评价保证学生毕业时达到毕业要求 4. 有明确的规定和相应认定过程，认可转专业、转学学生的原有学分
培养目标	1. 有公开的、符合学校定位的、适应社会经济发展需要的培养目标 2. 定期评价培养目标的合理性并根据评价结果对培养目标进行修订，评价与修订过程有行业或企业专家参与
毕业要求	专业必须有明确、公开、可衡量的毕业要求，毕业要求应能支撑培养目标的达成。专业制定的毕业要求应完全覆盖以下内容： 1. 工程知识，能够将数学、自然科学、工程基础和专业知识用于解决复杂工程问题 2. 问题分析，能够应用数学、自然科学和工程科学的基本原理，识别、表达、并通过文献研究分析复杂工程问题，以获得有效结论 3. 设计/开发解决方案，能够设计针对复杂工程问题的解决方案，设计满足特定需求的系统、单元（部件）或工艺流程，并能够在设计环节中体现创新意识，考虑社会、健康、安全、法律、文化以及环境等因素 4. 研究，能够基于科学原理并采用科学方法对复杂工程问题进行研究，包括设计实验、分析与解释数据、通过信息综合得到合理有效的结论 5. 使用现代工具，能够针对复杂工程问题开发、选择与使用恰当的技术、资源、现代工程工具和信息技术工具，包括对复杂工程问题的预测与模拟，并能够理解其局限性 6. 工程与社会，能够基于工程相关背景知识进行合理分析，评价专业工程实践和复杂工程问题解决方案对社会、健康、安全、法律以及文化的影响，并理解应承担的责任 7. 环境和可持续发展，能够理解和评价针对复杂工程问题的工程实践对环境、社会可持续发展的影响 8. 职业规范，具有人文社会科学素养、社会责任感，能够在工程实践中理解并遵守工程职业道德和规范，履行责任 9. 个人和团队，能够在多学科背景下的团队中承担个体、团队成员以及负责人的角色 10. 沟通，能够就复杂工程问题与业界同行及社会公众进行有效沟通和交流，包括撰写报告和设计文稿、陈述发言、清晰表达或回应指令，并具备一定的国际视野，能够在跨文化背景下进行沟通和交流 11. 项目管理，理解并掌握工程管理原理与经济决策方法，并能在多学科环境中应用 12. 终身学习，具有自主学习和终身学习的意识，有不断学习和适应发展的能力
持续改进	1. 建立教学过程质量监控机制，各主要教学环节有明确的质量要求，定期开展课程体系设置和课程质量评价；建立毕业要求达成情况评价机制，定期开展毕业要求达成情况评价

(续表)

标准类别	具体要求
持续改进	2. 建立毕业生跟踪反馈机制以及有高等教育系统以外有关各方参与的社会评价机制,对培养目标的达成情况进行定期分析 3. 能证明评价的结果被用于专业的持续改进
课程体系	课程设置能支持毕业要求的达成,课程体系设计有企业或行业专家参与,课程体系必须包括以下内容: 1. 与本专业毕业要求相适应的数学与自然科学类课程(至少占总学分的15%) 2. 符合本专业毕业要求的工程基础类课程、专业基础类课程与专业类课程(至少占总学分的30%);工程基础类课程和专业基础类课程能体现数学和自然科学在本专业应用能力培养,专业类课程能体现系统设计和实现能力的培养 3. 工程实践与毕业设计(论文)(至少占总学分的20%)。设置完善的实践教学体系,并与企业合作,开展实习、实训,培养学生的实践能力和创新能力;毕业设计(论文)选题要结合本专业的工程实际问题,培养学生的工程意识、协作精神以及综合应用所学知识解决实际问题的能力;对毕业设计(论文)的指导和考核有企业或行业专家参与 4. 人文社会科学类通识教育课程(至少占总学分的15%),使学生在从事工程设计时能够考虑经济、环境、法律、伦理等各种制约因素
师资队伍	1. 教师数量能满足教学需要,结构合理,并有企业或行业专家作为兼职教师 2. 教师具有足够的教学能力、专业水平、工程经验、沟通能力、职业发展能力,并且能够开展工程实践问题研究,参与学术交流;教师的工程背景应能满足专业教学的需要 3. 教师有足够时间和精力投入到本科教学和学生指导中,并积极参与教学研究与改革 4. 教师为学生提供指导、咨询、服务,并对学生职业生涯规划、职业从业教育有足够的指导 5. 教师明确他们在教学质量提升过程中的责任,不断改进工作
支持条件	1. 教室、实验室及设备在数量和功能上满足教学需要;有良好的管理、维护和更新机制,使得学生能够方便地使用;与企业合作共建实习和实训基地,在教学过程中为学生提供参与工程实践的平台 2. 计算机、网络以及图书资料资源能够满足学生的学习以及教师的日常教学和科研所需;资源管理规范、共享程度高 3. 教学经费有保证,总量能满足教学需要 4. 学校能够有效地支持教师队伍建设,吸引与稳定合格的教师,并支持教师本身的专业发展,包括对青年教师的指导和培养 5. 学校能够提供达成毕业要求所必需的基础设施,包括为学生的实践活动、创新活动提供有效支持 6. 学校的教学管理与服务规范,能有效地支持专业毕业要求的达成

资料来源:CEEAA.工程教育认证标准[EB/OL].[2018-10-23]. http://www.ceeaa.org.cn/main! newsList4Top.w? menuID=01010702.

到申请之后会安排相关专业类认证委员会对申请认证院校的基本条件进行审核,审核通过的院校交费后进入认证工作流程。

认证工作流程主要包括自评与提交自评报告、自评报告的审阅、专家现场考察、审议并做出认证结论、认证状态的保持和改进等。其中,在自评报告审阅阶段通常存在三种情况:一是通过审查的进入专家现场考察阶段;二是部分院校可能需要补充修改自评报告合格后,进入专家现场考察阶段;三是不能通过审查,本次认证工作停止。在专家现场考察阶段,专家们的主要工作是核实自评报告的真实性和准确性,并了解自评报告中未能反映的有关情况。在现场考察结束15日内,专家组会向相应的专业类认证委员会提交现场考察报告及相关资料。各专业类认证委员会在充分讨论的基础上提出认证结论。随后,各专业类认证委员会将认证结论、院校自评报告、现场考察报告等相关材料一并提交认证结论审议委员会审议。

五、CEEAA 的认证结论

CEEAA 的认证结论有三种:一是通过认证,有效期为 6 年;二是通过认证,有效期为 3 年;三是不通过认证。未通过认证的专业,1 年后允许重新申请认证。通过认证的专业及其所在的院校应认真研究认证报告中专家提出的问题和不足,有针对性地制定相应的整改方案进行改进;同时,该院校每年需向相应的专业类委员会及秘书处提交改进报告,汇报改进情况和专业进展情况。

六、CEEAA 认证的基本特点

(一)具有独立法人资格的第三方评价机构

工程教育认证的实质是行业组织与教育界共同对进入工程专业领域的专门人才培养质量进行的评价。因此,各工程行业组织是 CEEAA 的主要会员,CEEAA 不吸收教育机构和企业作为会员,少部分政府代表和权威专家作为公众代表参与进来,从而保证了 CEEAA 的独立性和非营利性。[①] 同时,各专业类认证委员会是保证第三方评价特征的重要体现,这些委员会是组织开展认证的主体,由行业企业专家和教育界专家共同组成,其日常办事机构通常设在最具代表性的行业组织内。[①]

---

① 王孙禺,赵自强,雷环.中国工程教育认证制度的构建与完善[J].高等工程教育研究,2014(5):23-34.

（二）认证标准突出以学生为中心

CEEAA 的认证标准在内容设计上突出了学生的中心地位。其中，培养目标、毕业要求、持续改进、课程体系、师资队伍、支持条件六个方面都服务于学生的发展需要。从这六个方面的逻辑关系看，培养目标和毕业要求体现了学生发展的导向，课程体系是学生发展得以实现的重要载体，师资队伍和支持条件是学生发展得以实现的重要支撑，培养目标、毕业要求、课程体系、师资队伍和支持条件构成了学生发展的内在质量管理体系，而持续改进则是这个内在质量管理体系有效运作的重要保障（如图 4-6 所示）。

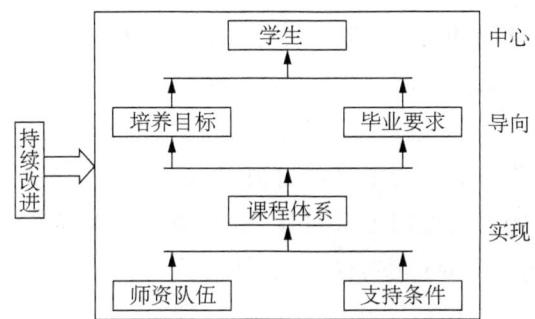

图 4-6　CEEAA 认证标准的逻辑关系图

（三）认证标准突出结果导向

CEEAA 认证标准中的"毕业要求"与《华盛顿协议》中规定的"毕业生素质和职业能力要求"相一致，保证了各会员国家认证制度的可比性和等效性，保证了工程专业人才在全球范围内国际流动的可行性，极大地促进了工程教育的国际互认和流动性。

七、国际比较视野中工程教育认证的共性特征

鉴于不同的教育文化环境和管理制度差异，虽然各个国家工程教育的具体认证实施流程、认证标准、认证结论有所差异，但是却存在明显的共性特征。这些共性特征主要包括以下三个方面。

（1）认证组织机构的独立性和非官方性。作为一项重要的质量评价活动，由政府和高校之外的社会第三方专门机构独立组织实施认证，可以在最大限度上减少政府对高校质量评价活动的干预，从而保证了专业认证活动的客观性和有效性。

（2）专业协会和行业组织的深度参与性。工程教育认证组织的主要构成主体之一就是工业界各类专业协会和行业组织，他们具有丰富的工业实践经验，对工业实践的现状和未来发展趋势具有深刻的体会和认知，充分了解工程领域需要什么样的人才。在工程教育认证的过程，他们能够客观审视高校工程教育中存在的突出问题和不足，能够为高校的工程教育提供具有针对性和可操作性的建议和意见。这在很大程度为工程教育与工程实践的深度融合提供了有力保证。

（3）认证标准充分体现了学生中心、结果导向和持续改进的核心特征。以学生为中心、以结果为导向、以持续改进为机制是工程专业认证的核心理念，也是各国工程教育认证活动实施的基本原则。这三大原则不仅为各国工程教育质量改进和提升提供了保障，而且推动实现了各国工程教育的国际实质等效性，促进了各国工程人才在国际范围内的广泛流动。所以，作为一种有效的范式，专业认证对于高等教育质量保障的意义和价值越来越受到了关注和重视，在高等教育质量评价活动中的独特作用也日益显现，日渐成为世界各国深入推进高校教育教学改革、提升育人质量的突破口和重要抓手。

第五章 商学院国际认证体系比较

参与商学院国际认证是院校具备卓越商科教育质量的重要标志。获取国际认证的商学院,不仅说明该院校的商科教育质量得到了国际上的认可和肯定,而且意味着该院校的商科教育达到了应有的国际化水平。因此,参与国际认证已成为商学院提升其教育质量的助推器。

第一节 全球商学院认证体系

目前,全球范围内主要存在五大知名商学院国际认证体系,其中,最大的认证体系是由美国国际商学院协会(Association to Advance Collegiate Schools of Business,AACSB)推出的 AACSB 认证体系;其次是由欧洲管理发展基金会(European Foundation for Management Development,EFMD)推出的欧洲质量提升认证体系(European quality improvement system,EQUIS);第三个是由英国工商管理硕士协会(The Association of MBAs,AMBA)推出的硕士及以上管理课程的 AMBA 认证体系;第四个是由美国国际商学院及项目认证委员会(Accreditation Council for Business Schools and Programs,ACBSP)推出的 ACBSP 认证体系;第五个是由美国国际商学教育联盟(International Assembly for Collegiate Business Education,IACBE)推出的 IACBE 认证体系。

一、商学院认证体系

(一)AACSB 认证体系

AACSB 成立于 1916 年,是一个由教育机构、社团和其他机构组成的非营利性组织,它致力于提高和促进工商管理和会计学的高等教育水平。AACSB 认同美国专业认证协会的认证规定,并获得了美国高等教育认证委员会的认可。任何一所拥有工商管理或会计学专业的商学院或学术机构都可以自愿申请

AACSB 的认证评价。① 一旦决定申请认证,商学院必须同时进行自我评价和接受同行评议。已经获得 AACSB 认证的学院必须持续进行阶段性的改进,以维护认证的有效性。截止到 2018 年 10 月,全球范围内共有 53 个国家的 820 所商学院通过了 AACSB 商学认证,其中,187 所商学院同时通过了会计学专业认证。②

1919 年,AACSB 首次发布了商学认证标准,并于 1980 年发布了会计学的专业认证标准。1991 年,AACSB 通过了与使命相联系的认证标准和评估考察团评估程序。根据全球商科教育的发展变化情况,AACSB 的认证标准平均 10 年左右更新修订一次。2013 年,AACSB 在 2003 年认证标准的基础上发布了新的认证标准。AACSB 具有严格的认证程序和认证标准,申请认证的学术组织需要接受 AACSB 的全面评估和考察,一旦通过 AACSB 认证,则标志着该学术组织的商科教育质量达到了国际公认的优秀水平,因此,一直以来,AACSB 认证在国际上享有商学院最高成就代表的殊荣。

从启动评估程序到通过认证,AACSB 认证通常要 5 年时间,最长为 7 年。AACSB 的商学认证程序主要包括四个阶段:具备成员资格、预审、初审和保持认证资格。首先,申请认证的院校必须成为 AACSB 的教育成员,在具备 AACSB 成员资格之后,院校再递交商学院认证资质申请并缴纳认证申请费用。院校可以同时申请商学认证和会计学专业认证,也可以在商学认证完成之后再申请会计学专业认证。院校的资质申请在获得初始认证委员会(Initial Accreditation Committee,IAC)或会计学专业认证委员会(Accounting Accreditation Committee,AAC)批准之后,AACSB 将会委派专家顾问到申请院校进行指导,帮助申请院校完成初始自评报告(initial self-evaluation report,ISER)。同时,AACSB 也会委派专职联络员到申请院校,全权负责申请院校与 AACSB 的相关联络工作。AACSB 的专家顾问会针对申请院校的实际情况给出相应的指导性建议,如果专家顾问认为申请院校的实际运行状态尚未达到认证的条件,通常会建议并敦促申请院校在 1~2 年内进行整改并完成 ISER。

IAC 或 AAC 会根据申请院校提交的 ISER 做出四种判定结论:①申请院校的 ISER 达到了初始认证要求,批准申请院校进入最终的自评报告撰写阶段;

---

① 贾莉莉,苏岐英.美国 AACSB 卓越商科教育质量认证的特点于启示[J].上海教育评估研究,2016(2):33-37.

② AASCB. AACSB-accredited universities and business schools[EB/OL].[2018-10-16]. https://www.aacsb.edu/accreditation/accredited-schools.

②批准申请院校按照已提交 ISER 的实施计划,经过 3 年的实际运行,申请院校再次更新 ISER,5 年内获得初始认证;③ISER 尚未完全达到初始认证的要求,需要进一步的修改并重新提交;④ISER 被否决,认证申请被拒绝,申请院校退出认证程序。①

对于达到初始认证要求的申请院校,AACSB 将委派专家团的首席专家进驻申请院校,在 ISER 的基础上指导其完成最终的自评报告。IAC 或 AAC 也会在审核申请院校 ISER 的基础上,委派专家团成员进校现场考察,针对申请院校教学工作的实际运行状态,给出相应的建议和意见。对于尚未达到 AACSB 认证标准的院校,专家团成员会建议申请院校延期认证或是退出认证。IAC 或 AAC 会根据专家团成员的评定结果做出判定,然后提交 AACSB 董事会做出最终决策。

(二) EQUIS 认证体系

EQUIS 认证是由 EFMD 创办的一个以认证为形式,对高等管理教育机构进行质量评价,推动教育进步的国际认证体系。它所开展的国际性管理教育质量认证体系也是欧洲最严格的质量认证体系。截至 2018 年 6 月,共有 42 个国家的 184 所高校通过了该认证。

申请 EQUIS 认证的院校必须严格按照其认证标准组建管理学院、经济管理学院或商学院。EQUIS 认证程序需要 1~2 年才能完成,主要包括咨询、申请、实地考察、获取会员资格、自我评估、同行评议、通过认证和持续改进等几个阶段。有意愿申请认证的院校要先通过电话向 EFMD 咨询服务中心咨询,然后在 EQUIS 认证委员会开会的 3 个月前正式递交申请(EQUIS 委员会定期在每年的 3 月、6 月和 11 月召开会议)。EQUIS 委员会接到申请后,会在开会之前对申请院校进行为期半天的实地考察。申请院校获取会员资格的时间最长为 2 年,在这段时间内,申请院校必须组织一次同行评议专家来访,并至少提前 9 个月做好相关安排。在获取会员资格的 2 个月内,申请院校必须向 EQUIS 认证办公室递交自己的认证计划,而自我评估报告必须在同行评议专家来访的 6 周前递交,同行评议须在同行评议专家来访 10 周前进行。EQUIS 认证的有效期限有 3 年认证和 5 年认证两种,获得 3 年认证的院校必须提交获取认证前 1~2 年内的进展报告;获得 5 年认证的院校必须提交在获取认证前 30 个月内的中期报

---

① AACSB. Process overview [EB/OL]. [2018 - 10 - 12]. https://www.aacsb.edu/accreditation/resources/journey/process-overview.

告。获得认证的院校在认证期满的前1年须递交再次获取认证的相关表格。3年认证单位的总费用是34 375欧元,5年认证单位的总费用是40 625欧元。其中,申请费用为9 375欧元,评议费用为15 625欧元,3年认证单位的认证费用是9 375欧元,5年认证单位的认证费用是15 625欧元。

作为一种国际权威认证,获得EQUIS认证表明该院校的商科教育在国际化方面获得了国际同行的认同。因此,EQUIS认证已经成为评价我国国内商学院教育质量的一个重要依据。

(三) AMBA认证体系

AMBA是针对商学院研究生教育项目的国际认证体系。其总部设在英国伦敦,成立于1967年。AMBA认证的教育项目包括工商管理硕士学位项目(MBA)、工商管理博士学位项目(doctor's business administration, DBA)和商业管理硕士学位项目(master's business and management, MBM)。AMBA是世界商科教育认证组织中最具国际化的组织。截止到2018年年底,共有75个国家和地区的260所商学院通过了AMBA认证。其中,中国大陆获得AMBA认证的商学院共有33所。

AMBA认证要求其认证标准和评估程序要确保教育项目在教学、课程、职业发展、可就业能力、校企互动等方面展现最高的质量标准,因此,AMBA认证关注商科教育在全球的影响力、毕业生的可就业能力和研究生的学习结果。获得AMBA认证的教育项目不仅要反映该领域研究生教育的变化趋势和创新发展性,而且要能够体现商学院在应对发展挑战和鼓励创新发展方面一直保持的高质量水准。当一个学术机构申请认证MBA项目时,AMBA要求该机构提供所有的MBA项目计划,只有所有的学位计划都满足该认证标准时,该机构才能通过认证。

AMBA的认证标准主要包括院校与教师、项目设计、学生招聘、研究生毕业要求、课程、评价、影响与结果等方面。该认证标准每五年左右修订一次,最新的认证标准是2016—2021年的认证标准。与以往的认证标准相比,新标准更关注研究生毕业要求的实现程度,更重视课程设计及其教学的创新性,提倡线上线下相结合的课程设置,也更强调毕业生在全球范围内的影响力和贡献。

从认证程序上看,AMBA认证主要包括初始资格审核、预评估、评估、后评估等四个阶段。在初始资格审核阶段,AMBA认证相关人员会与准备申请认证的院校进行充分的交流和沟通,让准备申请认证的院校深入理解AMBA的认证标准。在预评估阶段,准备申请认证的院校会在缴纳相应的费用之后,提交认证申请。在认证申请获批之后,院校正式进入评估阶段,AMBA 将派出专门人员与申请院校共同讨论认证的具体日程安排。大多数院校至少需要 3 个月的时间,完成自审报告(self-audit report,SAR),客观地全面评判院校自身对比认证标准的优势和不足。在评估专家组进校现场考察之前的三个星期内,院校将提交自审报告给评估专家组。在评估专家组完成现场考察之后的六个星期内,院校进入后评估阶段,申请认证的院校可以向评估专家组提交相关的补充材料,专家评估组形成最终的评估报告并提交 AMBA 认证审核委员会审议,该委员会在审议之后做出是否通过认证的鉴定结论。通过认证的院校又分为 3 年认证有效期和 5 年认证有效期两种。如果一切顺利,从启动认证申请到完成认证,一般需要 2 年时间。

(四)ACBSP 认证体系

ACBSP 成立于 1988 年,是全球范围内第一家对商科所有层次的学位教育提供专门认证的机构,并分别于 2001 年与 2011 年成为被美国高等教育认证委员会(the Council for Higher Education Accreditation,CHEA)批准认可的专业认证组织。ACBSP 认证的专业范围包括贸易、会计、贸易相关的其他项目,认证的学位层次涵盖副学士、学士、硕士和博士等。ACBSP 强调卓越教学,关注学生学习结果的达成度。

只有教育机构具有商科教育项目时,ACBSP 才对该机构进行认证。对于美国本土高校而言,获取区域认证是申请院校成为 ACBSP 会员单位并获得认证资格的前提条件。对于美国之外其他国家的高校而言,申请参与认证的院校必须是官方授权的具有学位授予权的教育机构。ACBSP 支持多校区商学院的认证,申请院校在参与认证时可选择一个主校区的商科教育单位进行认证申请。

(五)IACBE 认证体系

IACBE 成立于 1997 年,它关注商科教育教学的卓越性和学生学习结果的有效性,致力于在全球范围内收集与推广商科教育的相关信息,支持商科教育中有价值的项目研究,并赞助相关有价值的学术活动,推动教育创新实践,促进教师专业发展。目前,IACBE 在全球范围内已经认证了一千多所机构。2011 年,IACBE 获得了美国高等教育认证委员会的认可。

IACBE 的项目认证范围包括全球范围内商科以及与其相关的副学士、学士、硕士、博士等学位层次的教育项目,但对于只有商科副学士学位项目的机构不予认证。IACBE 以办学使命为引领、以学习结果为导向。IACBE 的核心价值观是合作(倡导商科教育中提升学术质量的合作文化)、发展(强调商科教育质量的持续改进,分享教学的卓越性经验)、回应(对会员单位提供顾客至上的周到服务)。IACBE 的认证标准注重人才培养目标、培养过程和结果的一致性评价,鼓励院校形成鲜明的办学特色,要求院校建立结果评估体系,并能够运用相应的评估工具衡量测评学生的学习结果。2018 年 7 月,华南理工大学广州学院有四个专业获得了 IACBE 的认证。

二、会计学专业认证体系

目前,全球有三大主要的会计学专业认证机构,分别是国际商学院协会(AACSB)、国际商学院及项目认证委员会(ACBSP)和国际商学教育联盟(IACBE)。

(一)会计学专业认证程序

全球三大会计学专业认证机构的认证程序大致相同,具体包括如下几个阶段。

(1) 申请认证的院校必须先成为三大认证机构的会员单位。

(2) 申请认证的院校成为会员单位后必须申请获取认证资格。

(3) 在具备认证资格之后,认证机构会给申请院校指派一名指导者,帮助其制定相关的认证计划,并提供相应的咨询服务。

(4) 三大认证机构将委派一名认证委员对申请院校的认证计划进行评估、修正。

(5) 申请院校必须完成年度发展报告,标明认证计划的相关调整与变化。

(6) 在得到认证委员的认可之后,申请院校将进入自评阶段,展示并记录自身与认证机构的认证原则和规定的一致性。

(7) 认证机构将委派专家团到申请院校进行实地调研,客观评判其会计学专业项目的进展情况。

(8) 专家团将根据申请院校发展情况撰写评估报告并递交认证委员会,由认证委员会对申请院校是否获取认证进行评判。

(9) 申请院校一旦获取认证,认证机构将会要求其提供会计学项目发展的阶段性报告;同时,经过数年之后,申请院校还要按照既定程序申请重新获取认证。

(二)会计学专业认证要求及标准

1. AACSB 会计学专业认证的要求与标准

AACSB 会计学专业认证致力于提高会计教育质量,为学生提供满足社会需要的服务能力；旨在推动会计学教育项目的高质量发展，鼓励会计学教育的持续创新和发展。

AACSB认证标准为会计学项目提供评价指导和工作框架，有助于会计学教育项目的质量提升和机构自身教育使命的完成。会计学认证标准是商学院认证标准的延伸和拓展，其所有的认证标准都建立在商学院认证标准的基础上，商学院认证的资格审核程序、认证标准等被合理整合进了会计学的专业认证标准中，并成为会计学认证程序和标准的基础。申请参加AACSB国际会计学认证必须以获得国际商学院认证为前提。

商学院认证标准是会计学认证标准的基石，但会计学认证标准不是复制商学认证标准，它有专门适用于会计学项目的标准。

会计学认证关注会计学相关项目的授课质量，评估的关键因素包括教师资格、教师发展、教师参与度、课程设计及有效性、用于教学过程的资源特点及有效性、学生的学术基础与潜力、项目规划、项目评估和质量保障机制以及教师的智力贡献。尽管这些因素对于任何学术项目质量的评估都至关重要，但是它们的相对重要性主要取决于或者部分取决于学术机构的教育使命以及每一个学术项目的教育目标。

会计学项目主要是为学生从事会计、保险服务、咨询服务（包括税务）、商务管理等职业做准备，因此，申请参加认证的学术机构可以根据学生的职业范围，选择把学生的学习目标融入院校教育使命和战略管理规划中。

为了获得会计学认证，会计学项目必须得到明确的教育使命的引领，必须满足上述会计学教育目标的实现要求，必须掌握教师、领导和其他必要的资源，以维持会计学教育项目质量的不断提升。

拥有会计学本科教育或研究生教育的AACSB成员单位可以自愿申请会计学国际认证，为了申请会计学认证，高校必须先满足AACSB商学院认证标准，或者同时申请两项认证。会计学认证程序与商学院认证程序相似，会计学认证程序更关注高校的会计学专业建设情况。会计学认证过程包括严格的自我评价和同行评价，申请院校首先必须提交会计学认证资格申请，然后经过预审和初步认证两个阶段，获得AACSB会计学认证的院校5年后将再次接受相关认证评价，以维持其项目的教育质量。

AACSB认证过程平均需要5~7年的时间。与其他认证体系相比，AACSB的认证难度和"含金量"最高，通过AACSB认证的院校意味着其商科教育质量得到了国际认可，是对其发展前景的充分肯定，是高质量管理教育的显著标志，这也是 AACSB 认证在国际范围内被视为商学院最高荣誉的重要原因。①

2. ACBSP 会计学专业认证的要求与标准

申请 ACBSP 认证的院校必须首先获得商学认证,才能申请会计学专业认证。在不同的情况下,会计学项目的申请要求有所不同。

当商学院与会计学专业首次同时申请认证时,ACBSP 要求申请院校要准备两个认证过程中的自评报告,ACBSP 认证委员会会委派同一个专家团对申请院校进行实地调研和指导。当会计学专业首次申请认证而商学院是再次获取认证时,申请院校要准备商学院再次认证的相关文件材料及会计学专业首次认证的自评报告,而且会计学专业认证将被单独进行,但在下一轮的再次认证中,商学院认证与会计学专业认证将同时进行。

ACBSP 会计学专业认证的标准与要求包括:组织机构的领导力、组织机构的战略规划、学生和利益相关者的关注点、学生学习与学习结果的测评与分析、教师和员工的关注点、商科教育的过程管理等。

ACBSP 认证的过程一般需要 18~24 个月不等。会计学专业单独申请认证费用是 12 500 美元;商学院与会计学专业同时申请认证的费用是 15 000 美元。根据商学院或会计学专业教育规模的不同,其认证费用将有所浮动。ACBSP 的认证有效期为 10 年。

3. IACBE 会计学专业认证的要求及标准

与 AACSB 认证和 ACBSP 认证相比,IACBE 认证要求申请院校在成为会员单位后要参与学生学习结果评估规划,便于申请院校明确自身的组织使命与目标。

IACBE 会计学专业认证标准不仅关注学生的学习结果评价,而且关注申请院校的运营效能,关注基于学习结果的质量管理框架构建,关注各利益相关者的需要与期望,关注组织的战略规划,关注基于教育证据而进行认证,坚持问责与信息的透明度。

需要说明的是,衡量学术质量的传统范式是基于学术资源(如教师资格证书、学术专著、教师专业发展、教学工作量、师生比、财务投入、图书馆资源等)的投入情况进行的,而 IACBE 则基于教育产出的结果对学术质量进行评价。

4. 三大会计学专业认证标准的共性特点

尽管每家认证机构在认证标准和要求方面各有侧重,但是它们在会计学专

---

① 刘新颖.基于 AACSB 认证的 AOL 体系的建立与运行[J].财会通讯,2018(25):39-41.

业认证的标准方面也存在以下几项共性要求。

第一，三大认证机构都看重申请认证的二级学术组织的战略管理或者是战略规划，申请院校必须列举出组织发展使命。会计学认证项目中要注明该项目学生的群体特征、教师的知识贡献、教学改进策略、项目资源的获取渠道以及学生的成绩考核要求等。

第二，三大认证机构都关注教师与职工等参与者的相关发展。它们会考察学生、职工、教师和管理者的职业资格和特点，以确保他们与项目发展目标相一致。会计学认证项目的发展目标要求师生员工要对组织使命达成共识，院校要为师生员工提供一个良好的组织氛围，以利于教师的专业发展，促进高质量的教学。

第三，三大认证机构都关注学习与绩效保障机制的构建。这要求会计学认证项目的课程内容必须与时俱进，与会计学学位教育相关的知识都要进行传授。这就要求教师要不断开发优秀的会计教材，优化会计学专业的课程结构。

第四，三大认证机构都要求项目目标要兼备教育与商业进展的相关要求。这样才能确保毕业生能够与其他社会成员良好互动，适应社会变化、满足岗位的工作需求。

第五，三大认证机构都要求申请院校在申请会计学专业认证时必须已经获得相应的商学院认证。AACSB 明确要求申请院校必须首先获得 AACSB 商学院认证才能申请会计学专业认证。尽管 ACBSP 和 IACBE 两大认证机构指出，美国本土之外的申请院校申请会计学专业认证时，需要申请院校先获得与美国六大认证体系等值的其他认证机构的认证，但是纵观全球，美国之外的其他国家的任何一家认证机构的声誉和影响力都难以与美国六大认证体系相比，因此，申请参与并获取商学院认证是获得三大体系的会计学专业认证的首要前提。

三、中国高质量 MBA 教育认证

2012 年，中国高质量 MBA 教育认证（Chinese advanced management education accreditation，CAMEA）由教育部学位与研究生教育发展中心和全国工商管理硕士教育指导委员会正式启动。该认证是我国国内第一个针对专业学位教育的认证，它致力于敦促商学院在不断的自我反思、自我总结中实现教育质量的持续改进与创新。

CAMEA 的认证流程主要包括参评培训咨询、提交申请、考察确认资格、单位自评、现场认证、结果确认、持续改进等环节。在借鉴国际认证评估体系的基础

上,CAMEA 的认证标准主要从使命战略、培养质量、创新特色、资源配置、组织行政能力五方面来认证项目,更突出组织使命导向、可持续的改进机制以及特色发展等方面,更强调建立适合中国国情、具有中国特色的 MBA 教育体系。

2013—2017 年,先后有清华大学经济管理学院、复旦大学管理学院、上海财经大学商学院、同济大学经济与管理学院、华东理工大学商学院、浙江大学管理学院、南京大学商学院、北京理工大学管理与经济学院、南开大学商学院、天津大学管理与经济学部、四川大学商学院、西南财经大学工商管理学院和西部商学院、大连理工大学管理与经济学部、中国人民大学商学院、中央财经大学商学院、对外经贸大学国际商学院、华东师范大学经济与管理学部、哈尔滨工业大学管理学院、上海交通大学安泰经济与管理学院 19 所大学的商学院通过了 CAMEA 认证(如表 5-1 所示)。

表 5-1　通过 CAMEA 认证的国内院校及其通过时间

院校	通过时间
清华大学经济管理学院	2013 年 11 月
复旦大学管理学院	2013 年 11 月
上海交通大学安泰经济与管理学院	2013 年 11 月
同济大学经济与管理学院	2013 年 11 月
上海财经大学商学院	2013 年 11 月
南开大学商学院	2015 年 1 月
华东理工大学商学院	2015 年 4 月
浙江大学管理学院	2015 年 7 月
四川大学商学院	2015 年 7 月
天津大学管理与经济学部	2015 年 12 月
西南财经大学工商管理学院、西部商学院	2015 年 12 月
大连理工大学管理与经济学部	2016 年 6 月
南京大学商学院	2016 年 6 月
北京理工大学管理与经济学院	2016 年 12 月
中国人民大学商学院	2017 年 6 月
中央财经大学商学院	2017 年 6 月
对外经济贸易大学国际商学院	2017 年 6 月
哈尔滨工业大学管理学院	2017 年 6 月
华东师范大学经济与管理学部	2017 年 6 月

资料来源:中国高质量 MBA 教育认证(CAMEA)受国际认可,哪些 MBA 院校有此认证?[EB/OL].[2018-10-19].http://www.mbajyz.cn/xxyj/newsdetail/86248.html.

2016年,CAMEA认证与AACSB认证正式签署合作备忘录。这意味着CAMEA的认证不仅获得了国内同行的高度认可,而且开始获得国外同行的肯定和认可。2017年,新加坡国立大学主动申请并通过CAMEA认证,这标志着中国在管理学科领域的自主认证初具国际实质等效性,在世界工商管理教育领域具备了一定的话语权,其质量标准体系的国际地位也得到了进一步提升,已逐步成为具有国际影响力的亚洲认证品牌。因此,教育部学位与研究生教育发展中心将CAMEA认证与AACSB认证和EQUIS认证并称为管理学科领域的"ACE"(AACSB/EQUIS/CAMEA)认证体系。①

第二节 AACSB认证体系分析

如前所述,所有准备参加认证的院校组织必须在申请成为AACSB会员单位之后才能申请获取认证资格。在具备认证资格之后,AACSB认证委员会将指派一名指导者帮助该大学制定、评估、修正相关的认证计划,并提供相应的咨询服务。申请参与认证的院校组织必须按时完成提交年度发展报告,并标明认证计划的相关调整与变化。在得到AACSB认证委员会认可之后,申请参与认证的院校进入自评阶段,展示并说明自身发展与认证标准的一致性。随后,AACSB认证委员会将委派专家团进行实地调研,通过同行评议的方式对院校进展进行客观评价。最后,AACSB根据同行评议报告决定是否给予申请院校一个3年或5年期限的许可认证结果。获取认证之后,院校必须定期提供其按照认证计划有序发展的阶段性报告,以确保认证结果的有效性和可持续性。

一、AACSB的认证范围

从认证组织类型上看,AACSB认为,申请认证的既可以是综合性学术组织的一个学术单位,也可以是一个独立的学术组织。如果是前者,美国认证协调委员会将从财务关系、后勤服务、自主性和依附性等四个方面决定该学术单位是否可以申请认证;如果是后者,该学术组织可以向AACSB提出要求,即需要认证哪些学位项目,但必须在现场认证评价开始之前确认好参与认证的学位项目。一般来说,申请院校25%的本科教学项目和50%的研究生教学项目必须参与AACSB认证。

---

① 友课.中国高质量MBA教育认证(CAMEA)受国际认可,哪些MBA院校有此认证?[EB/OL].(2017-11-23)[2018-10-12].http://www.mbajyz.cn/xxyj/newsdetail/86248.html.

从认证学位层次上看,获得 AACSB 认证的学位项目主要有五类:仅对学士学位进行认证,仅对硕士学位进行认证,对学士和博士学位进行认证,对学士和硕士学位进行认证,对学士、硕士、博士学位进行认证。在学士学位认证中,AACSB 既对传统型的工商管理专业进行认证,又对一些创新复合型专业进行认证。其中,最为普遍的认证专业包括会计、审计、税务、企业管理、商务管理、金融学、国际贸易、市场营销、人力资源管理等。在硕士学位认证中,AACSB 主要是对综合性工商管理硕士学位(主要是指 MBA)进行认证,同时也对工商管理专业型硕士学位进行认证。这类专业主要包括会计学、金融学、信息系统管理、企业管理、市场营销、运营管理等。在博士学位认证中,AACSB 认证的专业主要集中在会计学、行为科学、金融学、管理学(包括组织行为学)和市场营销专业等方面。①

二、AACSB 的认证标准

(一) 2003 年的认证标准

以 2003 年 AACSB 的认证标准为例,AACSB 国际认证有三个一级标准、二十一个二级标准,三个一级标准分别是战略管理认证标准、参与者认证标准和教学保证认证标准。其中,战略管理认证标准包括使命陈述、学术贡献、学术使命、持续改进目标等四个二级标准;参与者认证标准包括财务管理、学生管理(招生)、学生保留、学生支持、学生保持、教师质量、教师管理与支持、教职工整体教育职责、教师个人教育责任、学生教育责任等十个二级标准;教学保证认证标准包括课程管理、本科生培养目标、本科生教育水平、综合性管理硕士学位培养目标、专业型硕士学位培养目标、硕士学位教育水平、博士培养目标等七个二级标准。

1. 战略管理认证标准

1)标准 1:使命陈述

学术机构发布关于教育使命陈述的正式文件,能够为学校管理决策提供科学指导。学术机构关于教育使命的陈述是各利益相关者集思广益的结果,反映了各利益相关者的观点和看法。学术机构关于教育使命的陈述符合高等教育管理的发展要求,与组织内其他机构的发展使命相一致。学术机构能够定期组织各利益相关者适时对已经确立的教育使命进行评估、修正。

---

① 赵振新.AACSB 工商管理类专业认证体系的系统研究[D].广州:华南理工大学,2011:26-27.

2）标准 2：学术贡献

学术机构的教育使命陈述重视智力贡献（包括学习研究和教学论研究、应用研究、基础研究）的质量，强调工商管理教育必须能够促进工商管理学科知识和管理学理论、管理实践、管理学教学和管理哲学的融合。学术机构的智力贡献必须与已有的教育使命和专业发展理念相一致。

3）标准 3：学术使命

关于教育使命陈述的相关文件必须详细说明学术机构计划服务的学生群体特点。

4）标准 4：持续改进目标

学术机构必须详细列举优先持续改进教育质量的行动项目。

2. 参与者认证标准

1）标准 5：财务管理

学术机构必须制定相应的财政预算方案，为完成教育使命和实现行动项目提供适时而充分的资源保障。

2）标准 6：学生管理（招生）

学术机构制定的商科学位招生政策必须明确且与学校的教育使命相一致。

3）标准 7：学生保留

学术机构制定的学术标准和留级规定有利于培养高质量的毕业生。学术标准和留级规定必须与学术机构的教育使命相一致。

4）标准 8：学生支持

学术机构拥有充足的员工数量，能够为学生支持行动提供稳定且持续的质量提升保证。学生支持行动能够反映学术机构的教育使命、专业及学生的特色。

5）标准 9：学生保持

学术机构拥有充足的专任教师数量，能够为专业教学提供稳定且持续的质量提升保证。专任教师资源的部署能够反映学术机构的教育使命和专业教学的要求。不同专业、不同学科和不同地方的学生都有机会接受相应专任教师的高质量教学。

6）标准 10：教师质量

学术机构的教师具有确保教育使命完成的专业技术和知识，学术机构已经明确规定了如何评价教师对实现教育使命的贡献。学术机构已经详细列举了教师学术水平和职业能力同时合格的标准、教师的初步教学资格（包括最初的学术积累和职业经历）以及教师保持竞争力的相关要求（智力贡献、职业发展和职业经历）。

7) 标准11：教师管理与支持

学术机构已经制定了系统而规范的信息交流机制,该机制与学术机构的教育使命相一致,能够适时管理和支持教师职业生涯的不断改进。这些程序包括:决定分配合适的教学任务、知识期望等因素在内的教师职业责任感;配备员工和其他运行机制,支持教师满足学术机构对他们在所有与教育使命相关的行动方面的期望;提供发展定位、策略引导和咨询服务;同意正规的阶段性评估、提升和奖励程序;维持教师资源开发利用方面的全部计划。

8) 标准12：教职工整体教育职责

学术机构的所有教师、二级教学单位的教师、管理者和职工必须共同承担以下责任:确保师生有足够的时间致力于学习行动;确保学习过程中有充分的师生互动;设置较高的学术成就预期,并提供相应的管理和领导水平;评价教学有效性和全部学生的学业成绩;创新教学过程。

9) 标准13：教师个人教育责任

教学人员必须承担以下责任:真诚地对待学生和同事;保持他们的知识结构与所教学科发展的前沿相同步;积极主动参与到学生的学习过程中;鼓励学习参与者之间的合作和协作;确保学生的学业成绩得到及时而迅捷的反馈。

10) 标准14：学生教育责任

学生应承担以下责任:真诚地对待教师和同学;以较高的注意力认真学习知识;在有难度的学习活动中保持参与学习的兴趣和热情;帮助其他同学学习;执行教师设定的学业标准。

3. 教学保证认证标准

1) 标准15：课程管理

学术机构运用备有文件说明的系统化程序,对个别学位课程的内容和传授方式进行研发、监督、评估和修订,以评定个别课程对学生学习的影响。课程体系的管理需要包括教师、员工、管理者、学生以及非商科教育的教师、校友以及相关商业团体的参与和投入。

2) 标准16：本科生培养目标

为了调整预期以适应学术机构教育使命和文化环境的变化,学术机构详细列举了学生的学习目标,并表明了实现学习目标的几个关键而普遍的知识和技能,这些知识和技能既可能是特定的管理学方面的知识和技能,也可能是其他学科的知识和技能,这是每个本科学位计划中学生都能够获得的知识和技能。

3) 标准17：本科生教育水平

本科教育阶段的学位计划必须提供充裕的时间、满意的知识覆盖面、学生的努力以及师生互动等以确保学习目标的实现。

4) 标准18：综合性管理硕士学位培养目标

硕士学位计划必须以获得相应的本科水平的知识和技能为前提条件。硕士学位项目的学习比本科教育更综合，必须在跨学科背景中进行。

5) 标准19：专业型硕士学位培养目标

特定的硕士学位计划的知识和技能具有明确的规定和说明。参加硕士学位计划必须以获得相应的本科水平的知识和技能为前提条件。

特定硕士学位计划中学生的知识水平包括：通过专门化的概念理解能够在更加不熟悉的环境中运用知识；调整并创新解决问题的能力；在特定学科中批判地分析和质疑知识的能力；以全球视野理解特定学科知识的能力。

特定硕士学位计划中的学生展示他们具备了相关专业领域的理论知识、分析模型和工具，能够运用这些知识、模型和工具解决具体的商业和管理问题。为了调整预期以适应学术机构的教育使命和文化环境变化，学术机构详细列举了学生的学习目标，并表明了特定硕士学位计划中学习目标实现的标准。

6) 标准20：硕士学位教育水平

硕士学位计划必须提供充裕的时间、满意的知识覆盖面、学生努力以及师生互动等方面的保证，以确保学习目标的实现。

7) 标准21：博士培养目标

博士学位计划旨在让学生在学术或实践方面获得更专业化的知识和技能。博士学位计划是职业生涯。博士教育阶段的学生展示了通过原创研究而创造知识的能力。一般情况下，博士学位计划中的知识和技能包括：专门领域高阶知识的获得；专门领域高阶理论和实践研究技能的发展；在管理和组织情景中对专业领域地位的明确关注；高等教育中教学责任感的准备（尤其是那些期待从事教学工作的学生）；学位论文展示了个人在专业领域的知识集成以及原创的知识贡献；由学术机构认定的其他领域的知识与技能。

（二）2013年的认证标准

2013年4月，AACSB国际认证标准完成了最新的修订，将原来的战略管理认证标准、参与者认证标准和教学保证认证标准三个一级标准进行了调整，修订为战略管理与创新标准、参与者标准、学习与教学标准、学术与实践标准四大类十五条具体标准（如表5-2和表5-3所示）。与以往的认证标准相比，新的AACSB商学认证标准除了一如既往强调组织使命的战略引领之外，更强调组织使命对

表 5-2　AACSB 认证标准的基本内容(2013 年)

类型	标准数	内容	作用
战略管理与创新标准	三条	使命陈述与影响、创新,智力贡献、影响与使命的一致性,财务战略与资源分配	主要考核院校是否具有明确的核心价值观与使命愿景,以及师生员工对组织使命感的认同度
参与者标准	四条	招生、学业进展与职业发展,师资与配备,师资管理与支持,行政人员与配备	主要考核院校教学资源是否充足
学习与教学标准	五条	课程管理与学习保障,课程内容,师生互动,学位项目教育水平、结构与等效性,教学效果	考核人才培养方案是否实现了学生的学习目标
学术与实践标准	三条	学生学术与专业实践参与,高管培训,师资资格与参与	考查教师能否从学术和实践上保障学生学习目标的实现,更好地满足利益相关者的满意度

资料来源:AACSB. Accreditation Standards 2013[EB/OL].[2015-07-12].http://www.aacsb.edu/~/media/AACSB/Docs/Accreditation/Standards/2013-business-standards.ashx.

表 5-3　AACSB 认证标准(2013 年)

序号	内容
标准 1	使命、影响和创新
标准 2	智力贡献、影响力,并与使命保持一致
标准 3	财务战略与资源分配
标准 4	学生管理(招生)、进展和职业发展
标准 5	教师充足和配置
标准 6	教师管理与支持
标准 7	行政人员的充足和配置
标准 8	课程管理与学习保障
标准 9	课程内容
标准 10	师生互动
标准 11	学位项目的教育水平、结构和等价性
标准 12	教学有效性
标准 13	学生学习和职业参与
标准 14	高管培训
标准 15	教师资格与参与

资料来源:AACSB. Accreditation standards 2013[EB/OL].[2015-07-12].http://www.aacsb.edu/~/media/AACSB/Docs/Accreditation/Standards/2013-business-standards.ashx.

商学院学术发展的战略影响,以及组织使命创新对商学院发展的意义和价值,而且更加突出强调"利益相关者的需求""学生学习保障机制""学术研究与社会实践之间保持平衡"等显著特征(如图 5-1 所示)。

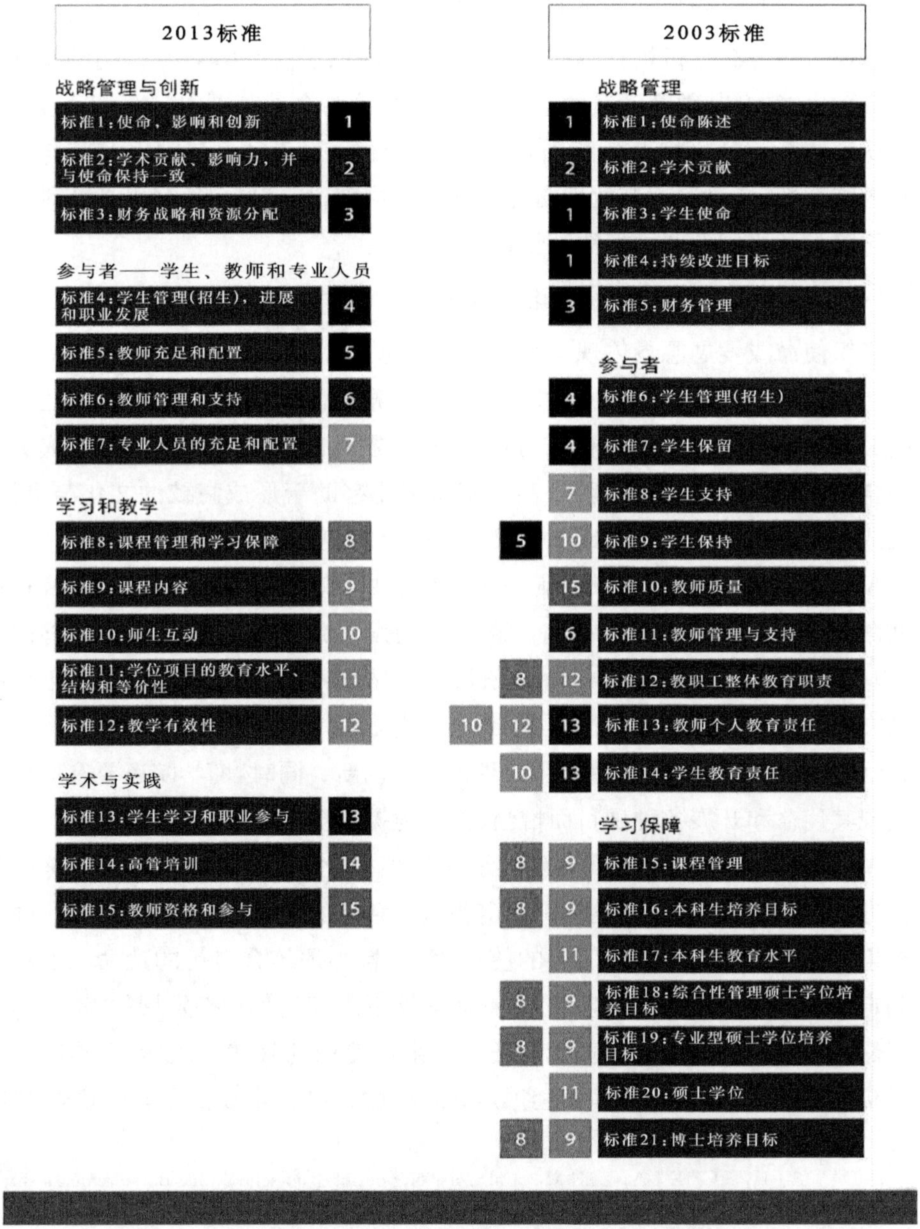

2013标准		2003标准	
战略管理与创新		**战略管理**	
标准1:使命,影响和创新	1	1	标准1:使命陈述
标准2:学术贡献、影响力,并与使命保持一致	2	2	标准2:学术贡献
标准3:财务战略和资源分配	3		标准3:学生使命
参与者——学生、教师和专业人员		1	标准4:持续改进目标
标准4:学生管理(招生),进展和职业发展	4	3	标准5:财务管理
标准5:教师充足和配置	5	**参与者**	
标准6:教师管理和支持	6	4	标准6:学生管理(招生)
标准7:专业人员的充足和配置	7	4	标准7:学生保留
学习和教学		7	标准8:学生支持
标准8:课程管理和学习保障	8	5 / 10	标准9:学生保持
标准9:课程内容	9	15	标准10:教师质量
标准10:师生互动	10	6	标准11:教师管理与支持
标准11:学位项目的教育水平、结构和等价性	11	8 / 12	标准12:教职工整体教育职责
标准12:教学有效性	12	10 / 12 / 13	标准13:教师个人教育责任
学术与实践		10 / 13	标准14:学生教育责任
标准13:学生学习和职业参与	13	**学习保障**	
标准14:高管培训	14	8 / 9	标准15:课程管理
标准15:教师资格和参与	15	8 / 9	标准16:本科生培养目标
		11	标准17:本科生教育水平
		8 / 9	标准18:综合性管理硕士学位培养目标
		8 / 9	标准19:专业型硕士学位培养目标
		11	标准20:硕士学位
		8 / 9	标准21:博士培养目标

图 5-1 AACSB 国际认证标准对比

资料来源:中国高质量 MBA 教育认证(CAMEA)受国际认可,哪些 MBA 院校有此认证?[EB/OL].(2017-11-23)[2018-10-19].http://www.mbajyz.cn/xxyj/newsdetail/86248.html.

三、AACSB认证的主要特点

开展认证的目的是加强和维持高等教育质量和正义,力争使高等教育符合公众期望并使其受到的外部控制最小化。无论是院校认证还是专业认证,都旨在通过评价鉴定教育机构基本职能的实现程度,以衡量高等教育机构的发展自主性和独立性,及其教育质量的卓越性。所以,作为全球范围内"含金量"最高的国际认证体系,AACSB商学院国际认证更加注重教育输入与输出及其与教育过程的契合性,通过测评开放性质量标准的达成度,从而展示构建卓越商科教育质量保障长效机制的基本规律性特点。

(一)关注组织使命的陈述、影响与创新

组织使命或发展愿景体现了组织的目标意识。高等院校的使命及发展愿景通常涉及高校对知识、真理的追求以及人才培养理念,一个恰切的使命阐述一方面能够清晰地传递组织的目标与方向①,另一方面也能够有效促进组织成员之间的合作,以影响其战略决策。② 高校使命阐述有助于形成高校的文化与目标,但创造一个为高校内部所有或多数成员都接受的使命也是最大的挑战。③

AACSB要求商学院能够明确表达一个清晰、有特色的发展使命,以及达成该使命的预期成就所依靠的战略。商学院的发展是一个不断进步和完善的过程,因此,商学院必须确立与使命、预期成就和战略相一致的持续改进和创新的行动方向;必须做出与其使命、预期成就和战略相一致的高质量的知识贡献战略,从而真正推动商科教育理论和实践的不断创新。同时,商学院还要有一个能为实现其使命和开展各种项目而恰当、充分地提供资源的财务战略。

AACSB尊重全球化背景下院校组织的多样化发展,并没有对使命陈述的内容进行任何限制,鼓励院校组织制定明确而独特的教育使命和发展愿景,强调院校组织必须有自己清晰而明确的使命表达,且必须结合自己的使命和发展愿景制定与之相适应的战略管理规划,从而能够不断满足其动态发展的需求。

需要说明的是,AACSB国际认证关注组织使命的陈述和表达,但是不赞同商学院单纯为了获取认证而关注组织使命陈述。更为重要的是,AACSB战略

---

① DAVIS J H, RUHE J A, LEE M, et al. Mission possible: do school mission statements work?[J]. Journal of Business Ethics, 2007, 70(5): 99-110.

② IRELAND D, HITT M. Mission statements: importance, challenge, and recommendations for development[J]. Business Horizons, 1992(3): 34-42.

③ ORWIG B, FINNEY, R. Z. Analysis of the mission statements of AACSB-accredited schools[J]. Competitiveness Review, 2007(4): 261-273.

管理标准指出,正确而合理的组织使命陈述可以促使商学院各利益相关者围绕组织使命,在教育质量观、人才培养模式设计、教学质量标准确立等方面达成质量文化共识,共同参与到院校内部质量保障体系构建的过程中,从而构建与商学院发展需求真正相适应的战略管理框架,助推商学院追求卓越商科教育的进程。因此,为了保证组织使命表达的有效性、可行性,AACSB要求商学院组织使命的提出必须结合商学院所处的文化背景和国内外生存环境,将办学定位、组织资源、组织优势、传统文化等融入教育使命中。在这样的组织使命引领下,商学院可以自主地协同各利益相关者完成质量文化共识的主动建构,促进商学院内部质量保障体系的构建。

(二)重视利益相关者对认证过程的全员参与

参与者标准关注师资的整体水平,对师资的质量考查有一系列的指标体系,并且主张进行分类考核,保证师资队伍的整体质量和充足性。AACSB将教师划分为合格的学术型教师和合格的专业型教师,并且规定合格的学术型教师比例必须达到60%以上。AACSB还将教师分为参与类教师与支持类教师来考查师资的充足性,并规定作为核心师资的参与类教师比例不能低于教师总数的75%[①]。同时,AACSB也对行政人员及其他利益相关者对师生的支持提出了相应的要求,重视师生、校友、企业等利益相关者的权益、教育责任和参与程度,尤其强调利益相关者在教学中的参与。这改变了人们对教师传统教育责任的认知,将课程研发、教材选择、教学方法革新、教学指导形式、教学评价等质量保障关键环节的责任不同程度地"分摊"给雇主、校友、行政工作人员,让他们组成多元化的教学团队并充分地参与到人才培养的过程中。各利益相关者对人才培养目标和方案制定的参与机制,有利于从各个视角审视教学标准及其管理规范,最大限度地满足人才培养规划与社会需求的适应性,顺利推动教学改革的实施,保障教学的有效性。

同时,AACSB强调商学院要构建与组织使命相一致的教学政策、教学管理及教学反馈等制度规范,确保教师和行政工作人员等利益相关者能够给予充分的支持和服务,以保障政策与相关制度得到有效的贯彻执行,从而顺利地实现各个学位教育项目的质量目标。

(三)关注学生学习保障机制的构建

AACSB认证标准强调学生在学习中的主体地位,在具体标准的陈述中较

---

① 赵振新.AACSB工商管理类专业认证体系的系统研究[D].广州:华南理工大学,2011:28.

少提及教学目标,使用最多的是学习目标,尤其关注学生学习结果保障机制(assurance of learning,AOL)的构建。AACSB 从课程管理、课程内容、师生互动、学位项目教育水平、结构与等效性、教学效果六个方面,对学生学习保障机制的有效性进行了制度化的设计和规定,形成了一个相对闭合、可操作性极强的质量保障体系。

在课程管理方面,AACSB 认证以学位项目为评估单元,针对学位计划而不是专业进行评估,要求学士、硕士、博士不同层次的学位计划都必须有清晰的培养目标,并根据培养目标设计、实施、改进各学位教育项目的培养方案,并通过系统化的程序保证培养目标在具体教学过程中的实现。在培养目标的设计上,充分吸纳教师、学生、雇主、校友、大学生联盟、政策制定者的观点和意见,并为每个学生设计相应学位计划的"学习档案袋"(portfolio),展示学生学习目标的实现过程。如果学生没有达到这些学习目标,商学院必须通过制度化的设计努力消除这种不足。

在课程内容方面,AACSB 要求课程设计必须从学习目标(learning goals)、学习结果(learning outcomes)的一致性出发进行课程和课外活动设计,教师既要告诉学生每门课程的具体学习目标,又要告诉学生通过每门课程的学习自身所应习得的知识、能力和素质[1]。同时,课程内容的知识、技能目标必须与学位教育项目的类型一致。商学院鼓励学生除了完成与学位教育项目相关的阅读、研究与作业之外,还应有主动参与的经验性的学习经历,以确保毕业生的知识、技能和素质能够适应社会实践的发展要求,从而提高雇主对商学院人才培养质量的满意度。

在教学方式的选择上,AACSB 更强调案例讨论、行动学习等参与式学习方式的引入和运用,通过师生之间、生生之间的互动交流,达成学习目标的实现。因此,AACSB 强调要把学生的满意度作为不同项目教学质量改进的目标和依据,更加突出以学生为中心的教育理念。

在学位教育项目水平、结构与等效性方面,AACSB 要求商学院在学习年限、学习形式等方面的设计要符合学位教育项目的层次要求,以确保实现高质量的培养目标;颁发相同学位证书的项目要确保在结构和设计上保持同等水准。这就要求学位教育项目既要保持"质量至上"的意识,也可以结合自身实际,采用多样化的教学模式。

---

[1] Sydney University. Business education[EB/OL]. [2014-06-10]. http://sydney.edu.au/business/data/assets/pdf_file/0008/186614/Bachelor_Program_Goals.pdf.

在教学效果方面，AACSB指出，教学质量是对教师和行政工作人员业绩综合评价的结果，商学院在学位教育项目和教学模式上要有相应的政策和制度设计以加强教师的教学效果，并提高与教学相关的行政工作人员的服务水平。强化教学论研究则是提升教学能力、加强教学效果的重要抓手。

（四）外部质量标准的规范指导

美国高等教育的认证组织严格遵循院校自评、同行评议和高等教育委员会评估的程序，实施国际质量审核与认证活动，认证标准只是为国际认证提供指导，更关键的是实施认证。AACSB商学院国际认证体系也不例外，它所制定的认证标准对院校组织内部质量保障活动的主要作用在于：指导其质量标准的形成，监督质量管理过程的规范性，使质量控制主要集中在高校自身执行过程中；加大院校的自评力度，从而使高等教育机构的教师和管理者承担起质量审核和控制的责任。

AACSB的三个一级认证标准都从设立标准的目的、达成标准的具体方法、标准的评价依据和具体观测点设定等方面进行了陈述和界定。对于院校而言，这种陈述和界定不仅有助于增强它们对认证标准的认识和理解，而且为它们具体实施认证活动提供了明确的指导性建议。每条具体的标准均用一句或几句话概括陈述，接着从定义、评价基础、文件指南等方面进行详细阐释。"定义"阐明了标准的特征和内涵，主要用于证明或判断院校发展及认证标准的符合程度；"评价基础"对该标准的内涵及实现的途径、方法进行了详细说明，这些评价基础相互之间有着内在的关联性，是一个完整的整体，要求院校或评审人员不能仅仅把这些评价基础视为一个简单的评估目录，而是必须将其和其他相关的院校信息或分析联系在一起作为一个整体来考虑；"文件指南"则是相应的证据文化，可以作为自评报告的补充或是对照信息。这些评价基础和文件指南通常是参与认证的院校自评进程中的重要指导文件，有利于高校结合自身实际把握国际认证标准的精髓，形成具有可操作性的标准体系，探索有效的实现途径，从而提升认证标准的达成度。

四、AACSB认证的重要启示

（一）推动本科层次"中国式"商学院认证体系建立

全国MBA教育指导委员会副主任委员、认证与评估分委员会召集人、复旦大学管理学院院长陆雄文教授表示，中国高质量MBA教育认证的特点之一，即强调并非每一个中国管理学院都要去做国际认证，尤其对西部省市的管理学院而言,花大价钱去做国际认证既没必要也没可能性,全国仅有10%～20%的管理学院参与国际认证即可,大多数管理学院更应该着眼于地区服务,考量其对当地社会经济发展所做出的贡献。因此,CAMEA认证体系的启动,对于那些具有MBA项目能力但是缺乏必要的国际认证条件的中国商学院而言,绝对是一个先机,这个认证体系的存在,为它们致力于追求卓越的商科教育提供了重要契机。

对于国内暂时不具备MBA项目能力且处于本科教育转型发展中的大多数应用型财经类本科院校来说,由于其特殊的发展历程,专科教育模式的"惯性"影响及其对"985""211"高校质量保障体系构建的"路径依赖",使其在教学质量标准、质量监控等环节上暴露出了一系列的突出问题和矛盾。虽然这些院校在短期内很难达到和实现AACSB的认证标准,但是它们也需要规范的质量标准的引导。因此,有必要尝试构建一套兼具中国国情与世界认证特点的"中国式"本科层次的工商管理教育的认证体系,通过规范指导,推动应用型财经类本科院校不断完善内部质量保障机制,逐步解决其质量标准缺失和质量监控过程不规范等问题。

从现实情况来看,由于传统文化和思维方式的不同,中国商学院在申请国际认证时经常遇到的问题是无法清晰领会认证标准的"着眼点",而"中国式"认证体系更适合中国国情,思维方式更容易为中国商学院所接受,对中国商学院质量保障机制的构建更具可操作性。因此,CAMEA可以考虑拓展工商管理教育认证的学位层次,增设本科层次工商管理教育的认证体系,培养我国工商管理教育方面的评估专家队伍,在亚洲市场开创中国的工商管理教育认证品牌,并逐渐成为在世界范围内有影响力的认证体系,在全球范围内获得工商管理教育认证领域更多的"话语权",为国内众多商学院教育质量的提升赢得更多的主动权。

(二)促进组织使命:引领商学院内部质量文化共识的形成

高等教育机构的目标和使命是质量的基础,有什么样的组织发展目标和使命,就有什么样的教育质量观;有什么样教育质量观,就会形成什么样人才培养模式和教学质量标准。换句话说,院校的组织使命不是一个孤立的理念,而是一个理念体系,对院校组织发展具有无可替代的引领作用。没有明确的组织使命或者是在与院校发展实际不相适应的组织使命引领下,所制定的战略规划很难统一贯彻落实到学校各项工作中。目前,国内多数院校中"战略规划墙上挂挂""规划即鬼话"等尴尬现象的出现,正是缺乏组织使命或组织使命与组织发展不相适应的集中体现。

对于国内的大多数商学院来说,既要充分认识到组织使命对院校内部质量保障体系构建的重要引领作用，又要深刻意识到组织使命的科学表达和陈述绝不仅仅是盲目跟风、"喊口号""千校一面"，而是要聚焦经济社会的发展需求，立足办学实际和服务对象，明确自己的办学目标和个性化的人才培养理念，制定科学合理的组织愿景和发展使命。唯有此，才能真正引领各利益相关者全员参与质量保障的全过程。

第三节　EQUIS认证体系分析

EQUIS对会员资格具有明确而严格的要求。首先，成为EFMD会员是院校申请EQUIS认证的首要条件，需要经过EFMD严格的资格审查和投票表决。其次，院校必须是EFMD的完全会员或附属会员单位，在认证期间必须保持其在EFMD的会员资格。最后，EQUIS认证体系不是针对某个特定的管理教育项目，而是对一个商学院整体进行认证。

一、EQUIS的认证范围

首先，EQUIS申请认证的院校必须拥有一定的学位授予权，具有与高等教育机构相匹配的发展使命，关注公共管理教育和工商管理教育，在学术人员管理、财务管理、项目设计和运行方面拥有一定的自主权，是大学系统中独立的学术实体单位。主要学术项目至少已经有3届毕业生，具有覆盖主要管理学科的学术人员；至少已经运行了10年，能够提供充分证据展示组织机构的稳定性。其次，申请院校在本国国内应具有卓越的教育地位，至少要提供学术项目、研究或专业化等方面两个以上的卓越教育证明，同时该院校在国外也具有一定知名度，受到认可。再次，申请院校至少提供学士、硕士、MBA、博士、高级管理培训(EE)等方面两个主要学术项目的学术活动情况。最后，申请院校至少有25名合格的学术人员，并提供充分证据证明其师资数量与学术活动项目数量匹配合理、师生比合理。

具备满足认证标准的能力是EQUIS认证委员会授予申请院校会员资格的关键因素。在这个过程中，申请院校的责任是提供充足的证据证明自身能够充分满足EQUIS认证会员资格的标准。EQUIS认证的有效期分为3年和5年两种，被认证为哪种有效期由EFMD认证委员会结合商学院的实际运行情况而定。获得3年认证有效期的商学院，3年后可再次申请获取认证；获得5年认证有效期的商学院，5年后可再次申请获取认证。

二、EQUIS 的认证标准

EQUIS 的认证标准大致上可以分为基本质量准则、国际化标准以及高等管理教育机构与商界的联系情况等三类。其中,基本质量准则主要涉及申请院校组织发展的基本要素,主要包括机构宗旨(使命陈述)、管理程度、教育活动范围、教育战略、机构资源、教学力量、学员素质、学员服务、个人发展、课程项目和学术研究等;国际化标准主要涉及学生、师资以及 MBA 等课程项目的国际化情况;而高等管理教育机构与商界的联系情况则主要涉及机构明确表述的政策及其与商界的实际联络等内容,这与管理教育的学科知识特点具有密切关系。作为一门实践性很强的学科,管理教育具有强烈的客户导向性,需要与国内外优秀企业建立广泛而紧密的联系,关注雇主对所聘毕业生素质的满意程度,以更好地推动管理教育的质量改进和提升。

EQUIS 专业认证标准既强调院校的使命、目标、特色,又重视师生的权益、教育责任和参与程度,更关注学院未来长期的改进与发展,给商学院提供了一个保持高质量的机制。[①] 2012 年,EQUIS 认证标准包括战略管理、项目、学生、教师、研究和发展、行政教育、社区贡献、资源与管理、国际化、企业联系十个方面的标准,并对每个标准勾勒了关键性的评价要素,为申请参与认证的商学院提供了一个框架性的质量保障体系。需要说明的是,EQUIS 认证标准每年都会根据全球经济社会的动态发展需要,适当地对认证标准及其关键评价要素进行调整和补充,真正保障商科教育的卓越质量。与 2012 年相比,2013 年的认证标准比较大的变化是将"社区贡献"标准调整为"道德、责任感和可持续性"标准。本书以 2013 年认证标准为例,对 EQUIS 卓越商科教育的质量标准进行了分析(如表 5-4 所示)。

表 5-4 2013 年 EQUIS 认证标准

序号	内容
标准 1	使命、管理与战略
标准 2	学位项目
标准 3	学生
标准 4	教师

---

① 李云梅.美国大学工商管理教育专业认证评析[J].高等工程教育研究,2011(2):155-160.

(续表)

序号	内容
标准 5	科研和发展
标准 6	行政教育
标准 7	资源和管理
标准 8	国际化
标准 9	道德、责任感和可持续性
标准 10	企业联系

1. 标准1：使命、管理与战略

使命：学院应具备清晰而准确的教育使命陈述，该教育使命在组织内部达成共识并为组织成员所共享。

管理：学院应是一个有效而统一的组织体，建立适宜的运行机制对组织的各项活动进行管理，拥有很大的管理自主权。

战略：学院应具有一个明确、可信、连贯性的发展战略，能够真实反映该学院在市场中的定位、资源配备及局限性。

2. 标准2：学位项目

学位项目应该对明确的学习结果以及知识获取与技能获取之间的平衡进行很好的设计。授课的方式应该是多元的，反映最新的教育实践需求。学位项目的课程设置应强调学生学习结果的实现，开设一定比例的实践课程，并采用科学严格的评价机制监控保障学生实践课程的质量。评价项目的常用方式是来自学生和其他利益相关者的反馈。项目数量应该足够，并得到了充分的管理和运行。

3. 标准3：学生

学生质量：通过适当的选择程序和项目中的学生服务及管理，商学院应确保学生的教育质量，尤其是借助于良好的职业服务方式，保证毕业生的就业质量。商学院应尽力争取实现项目中招收学生群体的文化多样性。

学生的个性发展：商学院应明确而有效地支持学生在获取知识之外的个性和职业发展，如管理的技能、价值观、道德、领导力等。商学院应积极帮助学生确定他们未来的职业定位。

4. 标准4：教师

商学院应遵循其战略目标，招聘、发展和管理教师，充足的全日制教师应覆盖大多数学科，并构成一个具有出众专长的重要群体。

5. 标准5：科研和发展

商学院应定期生产原创知识，并有效传播这些知识。这些知识将会对学术同行、相关的行业企业和学生产生显著影响。

6. 标准6：行政教育

商学院所提供的行政教育项目应适当融入其主要管理制度和全部战略中。不论商学院的组织结构和法律地位如何，对于加强商学院与公司和服务市场中其他组织的联系来说，行政教育应当是主要的途径。在保持教师教学和研究的相关性方面，它应有助于教师的发展。通过把商学院的最新教研成果传递给实际的管理者，可以更好地帮助他们改进相关的管理活动，因此，行政教育有助于商业实践的不断提升。

7. 标准7：资源和管理

商学院应展现其雄厚的财政基础和连贯性制度，通过物质资源和设施供应提供一个高质量的教学环境，借助于充足的高质量管理人员和运行机制支持商学院一系列活动的开展。

8. 标准8：国际化

商学院应当清晰而准确地表达其国际化的战略和政策。商学院应为学生和其他的利益相关者在国际化背景中参与管理活动提供教育准备。这应在多个领域获得国际合作机构的积极支持，如学生交换、共同的教育项目、研究活动和企业联系等。商学院应具备吸引其他国家学生和教师的能力，并应实施相关国际范围内的研究活动。

9. 标准9：道德、责任感和可持续性

商学院应清晰理解其在当地社区、国家和国际范围内所扮演的"良好公民"角色以及在道德标准和可持续发展中的引领作用。这种道德意识应该充分体现在商学院的使命、战略和行动中，其对社会的贡献是通过一系列的常规学术活动，覆盖教育、研究、与商界的互动、社会服务及自身的运行等方式而实现。

10. 标准10：企业联系

商学院应清晰而准确地表达其在企业联系方面制定的战略和政策。它应表明通过与企业界的互动，发展了学生和利益相关者对商科教育和管理的实质性理解力。借助与行业企业合作过程中的研究、咨询活动及行政教育，教师应参与到当前的管理实践中。行业企业的参与应成为商学院各项活动的一个重要特色。

三、EQUIS认证的主要特点

EQUIS的质量标准展示了卓越商科教育所应追求和达到的标准和高度,展示了卓越商科教育应有的理念和行为。尽管它为商学院卓越教育质量认证设定了标准框架,但是它不宣扬标准化,而是崇尚项目形式的多样性、学院的多样性,充分尊重了不同文化背景下商学院的独立自主性,体现了卓越商科教育的特质与规律。

(一)强调使命在商学院发展中的重要作用

EQUIS认证标准非常强调教育使命在学校发展中的灵魂作用。认证标准第一条就明确提出"学校应该具有清晰明确的使命表达",使命必须具有明确可信、可持续的特点,且使命必须与战略目标定位及规划相一致,没有教育使命感的商学院所制定的战略规划很难统一贯彻落实到学校各项工作中。同时,EQUIS指出,教育使命的提出必须结合商学院所处的文化背景和国内外生存环境,将办学定位、学院资源、学院优势、传统文化等融入教育使命中,唯有此,商学院所提出的教育使命才能是真实、可行、有效的。另外,商学院的使命不是一个孤立的理念,而是一个理念体系,因为在学院使命之下,项目、教师、资源和管理、国际化等其他质量标准都必须确立与之相一致的发展愿景,教育使命才能真正在商学院发展中发挥应有的引领作用。

(二)关注商科教育与经济社会需求对接的紧密性

商科是一门实践性很强的应用性学科,商科教育在高等教育中与市场经济运行最为贴近,与实际经营活动最为紧密[①]。高质量的商科教育必须适应经济社会的发展需要。因此,EQUIS认证体系在环境标准部分要求商学院描述其与市场的链接机制;在项目标准部分要求项目设计要保证满足市场和利益相关者的需求,要与世界范围内最新的商业实践、商业重大发展趋势和相似项目的重大创新性保持一致;在项目内容方面要涵盖相关商业和管理理论,要与管理实践紧密联系,要将商界和社会中的重大挑战(如全球责任和可持续发展问题等)整合到项目中。

(三)重视商科教育的国际化水平与程度

国际化办学是商科教育的内在要求,经济全球化更加速了商科教育国际化

---

① 郑淑蓉,吕庆华.中国商学教育的历史演进[J].天津商业大学学报,2011(5):11-18.

的诉求。EQUIS 认证体系不仅要求商学院高度重视课程、学生、教师等主要办学要素的国际化,而且要求学校必须具有明确的国际化发展战略,在标准 8 "国际化"的关键性评价要素中勾勒了课程国际化的全景图。它不仅要求课程必须高度国际化,学生具备全球使命感,学生和教师来源的国际化,而且要求用国际标准教学,具有国际学术网络,与国际联盟、国际企业和国际组织建立伙伴关系,为国际市场培养人才,甚至要求教师、行政管理人员都要接受跨文化的挑战。

(四)关心与行业企业的密切合作

商科教育的起源和本质决定了其必须以社会需求为导向,一方面逐渐"微观化",讲求务实的实践精神,关注商科领域的各类商务活动,另一方面也更加"宏观化",即开辟基于全球时空范围的新思路。因此,EQUIS 认证质量标准重视校企之间的密切合作,校企合作状况是 EQUIS 认证体系的十大标准之一。该标准要求认证院校应描述学校与行业企业对接的明确战略和政策,描述校企合作的重要机制,总结校企对接的特点和程度以及企业的资源如何流入院校的投资和经营预算中,描述与企业合作伙伴的重要联系,描述校企合作的国际化特色,评价过去 5 年来企业介入院校各项事务的重大变化。

(五)重视商业道德素养教育

EQUIS 在学生认证标准中提出,关注学生知识、技能、价值观、领导力等个性的发展,认证院校要描述将商业道德、社会和企业责任相关问题整合到学生个性发展过程中的途径和方法。2013 年的 EQUIS 认证标准将原标准 9 "社区贡献"直接更名为"道德、责任感与可持续性",在关键性评价要素中指出,商学院应该清晰地认识到自己在地区、国家及国际社会中的角色,以及在商业道德教育、全球可持续发展等方面所应承担的责任和义务。商学院只有重视商业道德素养、社会责任感、可持续性等方面的教育,才能培养出真正具有全球责任感、顺应全球化时代发展需求的卓越商科人才。

(六)强调结果导向的教学质量评估

EQUIS 认证强调要对大学内部最重要的主体——学生的实际状态进行评估。只有对学生内在的学习结果进行评估,才能最直接、最准确地洞悉大学的教学表现。EQUIS 在项目标准中要求每个项目必须有清晰的教学目标和学习结果,并且要准确传达给教职员工和利益相关者,项目的教学目标和预期学习结果必须转变成项目内容中具有操作性的实际举措。

四、EQUIS认证对财经类院校发展的重要启示

（一）构建校企深度合作新机制

商科教育具有很强的实践性，这种特殊性决定了财经院校必须主动融入经济社会的发展，只有在与实业界实质性的合作中才能提高教师和学生解决实际问题的能力。因此，学校要积极搭建大学与行业企业深度合作的有效机制，探索校企之间合作研究、专业知识信息共享、合作培养人才、共同服务社会以及行业人才培养评价标准的合作模式；邀请合作方参与专业改革，对专业人才培养目标、课程设置、理论教学与实务教学环节、人才培养质量评价等方面提出建设性意见；让企业和行业的资深专家作为大学兼职教师参与实践性强的教学环节，把企业和行业生产实践中的实际问题转化为学生的项目设计、毕业论文题目等，提高学生运用专业知识解决实际问题的能力；让行业企业成为人才培养的积极参与者，把蕴藏在行业企业中的教育资源转化为大学的办学资源，加强大学教育与经济社会需求之间的耦合度。

（二）推动应用型本科院校积极开展专业国际认证试点改革

以 EQUIS 认证质量标准为导向，应用型本科财经类院校可以选取一个优势学科专业或选择相近学科专业组建经济管理学院，严格参照 EQUIS 认证体系的标准和要求进行专业建设改革，引入原版教材和课程体系，变革教学方法，规范本科教学及其管理的全过程，明确专业建设的质量标准，逐步查找、发现开展商学院国际认证的有利条件和不利因素，探索、归纳学校追求卓越商科教育，提升国际化办学水平的可操作性举措；在条件成熟的情况下，探索尝试申请参与乃至获取 EQUIS 认证，使学校教育质量获得国际认可，扩大学校知名度，提高核心竞争力。在经济全球化的背景下，这对于打破现有高校分类体系格局、"另辟蹊径"赢得更好的教育声誉、制定国际化办学发展战略和全面提升国际化办学水平具有重要的意义和价值。

（三）强化财经类人才的职业道德素养教育

在全球化背景下，多元价值观的冲击要求加强学生情感、伦理、审美的发展。随着新技术、新产业、新业态、新模式为特征的新经济的出现，学生必须清醒地认识到个体在全球化时代所担负的责任和义务，清醒地认识到全球命运共同体所面对的经济、环境、社会问题和挑战，增强可持续发展的全球意识。因此，正如 EQUIS 重视商业道德教育一样，新时期的财经类人才培养需要更加关注大学生

正确价值观的形成与发展、社会责任感与全球化意识的养成、诚信品质的塑造、乐观向上健康心理素质的培育,以及积极的工作态度、正确的服务意识、良好的工作礼仪规范等职业素养的形成。换句话说,我们不仅要注重专业知识和专业能力的培养,而且需要关注"职业人"的完整人格和修养。这种道德素养是支撑个体可持续学习与发展的内驱力,能够帮助毕业生更好地适应职业变化,自我实现。①

第四节　国内高校参与商学院国际认证的现状

AACSB、EQUIS 等全球权威商学院认证体系一直致力于卓越商科教育质量标准的研究与发展,获得商学院国际认证代表着商学院的教育质量获得了国际同行的认同。商学院主动申请专业认证的动力因素是社会问责和竞争优势,而获取竞争优势已经成为商学院申请认证的主要动力因素。商学院对认证的重视程度决定了其在社会竞争中获胜的程度,因此,参与商学院国际认证不仅已成为商学院获取竞争力的一种重要战略手段,而且也成为财经院校走向卓越的重要路径。

一、参与 AACSB 和 EQUIS 认证的现状

(一)总体情况

截至 2018 年 10 月,中国大陆共有 21 家商学院通过了 AACSB 认证,已通过 EQUIS 认证的商学院有 18 家,其中,包括中外合作办学机构 2 所、研究生院 1 所。2 所中外合作办学机构分别是北京大学在牛津校区设立的汇丰商学院和西安交通利物浦大学,1 所研究生院为长江商学院。同时,获得 AACSB 和 EQUIS 双认证的商学院包括北京大学光华管理学院、上海交通大学安泰经济管理学院、复旦大学经济管理学院、中山大学岭南学院、中国人民大学商学院、浙江大学管理学院、中山大学管理学院、大连理工大学管理学院、同济大学经济管理学院 9 家单位(如表 5-5 所示)。需要说明的是,获得 AACSB 或 EQUIS 认证的商学院中,除了 2 所中外合作办学机构、1 所研究生院之外,其他都是"985""211"院校中的二级学院。

---

① 贾莉莉,张艳萍.适用性:应用技术人才培养改革的新思路[J].现代大学教育,2018(6):94-100.

表 5-5　获得 AACSB 认证的国内院校

序号	学校名称	AACSB	EQUIS	学校类型
1	北京大学光华管理学院	√	√	"985""211"
2	北京大学汇丰商学院	√		中外合作机构
3	清华大学经济管理学院	√		"985""211"
4	上海交通大学安泰经济管理学院	√	√	"985""211"
5	上海交通大学高等财经研究院	√		"985""211"
6	复旦大学经济管理学院	√	√	"985""211"
7	中欧国际工商学院	√		私立院校
8	中山大学岭南学院	√	√	"985""211"
9	中国人民大学商学院	√		"985""211"
10	浙江大学管理学院	√		"985""211"
11	武汉大学管理学院		√	"985""211"
12	西安交通大学管理学院	√		"985""211"
13	中山大学管理学院	√		"985""211"
14	南京大学商学院		√	"985""211"
15	南开大学商学院	√		"985""211"
16	重庆大学	√		"211"
17	同济大学经济管理学院	√		"985""211"
18	北京师范大学经济管理学院		√	"985""211"
19	厦门大学管理学院		√	"985""211"
20	大连理工大学管理学院		√	"985""211"
21	北京理工大学经济管理学院		√	"211"
22	西南财经大学工商管理学院		√	"211"
23	西安交通利物浦大学国际商学院	√		中外合作机构
24	中国科技大学		√	"211"
25	长江商学院		√	研究生院
26	上海科技大学商学院	√		"985""211"
27	上海财经大学商学院	√		"211"
28	北京科技大学商学院	√		"211"

注：相关统计数据源自 AACSB 认证的官方网站，统计数据截止到 2018 年 10 月。

（二）获取认证的项目层次与类型

已经获取认证的院校都严格按照 AACSB 或 EQUIS 的认证标准组建了管理学院、经济管理学院或商学院，个别院校组建了工商管理学院。从学术项目的层次上看，已经获得认证的学术项目主要包括本科项目、研究生项目、特色专业硕士及博士项目（包括 MBA、EMBA、MPAcc、MAE、MPM、EDP、EE 等）。本科项目涉及的专业数量有 3～8 个不等，硕士项目（包括专业硕士和学术硕士）在 3 个以上。在"985"高校中，硕士项目有相当一部分为中外合作的硕士项目，国际化维度广泛。从学术项目的专业类别上看，本科项目的专业主要有会计学、工商管理、企业管理、国际经济与贸易、财务管理、市场营销、金融学等；硕士项目的专业主要有管理科学、工商管理、应用经济学等。

二、组织开展商学院国际认证的难点

在中国高校参与商学院国际认证的大趋势下，在教育部推动地方本科向应用技术高校转型发展的时代背景下，开展商学院国际认证是财经类应用型本科高校转型发展的重要路径选择。但是，因其特殊的发展历程，办学条件和办学实力与商学院国际认证的标准与要求尚存在不少的差距，在组织开展商学院国际认证的过程中，无可避免会面临一系列棘手的问题与矛盾。这些问题和矛盾在很大程度上制约着高校参与商学院国际认证的决心和信心，一旦能够突破这些问题和矛盾，财经类应用型本科高校获取卓越商科教育质量的理想将最终成为现实。以 EQUIS 认证体系为参照，财经类应用型本科高校申请参与商学院国际认证的难点主要有以下几个方面。

（一）参与商学院国际认证的共识达成需要时间

由于目前国内参与 EQUIS 认证的高校大多是"985""211"高校，对于财经类应用型本科院校来说，似乎尚未具备参与认证的条件，致使学校管理者、二级学院负责人及部分专任教师对学校参与国际认证的必要性与紧迫性认识不够深入，短时间内不易达成共识，更难内化为行动指导。因此，在一定时期内，学校及二级学院的管理者、专任教师在参与商学院国际认证的过程中很难形成合力。

（二）组建商学院有难度

因为 EQUIS 等认证标准对专业及学位点的数量有基本要求，对于申请参与国际认证的财经类应用型本科院校来说，学校目前的二级教学单位架构中是否有单独的学院完全具备满足 EQUIS 认证会员单位资格的基本要求？如果不存在这样的二级学院,选择哪些二级学院或哪些专业进行重新组合?重新组合之后,对学校整体的管理体制机制势必会造成不少的冲击,被选择的二级学院中其管理人员的去留、专业及专业群的改造、优秀师资的选拔等具体问题都需要详细而周密的规划和设计,并要以制度化的形式固定下来,以顺应国际认证的基本要求。

(三)专业内涵建设深化有瓶颈

EQUIS认证体系以其严格的质量标准和要求对商科教育项目的课程设置、教学模式、教学评价等内容提出了关键性条件规定。换句话说,组建商学院,只是完成了商学院国际认证的外在形式上的改造,相关专业的内涵建设则是商学院国际认证的重点,申请院校需要严格按照认证体系的标准和要求有序地推动教育教学过程。这个推动过程不仅需要持续而系统的不断努力,而且需要将国际认证的教育理念和质量标准贯穿于人才培养、学校管理、科学研究的全过程中,绝非一蹴而就之事。

第六章 专业认证的有效范式

作为一种有效的本科教学质量保障方式,专业认证具有以学生为中心、以成果为导向、以持续改进为机制的核心特征。其中,成果导向的评价方式是专业认证贯彻落实以学生为中心、建立持续改进机制的重要抓手。依据学科专业知识属性的差异,专业认证范式在不同学科领域具有不同的表现形式,工程教育认证中的成果导向模式(outcome-based education,OBE)和商学院国际认证中的学习保障模式(assurance of learning,AOL)都是专业认证的有效范式。

第一节 专业认证的范式类型

成果导向的评价方式是专业认证的有效范式。由于工程教育领域和商科教育领域的知识特点存在差异,成果导向的评价方式在这两个教育领域的表现形式也有所不同,在工程教育认证领域形成了 OBE 模式,在商科教育领域形成了 AOL 模式。

一、工程教育认证中的 OBE 模式

OBE 又称为能力导向教育、目标导向教育或需求导向教育[1],于 1981 年由美国学者斯派帝(W. G. Spady)提出,他把 OBE 界定为"明确地聚焦和组织教育体系,使之围绕并确保学生在未来生活中获得实质性成功的经验"。[2] 他认为,在 OBE 模式中,学生学到了什么和是否成功远比怎样学习和什么时候学习重要。该概念一经提出,很快就成为美国、英国、加拿大等国家教育改革的主流理念。马伦(B. Malan)系统总结了与 OBE 起源紧密相关的教育思想[3]:一是泰勒

---

[1] 李志义.解析工程教育专业认证的成果导向理念[J].中国高等教育,2014(17):7-10.
[2] SPADY W G. Outcomes-Based Education: Critical Issues And Answers[M]. Arlington, VA: American Association of School Administrators, 1994:1-10.
[3] MALAN B. The new paradigm of outcomes-based education in perspective[J]. Journal of Family Ecology and Consumer Sciences, 2000(28):22-28.

原理,即紧紧围绕教育目标开展课程设计,形成"确定教育目标——选择教育经验——组织教育经验——评价教育经验"的循环机制;二是布鲁姆的掌握学习理论,该理论认为,只要提供充裕的学习时间,绝大多数的学习者都能达成学习目标;三是能力本位的职业教育(competency based education,CBE),其旨在通过行业专家组成专业指导委员会,参与人才培养方案制定,按照岗位群的需要明确从事本行业所应具备的能力标准,然后由学校按照这些能力标准设置课程、组织教学内容、评价考核是否达到了这些能力标准;四是标准参照评价(criterion-referenced evaluation)理论,该理论指出,在教师教学和学生学习过程中,参照标准设立的目的不是为了选拔人才,而是为了给教师改进教学提供依据,为了考察学生是否掌握了应有的知识、能力和素质,从而让每个学生都能获得学业成就感。《华盛顿协议》全面接受了OBE的教育理念,并将其贯穿到了工程教育认证标准的全过程中。

(一)重视毕业生的素质标准

随着经济全球化和高等教育国际化的发展,各国工程教育都在按照国际化的标准培养工程人才。目前,关于工程教育和工程师从业资格互认的国际协议共有6个。前者包括《华盛顿协议》《悉尼协议》和《都柏林协议》,后者则包括《亚太工程师协议》《国际工程师协议》和《国际工程技术人员协议》。2013年,《华盛顿协议》提出的12条"毕业生素质"(又称为"毕业要求")被正式成员国所采纳,作为各成员国工程教育专业认证标准的重要参考(详见表6-1)。①

表6-1 《华盛顿协议》规定的毕业生素质

毕业生素质	具体要求
工程知识	具备解决复杂工程问题所需的数学、自然科学、工程基础知识和专业知识
问题分析	识别、阐述、研究和分析复杂工程问题,并提出实质性结论
设计和提出解决方案	设计复杂工程问题的解决方案,设计系统、部件或流程,以满足特定的需求,并适当考虑公众健康和安全、文化、社会和环境
调查	对复杂工程问题进行调查研究,通过实验设计、数据分析和解释、信息整合,提出有效解决方案
现代技术工具的使用	创建、选择和运用合适的技术、资源、现代工程和IT工具(包括预测和模拟)来解决复杂工程问题,并认识到其局限性

---

① 庄丽君.印度高等工程教育专业认证的特点[J].高教发展与评估,2016(1):47-53.

(续表)

毕业生素质	具体要求
工程师与社会	运用情境知识推理、评价专业工程实践问题和复杂工程问题的解决方案所带来的社会、健康、安全、法律和文化问题及承担的责任
环境和可持续发展	了解和评价复杂工程问题的解决方案中专业工程活动的可持续性及其对社会、环境所产生的影响
工程职业道德	遵守职业道德、工程实践职责和规范
个人和小组合作	能够有效发挥个人的才能,在不同合作团队或多学科背景下,能有效发挥作为成员或领导者的作用
交流	在复杂工程活动中,能与工程同行或团队开展有效交流,如正确理解并撰写报告、设计文档、做报告、提出和接受明确的指示
项目管理和财务	掌握工程管理原则、经济决策等相关知识,并能运用于所在团队的工作或领导者角色中,来管理项目或在多学科背景下开展工作
终身学习	意识到在技术变革的大环境下开展独立学习和终身学习的需要,准备并具备独立学习和终身学习的能力

毕业生素质明确了学生经过专业学习之后所应达到的知识、能力和素质标准,是对人才培养规格的具体描述和阐释。它清晰表达了学生"学到了什么"和"能够做什么",是对传统意义上学生"学了什么"的突破和创新。它不仅指明了工程教育教学改革的方向,而且提升了学生学习的实效性。因此,《华盛顿协议》各成员国将"毕业生素质"作为本国不同类型院校工科专业"预期学习结果"(intended learning outcomes,ILOs)的共性要求和最低标准。自美国工程认证委员会(ABET)颁布和实施重视学生学习结果的 EC2000 认证标准后,欧美各国工程教育认证组织都相继修订了工程教育专业的认证标准,把学生学习结果评价(或学习成果评估)(student learning outcome assessment,SLOA)作为一项重要的质量准则。

(二)围绕预期学习结果反向设计教学内容

遵循 OBE 的教育理念,工程教育认证强调从需求入手,以学生最终的学习结果为起点,反向进行课程设计;依据学生学习结果的达成需求,选择适切的教学方法,进而开展有效的教学活动。基于此,在工程教育认证背景下,教学活动的出发点不是教师想要教什么内容,而是为了实现学生最终的学习成果,教学需要做出哪些改变。在具体的实施过程中,教师可以随时评估每个教学环节对于学习结果的支撑度,从而在最大程度上保证了教育目标与学生学习结果的一致性。

首先,需要把握好两个基本原则:一是从学生期待达到的学习结果出发,根据实际需要,通过不断增加课程难度,引导学生达成最终的学习成果;二是着重聚焦学生必须达成的学习结果,反向设计相应的课程体系,从而有效协助学生的学习。

其次,需要明确三对关系:培养目标与毕业要求的关系、毕业要求与教学环节的关系、毕业要求与课程教学内容的关系。培养目标是对学生毕业时能够达到的职业和专业成就的总体描述,是开展教学活动的基本依据。毕业要求是对学生毕业时所应该掌握的知识、能力和素质的具体描述,是对人才培养目标和标准的全面反映,在人才培养方案上必须有清晰、具体的表述。因此,毕业要求是培养目标的前提,而培养目标是毕业要求的结果。明确每门课程教学在实现培养目标和达到毕业要求中的作用,使每门课程与培养目标和毕业要求直接联系起来,使老师清楚"为什么教"、学生明白"为什么学"。同时,教师也需要研究课程与课程之间的关系,分析各门课程知识点之间是互补深化关系还是简单重复关系,以重组和优化课程教学内容。①

最后,需要抓好五个关键步骤:一是立足经济社会发展需求、行业企业发展需求、学生和家长的需求,开展广泛的需求调查;二是形成与院校办学定位相一致的明确的人才培养目标;三是形成清晰的学生毕业要求;四是厘清人才培养标准;五是理顺课程结构支撑,形成毕业要求和专业培养标准清晰、具体的课程支撑对应图,实现课程内容对实现毕业生要求的有力支撑(如图6-1所示)。

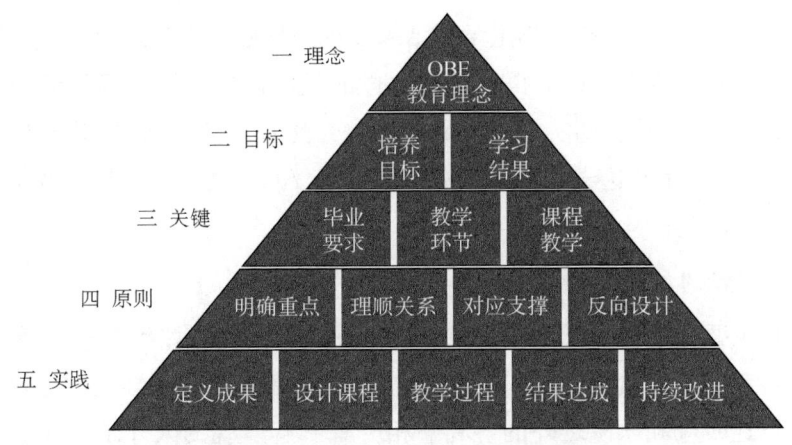

图6-1 OBE教育模式的实施框架

---

① 李志义.适应认证要求 推进工程教育教学改革[J].中国大学教学,2014(6):9-16.

（三）重视学生学习结果的评价

OBE 的教育理念强调结果导向，开展学生学习结果评价是工程教育专业认证的关键环节。无论是《华盛顿协议》规定的毕业生素质，或是各个成员国在其工程教育专业认证标准中提出的毕业要求，都充分体现了学生学习结果评价对专业认证工作的重要作用。比如，美国于 2008 年成立了国家学习结果评估研究中心（National Institute for Learning Outcomes Assessment，NILOA），该机构旨在促进美国高校之间在学生学习结果评价方面的经验交流，发现、推广具有可复制性的学习结果评价模式，尤其是工科类院校在学习结果评价实践中的典型经验，以期为政策制定者、企业和家长等利益相关者提供指导和参考。

作为一种新的教学评价方式，学生学习结果评价需要打破传统上侧重以考试分数作为评价依据的做法，需要适时引入适切的、科学合理的量化评价方式，以最大程度上准确测量和评价学生最终达到的知识、能力和素质结果。当然，这可能会增加专业任课教师的教学工作量。一般来说，开展以学习结果评价为导向的教学改革，既要做到各级评价指标与各级毕业要求指标的紧密契合，又要立足专业人才培养的特点，科学选择和设计评价量表；既要积极引入独立性较强的第三方评价机制，又要做好关乎教师利益的相关保障工作，充分激发教师运用多种方式评价学习结果、适时进行学习过程评价的积极性、自主性和创造性。①

二、商学院认证中的 AOL 模式

如前所述，AOL 也是以学生学习结果改进为核心而设计运行的一套教学质量保障体系，是 AACSB 认证得以顺利通过的核心内容。进入高等教育的后大众化时代，AOL 的建立和实施将让我们再次聚焦教育的本质：要让学生成为什么样的人？如何才能达成这样的目标？实际上，AOL 是我们对教育教学目标的再次审视和反思。

（一）以学习结果评价为核心

AOL 主要包括学生学习结果相关数据的系统收集、评价和持续改进等环节。AOL 旨在明确绩效责任和持续改进教学，前者是指通过学生学习效果的评估，用数据让专业和学院之外的各利益相关者了解学院的人才培养质量是否达

---

① 贾冰，等.OBE 理念下专业学习成果评价体系的构建与实践[J].科教导刊（中旬刊），2017(3)：42-43.

到了预期设定的目标,而后者则是指运用评估数据制定教与学的改进方案。①换句话说,AOL 是学校教育质量自我问责的重要途径,既要确保毕业生达到预期的学习目标和学习结果,又要持续改进认证专业的教育质量。

一般来说,AOL 的运行与管理由专人负责,申请认证的商学院需要为每个申请参加认证的专业配备专业主任,由专业主任负责收集每一个专业与 AOL 相关的详细信息。AOL 运行的基本框架包括确定学生的学习目标和学习结果,确定相应的课程目标与课程结果,测评学生的学习目标和学习结果,分析学生的学习结果测评信息,根据学习结果测评信息提出和实施持续改进方案,等等。这些环节形成了一个不断循环的闭环系统。

(二)以学习结果倒逼教学改革

商学院为各个学位项目设定的学习目标必须与学院的发展使命相一致,课程体系要与学位项目的学习目标相对应,测评工具和测评标准要能够客观有效地评价学习结果,持续改进方案要以评估结果为依据,以便能够更好地达成项目学习目标,这样环环相扣才能不断改进学生的学习效果。这个机制迫使整个学院、各个学位项目、每一个教研组、每一个教师都要不断思考和改进教育教学的目标和方法,从而才能不断提升教育教学质量,真正促进学生的发展和成长。

(三)AOL 实施的难点

作为 AACSB 认证的核心运行机制,AOL 对准备接受认证的院校及其专业教学提出了新的挑战和要求,在教学理念、教学模式、教学方法等方面都要求教师进行相应的变革和创新,以顺应 AOL 的新要求和新规范。例如,在教学理念上,不能完全秉持"以教师为中心""以课堂为中心""以书本为中心"的传统理念,不能把教学看作是简单的知识传授过程,把教师作为"主角",把学生当作"配角",这会在很大程度上影响学生学习主动性和积极性的调动和发挥。

与工程教育认证相比,商学院认证是基于使命的质量评价过程,实现自身的组织使命是其质量目标,AACSB、EQUIS 的认证标准并没有明确对商科领域毕业生的素质和职业能力进行具体规定和描述,它们只要求各个院校及其商学院围绕各自的组织使命确定相应的培养目标及其培养过程,这就使得专任教师面临如何准确界定学生的学习目标和能力素质的难题。

工程教育认证是基于标准的质量评价过程,其认证标准尤其是毕业生素质

---

① 刘新颖.基于 AACSB 认证的 AOL 体系的建立与运行[J].财会通讯,2018(25):39-41.

和职业能力要求等标准与注册工程师的职业资格制度相衔接,体现了工业界以及相关产业的人才需求规格,按照该认证标准培养的毕业生对经济社会发展具有很好的动态适应性。但是,商学院的认证标准及其认证结果与商科领域的注册会计师等职业资格制度并不相衔接,如何将相关职业资格制度的培养要求很好地融入院校及其专业的改造中并形成可测量的学习结果目标,这需要学院管理者和专任教师都付出很大的心血和努力,深刻领会并理解 AOL 的精髓,从而才能制定出科学合理的学习目标和能力素质目标,并形成持续改进的闭环系统(如图 6-2 所示)。

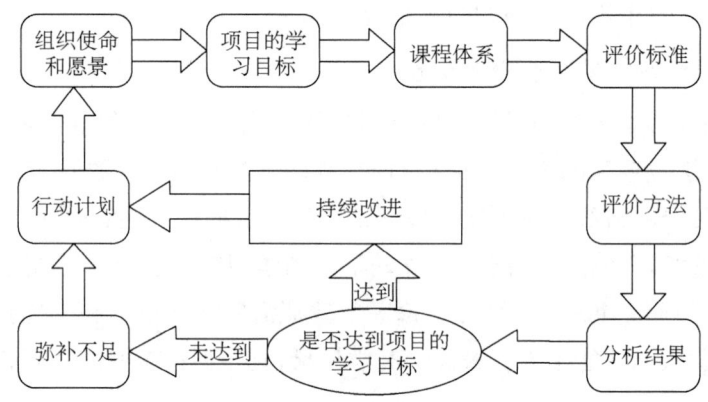

图 6-2　AOL 的闭环系统示意图

第二节　专业认证的核心理念

作为一种有效的高等教育质量保障方式,开展专业认证具有现实必要性和重要价值,主要体现在三个方面:一是通过制定最低的质量标准对专业教育质量进行评价,以保障公众、学校和学生的利益;二是通过制定评价教学效果的原则,借助于持续自评、专家评审等方式,鼓励并促进相关专业改进后续教育工作[①];三是通过参与国际范围内的专业认证,提升专业教育的国际化水平。因为国际认证类似于行业内部规范的系统标准,代表着卓越专业教育的价值取向,一旦通过此类认证,可以迅速推进该专业乃至整个院校的高等教育国际化水平。因此,开展专业认证已经成为各国高等教育质量保障的重要手段和途径。

---

① 李武军.美国高等教育专业认证[D].武汉:华中师范大学,2009:6.

一、强调以学生为中心

"以学生为中心"的本科教育教学改革是国际高等教育的必然趋势。它强调学生的主体地位和学生学习的增殖性,尊重学生的兴趣和个性发展,重视对学生发展潜能的充分挖掘,要求学校的一切教育活动应该从学生的发展需要出发。这种教育理念既符合人才培养的客观规律,也顺应了高等教育全球化的发展趋势。

(一)以学生为中心理念的提出

1951年,美国心理学家卡尔·罗杰斯在哈佛教育学院举办的一次学术研讨会上首次提出以学生为中心(student-centered,SC)的理念,其最初的主张是让学生确定学习目标,通过自我评价来衡量进步的程度,从而让学生成为自我负责的学习者。① 1998年,联合国教科文组织在世界首届高等教育大会宣言中提出,高等教育理念需要转向以学生为中心,倡议各个国家和高校的决策者要重点关注学生及其需要。自此,"以学生为中心"这一提法逐渐成为权威性的术语,得到了越来越多的教育工作者的认可。2011年,作为世界上第一个直接以"以学生为中心"为标题的国家政策文件,英国高等教育白皮书《高等教育:以学生为中心》(*Higher Education*:*students at the heart of the system*)提出,要建立更加透明的高等教育市场化体系,以提升教学质量并切实维护学生作为高等教育消费者的合法权益。随后,这一理念逐渐发展成为英国高校教学质量建设的指导思想和核心理念。②

(二)以学生为中心理念的哲学基础

建构主义心理学、人本主义学习理论、社会认知心理学是以学生为中心理念的三大哲学基础。建构主义心理学指出,知识是个体主动建构的结果,学习是学习者在特定环境中,在已有经验的基础上,自己创造新的信息编码,建构自己的理解,形成新经验的过程。只有学习者主动参加到新知识新经验建构的过程中,学习才会发生。学习者的学习效果取决于学习者的主动性、参与程度和学习方式等②,因此,在以学生为中心的教学改革中,教师必须考虑学生的已有知识基础,考虑学生的学习发生机制,然后选择适切的教学方法,设计并组织相应的课程内容,开展有效的教学。人本主义学习理论指出,学生的学习动机和学习效果

---

① 陈凡.以学生为中心的教学何以可能[J].高等教育研究,2017(10):75-82.
② 赵炬明.论新三中心:概念与历史[J].高等工程教育研究,2016(3):35-56.

与学习目的有关。当学生积极主动地参与学习时,学习效果最好;学生的自我评价有助于发展学生的自主性和创造性。因此,大学教学应围绕学生学习的特点来组织,以充分激发学生的主动性和责任感。① 社会认知心理学则认为,学习是社会性的,是学习者与社会环境互动的过程。在社会环境中,学习者通过观察和互动来学习,把社会过程引入学习会提高学习效果。因此,大学教学应积极引入小组学习、团队学习、情境化学习等学习方式。①

(三)以学生为中心理念的主要特点

从教学设计上看,教师"教什么""怎么教""怎么评"和学生"学什么""怎么学""学得怎么样"是教学的基本问题。传统的教学设计是以"教什么""怎么教""怎么评"为导向,是以教师为中心。如果教学设计以"学什么""怎么学""学得怎么样"为导向,那么就是以学生为中心。① 因此,与传统意义上的教学理念不同,专业认证强调以学生为中心的教学理念。

从教学原则上看,学生是教学活动的主体,学生学习是教学活动的核心。首先,要在教学中确立学生的主体地位,以充分激发学生的学习热情和动机、学习的自主性和创造性。让学生自主选择和决定自己的学习活动,并按照自己的方式实现已有知识结构的充实、发展、改造和完善,从而通过自己的努力实现学习目标。② 其次,教学的目的是为了让学生"乐学""会学",使他们由"要我学"转变为"我要学"。在教学过程中,师生的角色发生了重要变化,教师是学生学习活动的引导者、促进者、参与者,学生不再是知识的被动接受者,而是主动学习者、自主建构者。

从教学评价上看,传统的教学评价主要是总结性评价,注重评价的鉴定和选拔功能,忽视了评价的诊断和改进功能③;评价方式相对单一,侧重书本知识的识记,而不是知识、能力与素质的协同评价,忽视了学生个性化全面发展的可能性。以学生为中心的教学评价是形成性评价,关注学生高阶思维能力的发展,注重学习过程的评价,注重评价主体的多元化和评价方式的多样化,强调学生对自我学习的监控和反思,更加注重评价的诊断和改进功能。这种评价方式注重学生的个体差异性和发展的独特性,能够充分激发学生多方面的学习潜能,有利于学生形成个性化全面发展的良性循环机制。

---

① 李志义.解析工程教育专业认证的学生中心理念[J].中国高等教育,2014(21):19-22.
② 刘智运.创新人才的培养目标、培养模式和实施要点[J].中国大学教学,2011(1):12-15.
③ 李志义,等."113"应用型人才培养体系改革[J].中国大学教学,2018(3):15-18.

二、关注结果导向

专业认证倡导结果导向的教学理念。结果导向的教学评价也被称为学生学习结果评价或学生学习成果评估,旨在通过收集、分析教学及学习成果数量和质量方面证据的活动,以检验教师教学和学生学习与院校预设的目的和教育目标之间的适切程度。[①] 它是深度了解"学生学到了什么"以及"能用所学做到什么"的重要方式,是教师探究学生学习需求、改进教学方法与策略、提升教学效果的重要手段,其终极目标是将评估结果用于改进后续的学习和教学,是质量认证标准中不可或缺的内容。

与传统的高等教育评价方式相比,结果导向评价的价值取向发生了根本的变化。传统的教学评价强调以学校和教师为中心,重视教学目标的达成度;而结果导向评价则更强调以学生为中心,更重视学习结果的实现程度。虽然教学目标与学习结果都与学习预期有关,但是各有侧重[②],教学目标主要反映学校、教师和专业的教学预期,相对比较宽泛、不易被测评;而学习结果更侧重反映学生的学习预期,相对更具体、可测量、易实现。在具体的教学活动中,传统的教学评价强调传授知识是教学的基本使命,学生是被动学习者,教学质量依赖于师生的质量、教育教学资源输入的数量和质量;而结果导向评价更侧重于创建学习环境、激发学习兴趣、引导学生发现和建构知识,学生是学习活动的中心,教师是学习方法和学习环境的设计者,教学质量依赖于学生学习结果的完成情况以及教育教学资源的输出效果。从这个意义上讲,结果导向评价能够展示一所高校在多大程度上履行了它的教育使命,为高校办学成效提供了最为重要的证明材料。

因此,在结果导向的教学设计及其实施过程中,一方面,需要强调四个基本问题,即学生的学习结果是什么、为什么要确定这些学习结果、如何有效地帮助学生获得这些学习结果、如何测评这些学习结果;另一方面,需要关注五个关键步骤,即确定学习结果、构建相应的课程体系、确定教学策略、自我参照评价、逐级达到目标。同时,还需要协调好四组对应关系,包括内外需求与培养目标的对应关系、培养目标与毕业要求的对应关系、毕业要求与课程体系的对应关系以及毕业要求与教学内容的对应关系。[③]

---

① VOLKWEIN J F. Implementing outcomes assessment on your compus[J]. The RP Group Journal,2003(5):36-48.
② 李奇.学习结果评估:本科教学质量保障的底层设计[J].复旦教育论坛,2012(4):56-60.
③ 李志义.解析工程教育专业认证的成果导向理念[J].中国高等教育,2014(17):7-10.

三、侧重持续改进

专业认证的过程也是持续改进的过程。无论是工程教育认证或是商学院认证,都要求被认证的专业建立一种"评价—反馈—改进"反复循环的持续改进机制,即能够持续改进培养目标,以确保培养目标与学生的发展需求以及社会对人才的需求相符合;能够持续改进毕业要求,以保证毕业要求与培养目标相符合;能够持续改进教学活动,以保障其始终与毕业要求相符合。①

专业认证的过程是对专业相关要素进行质量全面管理和保障的过程,需要对相关的因素进行有效的监控和调整,以确保整个质量管理活动的有效开展。培养目标与毕业要求及经济社会发展的动态需求、与本学科专业领域的研究前沿、与学生的发展需求等各方面都紧密相关。随着信息技术的迅速发展,传统知识和技能的更迭不断加快,产业行业对人才的动态适应性要求越来越高,因此,高校的人才培养目标和毕业要求需要不断进行持续改进和调整。这就使得高校的人才培养既要围绕和满足经济社会发展的现实需要,特别是新行业、新领域、新业态当前的"静态"需求,更要关注新行业、新领域、新业态未来的发展趋势及其对人才培养的"动态"需求。如果人才的培养目标和毕业要求更多地关注了前者,很可能会导致学校教授的一些知识和技能在学生还没有毕业时就已经被淘汰了。这不仅影响到社会经济发展所需人才的适时供给,也直接关系到学生未来的职业发展潜力和竞争力。因此,高校必须建立长效的持续改进机制,调整优化专业教学计划的相关要素,确保所培养的人才能够真正适应经济社会的动态发展需求。

如何判断专业的持续改进是否满足了专业认证的标准要求呢?以工程教育认证为例,需要把握有三个关键点,即内部评价、外部评价、反馈与改进。② 内部评价要求建立每个专业教学质量的适时监控与定期评价机制,运用一定的评价标准对课程设置和教学质量进行测评;外部评价要求建立每个专业的毕业生跟踪反馈以及定期的社会评价机制,以测评培养目标的符合度和达成度;而反馈与改进则要求每个专业建立有效的反馈机制,并根据反馈的结果采取相应的整改方案,针对教学质量中存在的突出问题和薄弱环节展开有效的改进,从而真正实现专业教学质量的不断提升。

---

① 李志义.对我国工程教育专业认证十年的回顾与反思之一[J].中国大学教学,2016(11):10-16.
② 李志义.解析工程教育专业认证的持续改进理念[J].中国高等教育,2015(15/16):33-35.

第三节 专业认证有效范式的基本特征

学习结果评价是专业认证活动在实践中的核心要素,也是国际范围内高等教育内部质量保障体系与外部质量保障体系有效衔接的着力点,更是世界范围内高等教育教学质量保障的重要方式和内容。面对社会各界对人才培养质量期待日益剧增的趋势,不少国家和国际组织开始认可结果导向评价的价值和地位,如经济合作与发展组织(OECD)的"高等教育学习成果测评"项目(assessment of higher education learning outcome,AHELO)、澳大利亚的"毕业生技能评价"(graduate skill assessment,GSA)等①,都是以结果为导向,从不同角度对高等教育的人才培养质量进行了测评。

一、学习结果评价"评什么"

美国高校的学生学习结果评价大致上经历了口试与论文等早期综合考核、标准化考试、通识教育和研究生教育评估、专业测试机构快速发展、大学内部学习评估改革、回应外部问责等阶段,每个阶段都有其不同的评价标准及相应的评价工具。② 从整体上看,学生学习结果评价的内容和标准逐步走向了专业化、科学化,展现了知识、能力、素质相一致的评价要求,其应用领域和正向促进功能也得到了不断扩展。学生学习结果除了标准测试所能测验出的能力之外,还包括学生在某一学科领域内的认识、理解、理性思考的能力以及在人际交往、公民意识、社会和跨文化交际等方面的知识水平和行动能力等。③ 因此,尽管不同的高等教育认证组织机构对学生的学习结果具有不同的描述和规定,但是其关于学生学习结果的类型却存在一定的共性特征,即主要包括认知性的学习结果和非认知性的学习结果两种。④

(一)认知性的学习结果

认知性的学习结果具体表现为知识结果和技能结果。知识主要分为一般内容知识与专业领域知识,一般内容知识主要是指共通性知识,即独立于专业领域

---

① 梁会青,魏红. 高等教育质量测评新动向——美国大学生学习评价升级版 CLA+[J]. 复旦教育论坛,2016(2):93-98.
② 黄海涛. 美国高校"学生学习结果评估"的历史演进[J]. 外国教育研究,2013(7):112-121.
③ 熊耕. 透视美国高等教育中的学生学习结果评价[J]. 比较教育研究,2012(1):8-12.
④ 吕林海. 国际视野下的本科生学习结果评估[J]. 比较教育研究,2012(1):39-44.

之外的、学生应获得的核心知识,如美国学院与大学协会(Association of American Colleges and Universities,AACU)所规定的:通识教育课程所习得的关乎人类文化、物质和自然科学的知识等;而专业领域知识则是指某一个特定学科领域的知识,如医学、物理、化学等。对专业领域的知识结果进行评价,更利于比较不同大学在同一学科上的学习和教学质量。技能结果也可分为一般技能结果和专业技能结果,一般技能常指那些超越特定学科领域、可以在不同学科领域和学习情境中进行迁移的技能,如批判思维能力、信息加工能力、定量推理能力等。美国教育考试服务中心(Educational Testing Service,ETS)推出的学习结果评价标准指出,一般技能包括批判思维能力、数理能力、读写能力等①;美国教育援助委员会(The Council for Aid to Education,CAE)推行的大学学习结果评价(collegiate learning assessment,CLA)项目则指出,一般技能具体包括科学和定量推理能力、分析和解决问题的能力、写作成效、写作技巧、批判阅读和评价以及驳论能力。专业技能则是指在某一学科领域内运用的技能,反映了该学科的思维模式。

(二)非认知性的学习结果

非认知性的学习结果主要指情感、态度、价值观、道德理性等方面,是个体综合素养的重要组成部分,是个体能否很好地适应社会发展要求的重要影响因素。与认知性学习结果相比,非认知性学习结果不易用标准化测试进行准确测量,往往需要借助于问卷调查、访谈等方式进行了解。

美国教育评价标准联合委员会(Joint Committee on Standards for Educational Evaluation,JCSEE)认为,学生学习结果描述了学生的学习期待,即学生在完成课程、专业等学习或取得学位之后,应该知道什么、理解什么以及运用所学知识能够做些什么,通常包括知识与理解力、实际技能、态度与价值观及个体行为。② 美国高等教育标准促进委员会(The Council for the Advancement of Standards in Higher Education,CAS)在学生学习结果评价标准中提到了"人际关系能力、人道主义和公民参与、个人发展"。③

美国学院与大学协会关于学生学习结果评价的标准中指出,个人和社会责

---

① MILLETT C M, STICKLER L M, PAYNE D G, et al. A culture of evidence: critical features of assessments for postsecondary student learning[J]. Educational Testing Service, 2007: 6-7.

② 黄海涛.美国高等教育中的"学生学习成果评估":内涵与特征[J].高等教育研究,2010(7):97-104.

③ STAYHORN T L, et. al. Frameworks for assessing learning and development outcomes[J]. Council for the Advancement in Higher Education, 2006: 130-145.

任、整合能力是学习结果不可或缺的组成部分,前者应具有不同文化间的知识和相处能力、道德的理性和行为、终身学习的基础和技能;后者则表现为能够综合运用知识、技能和责任心来应对新环境和复杂问题的能力①。

二、学习结果评价"怎么评"

(一)高等教育质量认证组织是关键推动者

20世纪90年代中期以后,全美六大区域性认证协会明确将学生学习结果评价纳入其认证标准,要求高校在课程、专业和学校三个层面上建立明确而系统的学生学习结果评价体系。② 在专业认证中,目前获得美国高等教育认证理事会认可的45个专业认证协会在对65个本科专业进行认证时,都在认证标准中明确规定要评价学生完成专业学习后的结果。③ 把学生学习结果评价纳入认证内容,对于提高认证行为的有效性和公信力具有重要意义。

(二)高校在认证标准指导下自主建立学生学习结果评价机制

各个认证机构都强调大学在学生学习结果评价中的主体地位。鉴于美国高校类型繁多,在高等教育质量认证活动中,相关的认证标准中都关注组织发展战略使命的导向性,要求各大学在组织使命的引领下思考该校学生的学习结果如何规定,以及如何形成学生学习结果评价的有效证据,从而形成能够反映本校特色的学生学习结果评价目标。因此,在州政府政策推动和认证协会组织的要求下,美国约有75%的高校建立了自己的学习结果评价机构。④ 虽然认证组织建立了认证标准,但是一般不限定证据,高校可以自主决定什么才算是合适的证据。因此,美国高校虽然坚持学习结果的标准但是不主张学习结果的标准化。

不少大学都设立了专门的组织机构来统筹安排全校的教学评价活动。这些专门组织机构有的称为评估办公室,有的称为评估和质量保障办公室,也有的是在院校办公室或者规划办公室下设的专门分支机构,其主要职能是管理、

---

① AACU. College Learning for the New Global Century, A Report by National Leadership Council for Liberal Education and America's Promise(LEAP)[R]. Washington DC: AACU, 2007:12.
② 熊耕.透视美国高等教育中的学生学习结果评价[J].比较教育研究,2012(1):8-12.
③ WHITTLESEY V. Student learning outcomes assessment and the disciplinary accrediting organizations[J]. Assessment Update, 2005, 17(4):10-12.
④ KUH G, IKENBERRY S. More than you think, less than we need: learning outcomes assessment in American higher education [EB/OL]. (2009-10-26)[2010-04-16]. http://www.learning outcomes assessment.org/documents/full report revise d-L. pdf.

服务和协调学习结果评估的相关活动安排。①

（三）教师是学生学习结果评价的设计者、实施者

美国大学内部学生学习结果评价活动主要由教师来设计、实施，而不是自上而下地进行。②

在专业层面上，首先，教师要明确专业教育的目的和具体目标。专业教育的目的是学习本专业所要达到的总体学习结果，而具体目标则是指学习该专业后所获得的特别的技能、价值观和态度；其次，要设计评价计划，包括学生学习要完成的结果、为学生提供的学习过程和学习方法、确定数据采集的实施方案等；第三是依照评价计划具体设计实施评价；最后，对评价结果进行分析。③

在课程层面上，首先，任课教师要对照专业层面的专业教育目的和具体目标确定相应的课程目的和具体目标。课程目的是学生学习该课程后所应掌握的相关概念和技能，而课程目标则是学生知识学习和技能发展的具体表现和行为。其次，要确定评价的时间，任课教师可以根据评价内容以及使用的方法来确定。以学期为单位进行的持续评价，可以了解学生知识增长和技能的发展情况，了解学生知识掌握的薄弱环节；在课堂的某一环节进行具体时间点评价，可以有助于学生有意识地关注自己的学习过程，及时进行反思、改进，教师也可以据此调整自己的教学。③

因此，认证机构希望教师把学习结果评价当作是一种与教学工作相伴而行的日常性工作，是改进教学质量的有利补充。美国不少高校建立了教学与学习促进中心，为教学和学习质量的改进提供服务和支持。

（四）评价工具的多元化运用

运用定性或定量的测量方法获取学习结果的信息和证据，是学生学习结果评价的一个主要环节。根据学习结果类型的不同，所采用的评价形式和方法有所不同。认知性学习结果一般采用直接性评价形式，即采用测验或考试的形式，而非问卷调查；而情感、价值观、态度等非认知性学习结果的评价，则通常采用非直接性评价形式，如全美大学生参与度调查（national survey of student

---

① PETERSON B M W. Institutional Research and Management in the U.S. and Europe: Some EAIR-AIR Comparisons[M]. New York: Kluwer Academic Publishers, 2003: 31.
② Office of Academic Planning & Assessment University of Massachusetts. Program-based review and assessment [EB/OL]. (2010-04-23)[2016-11-10]. http://www.umass.edu/oapa/oapa/publications/online_handbooks/program_based.pdf.
③ 熊耕. 透视美国高等教育中的学生学习结果评价[J]. 比较教育研究, 2012(1): 8-12.

engagement，NSEE)等,可以为高校提供学生学习经历、合作性学习、学习支持等方面的比较信息。

直接性评价形式主要包括资格证考试、标准化测试等,其中,标准化测试又可分为通识教育技能测试和专业水平测试。全美主要有三大标准化考试用于测试通识教育技能[①]：美国大学入学考试(American college test，ACT)开发的大学学业水平评估考试以多项选择题的形式测量学生的阅读、写作、数学、科学以及批判性思维技能；美国教育考试中心美国教育考试中心(Educational Testing Service，ETS)组织的水平评估以多项选择题的形式测量批判性思维、阅读、写作和数学技能。美国教育援助委员会开发的大学学习结果评价项目更强调通过基于实作的任务(performance-based task)评估学生在宽泛的学科情境中的各种能力,这些实作的任务通常以真实生活的任务来呈现,如通过使用各种不同类型的文本和数据来准备一个政策建议报告等。

除了标准化测试之外,还有学生展示、面试、实习、毕业生跟踪调查等其他多种评价方法。其中学生"档案袋"(student portfolio)和"顶点课程"(capstone course)这两种用于专业知识和技能的评价方式颇受师生认同。"顶点课程"是大学四年级的必修课程,科研和写作通常在该课程中占有很大的比重,课程中也会嵌入内部设计的考试或全国性的标准化考试等评价方式。学生"档案袋"会系统收集每个学生在本专业学习过程中完成的作业或作品,学生要针对收集的材料进行自我评价并撰写自评报告,以展示自己在本专业学习中的发展和收获。评估方法和工具的多元化,不仅为学校和教师提供了丰富的信息,而且为学生提供了宝贵的教育体验。

(五)"证据文化"特色凸显

证据可以详细地描述决定、行动和结果的价值。重视"证据文化"是美国高等教育质量认证系统的显著特点之一。在质量认证过程中,美国高校都要严格按照认证标准的要求,系统收集与学生学习、教师教学相关的多维性测量数据。这些数据主要包括学校使命表达、课程体系、教学方法、学习结果目标、师生交流、学生学习内容、学习评价模式、学校成员对学习结果的参与度等。认证机构会在这些"证据"的基础上,判断高校预设的学生学习结果的实现程度,对高校及其课程的有效性进行评判。对于没有达到认证标准的高校,认证机构会

---

① 马彦利,胡寿平.当今美国高等教育质量评估的焦点:学生学习结果评估[J].复旦教育论坛,2012(4):80.

将评价结果反馈给高校,用于高校自身教学质量的诊断、分析和改进,并要求高校制定后续的改进方案,改进方案的成效则由认证机构进行再次审查。因此,这些多维的测量数据不仅对教师有效地改进教学方法、提升教学质量具有指导意义和参照价值,而且为公众、政府、家长、雇主判断高校的办学绩效提供了可靠的信息。

第七章 基于有效范式的美国本科教学质量保障改革

目前,虽然世界高等教育已经进入大众化阶段,各国的教育系统也日渐发达,但很多国家和地区仍未能建立起有效支持学习的教育系统。① 如何测评并提升本科生的学习质量,构建有效支持学习的教育系统,已成为世界高等教育研究的热点问题。美国的大学学习测评项目(measuring college learning project,MCLP)始于2013年,是一个由纽约大学社会科学研究委员会(Social Science Research Council,SSRC)牵头,由全美多个学科协会共同参与的研究项目。该项目旨在推动同一学科领域内的教师参与到学生学习结果的界定及其评价中,针对生物学、商学、传播学、经济学、历史学和社会学(sociology)六大学科领域内本科生的学习结果评价指标及其有效提升措施而展开。历时两年多,《提高美国的高等教育质量——21世纪的学习结果及其评价》(*Improving quality in American Higher Education: Learning Outcomes and Assessment for the 21st Century*)一书于2016年出版,这是该项目的阶段性成果。

第一节 MCLP 的推进动因与原则

MCLP 的推进既是美国大学回应高等教育质量问责的需要,又是为解决现有学习评价工具存在局限、专门学科学习评价工具相对缺失的问题而进行的探索性尝试。MCLP 从教师是本科教学学习结果的测评主体、学习结果设计能够满足相关利益者的多样化需求、学习结果评价能够运用多种评价手段、高校自愿、学习结果评价数据具有可比性等方面,对该项目的实施原则进行了明确规定。

---

① 史静寰.走向质量治理:中国大学生学情调查的现状和发展[J].中国高教研究,2016(2):37-41.

一、MCLP 的推进动因

（一）回应高等教育质量问责的需要

政府与社会对高校的质量问责无疑是 MCLP 展开的首要动因。早在 20 世纪 80 年代初期，随着美国高等教育规模的迅速扩张，有关教育质量和学生学习结果的话题已经成为各州政策讨论的重心。各利益相关者都在纷纷质疑大学教育的价值，社会问责的呼声持续高涨，尤其是面对不断上涨的学费、经济大萧条、下滑的毕业率以及学生批判思维能力和问题解决能力不佳等现实问题①，社会各界要求全美的学院和大学都必须用高效的方式收集并向社会公众公开学生学习结果评价的相关数据。为了回应社会各界对教育质量下滑的广泛问责，政府、学校、社会团体、行业协会纷纷投身于各种评估项目，促使学生学习结果评价在美国高等教育界再次深度地被重新讨论和实践推行，社会各界都在积极思考如何回归高等教育培养人才的本位传统，如何为学生提供与高等教育使命相匹配、与经济社会发展相适应、与个人发展需求相一致的教育。

（二）现有的学习评价工具存在局限

在未来的全球化世界中，高等教育的价值在于帮助学生实现自己的职业期待。它提供给学生的不仅是职前培训，而且应该是能够帮助学生做好参与社会生活的准备；不仅要为他们个人成长和发展提供丰富的综合素质储备，而且应该能够激发学生学习和探究的热情，帮助他们获得实现职业长期成功的高阶技能和态度。② 与专门的工作技能相比，批判思维能力和问题解决能力等高阶技能是雇主们对毕业生的核心能力要求。③ 在科技迅速发展的时代，高阶技能能够帮助毕业生应对个人、社会和专业等方面的各种挑战。立足高校学生学习结果评价的现实需要，尽管不少测评机构相继研发了侧重点各异的学习评价工具，但是这些工具在精准测评高等教育的价值时，都存在一定的不足。例如，美国教育部曾相继推出了"大学记分卡"（college scorecard）和"大学排名计划"（college ratings plan），但是这两者的功能都受到了各界的质疑。"大学排名计划"很快就被大学管理者取消了，因为不少的大学管理者认为，这些举措主要吸取了初等和

---

① HOUT M. Social ND economic returns to higher education in the united states[J]. Annual Review of Sociology, 2012(38): 379-400.
② ARUM R, ROKSA J, COOK A. Improving Quality in American Higher Education: Learning Outcomes and Assessment for the 21st Century[M]. San Francisco: Jossey-Bass, 2016: 21.
③ AACU. How Should Colleges Assess NAD Student Learning? Employers' Views on the Accountability Challenge[R]. Washington, DC: AACU, 2008: 36.

中等教育的经验,缺乏对高等教育未来的长远思考,没有考虑到高等教育自身的特殊性。①

(三) 专门学科的学习结果及其测评工具相对缺失

在美国高等教育政策的制定中,往往忽视了倾听一线教师的意见和建议,造成了公众对高等教育的核心功能——学生学习的不够重视。② 近年来,虽然美国不少测评机构已经开发出了相对成熟的工具,用于评估学生的批判思维等通用能力,但是针对专门学科的学习结果及其测评尚处于起步阶段。因为大多数针对专门学科的学习结果侧重于基本知识内容或基础抽象概念等方面,这些学习结果既无法实现教师的教学目标,又很难契合高等教育各利益相关者的诉求。学科是大学运行的基本单位,尽管美国的本科教育以通识教育为基础,但是在大三、大四阶段,本科生仍然要在某一学科专业内完成相应的学业。如果以专门学科的学习结果测评为抓手,教师更容易评估学生真正学到了什么知识、具备了什么样的能力,更容易运用有效的评估工具和方法以提高学生的学业完成率,更容易制定具有针对性和可操作性的举措以有效改进教学;院校可以更深入地推进教学改革,节约时间成本和财力成本,提高本科生的学业完成率;而学生也可以更好地在劳动力市场上向雇主展示相应的技能和素质,雇主们也可以从各类高等教育机构中甄选出适用的人才。因此,如何规划并设计专门学科的有效学习结果及其测评体系,显得迫切而重要。

二、MCLP 的核心原则

(一) 教师是本科生学习结果标准界定和测评的主体

美国大学内部的学生学习结果评价活动主要由教师来设计、实施,而不是自上而下地进行。在专业层面上,教师既要明确学生学习该专业后所获得的特别技能、价值观和态度,又要围绕学生学习要完成的结果为学生提供合适的学习过程和学习方法,确定数据采集的实施方案等问题,设计评价计划;既要依照评价计划具体设计、实施评价,又要对评价结果进行分析。在课程层面上,任课教师既要明确学生学习该课程后所应掌握的相关概念和技能,又要明确学生知识学习和技能发展的具体表现和行为;既要确定评价的时间、评价方法,也要及时进

---

① ARUM R, ROKSA J, COOK. Improving Quality in American Higher Education: Learning Outcomes and Assessment for the 21st Century[M]. San Francisco: Jossey-Bass, 2016: 20-21.

② ARUM R, ROKSA J, COOK. Improving Quality in American Higher Education: Learning Outcomes and Assessment for the 21st Century[M]. San Francisco: Jossey-Bass, 2016: 20-21.

行反思、改进,以调整自己的教学。同时,教师之间、教师与学校管理者之间的合作和信任也是学生学习结果评价能否顺利开展的关键。因此,MCLP专家组认为,教师是学生学习和教学质量提升的重要主体,教师应成为学生学习结果设计及其评价的主要参与者。

(二)学习结果设计能够满足各利益相关者的多样化需求

传统人力资本理论认为,大学传授给学生的知识与技能足够使其应对劳动力市场的需要。但是在现实中,不少大学毕业生并不能将其所习得的知识与技能迁移应用到现实情境中,解决实际问题的能力并不强,尚不能很好地满足雇主们的需求。同时,受"课程多样化"(course diversification)和"分数膨胀"(grade inflation)等问题的影响,雇主们认为学生的学习成绩单已不能充分反映学生的知识与技能水平,也不再把学生的学习成绩单作为衡量人才的唯一可靠参考依据。例如,在学生学分互换的过程中,学生的学分并不能在所有院校之间得到互认,而只限于特定院校、特定课程之间。

基于此,MCLP专家组指出,美国是一个多元文化并存的社会,学生具有不同的教育背景,所有的大学生在学分互认及就业的过程中,其学习结果设计要能够充分展现他们所具有的知识与技能。换句话说,学生学习结果评价的目的应充分体现多维性,既要满足院校提升教学质量的需要,又要满足学生学分互认的需要;既要充分体现学生具备的知识与技能,又要充分反映满足雇主们对人才的规格要求。当学生真正认识到学习结果评价有助于他们的求学或就业时,会在很大程度上激发他们的学习兴趣和热情,推动他们有针对性地提升他们的知识与技能水平。

(三)学习结果评价能够综合运用多样化的测评工具

知识与技能测评的复杂性决定了任何形式的学习结果都只是从特定的方面部分地反映了学生习得的知识与技能。在测评过程中,除了要关注学生获得的基础理论知识和通用能力之外,也要关注学生是否已获得了某一专门学科领域内所必需的专业知识和专业技能。同时,学习结果类型的不同,所采用的评价形式和方法也有所不同。认知性学习结果一般采用直接性评价形式,即采用测验或考试的形式,如美国大学入学考试开发的大学学业水平评估考试、美国教育考试中心组织的水平评估以及由美国教育援助委员会开发的大学学习结果评价项目等;而情感、价值观、态度等非认知性学习结果的评价则通常采用非直接性评价形式,如全美大学生参与度调查等,可以为高校提供学生学习经历、合作性学习、学习支持等方面的比较信息。因此,MCLP专家组指出,学习结果的测评应该是多样评价工具的综合运用,才能更全面地测评学生真实掌握的知识与技能。

(四)高等院校能够自觉自愿运用相关的学习结果测评工具

MCLP专家组指出,在美国高等教育质量评价活动中,单纯的外部问责在高等院校改进教学活动中的效果并不理想,并不能直接推动学生学习质量的改进。高等教育体系是一个复杂多样的系统,高等院校的类型、办学使命、发展目标都各不相同,如果仅仅借助于外部质量问责的评估手段,那么这种质量评价在提升学生学习质量方面势必是低效乃至无效的。事物发展内因起决定作用,只有高校主动自愿地科学设计学习结果并采用适当的测评工具,才能真正推动学生学习质量的提升。

(五)学习结果评价的数据具有高效性与可比性

围绕"如何科学测评学习结果"的问题,美国越来越多的高等院校已开始与相关教育管理部门展开了合作,许多测评联盟和协会机构也应运而生,它们彼此之间可以共享与学习结果评价有关的数据信息、有效的评估工具以及提升学生学习质量的可靠途径。因此,MCLP专家组提出,为了提高彼此合作的信度和效度,扩大学习结果测评的影响与范围,学习结果测评的相关数据应真实有效、具有可比性,应能够经得起实践的检验,这样才能推动不同机构之间的合作研发,从而才能设计出更有效的评估工具和策略,以更好地满足高等教育各利益相关者的不同需求。

第二节 MCLP的组织与实施

基于项目研究的可行性,MCLP在学科领域选择、专家遴选、政策依据等方面都进行了明确的规定和说明,以确保该项目的顺利推进。本节从专门学科的学习质量标准框架、专业能力培养、专业课程与通用课程学习结果的差异性、标准化测评工具开发等方面,对MCLP的成果特色进行了分析。

一、MCLP学科领域的选择

选择生物学、商学、传播学、经济学、历史学、社会学这六大学科领域的原因在于,一方面,这些学科领域充分体现了高等教育系统内知识类别的复杂性和多样性,既涵盖了传统的人文学科和自然学科领域,又涉及了实践特征明显的专业学科领域;另一方面,这六大学科每年所授予的学士学位数量几乎维持在当年全美各学科所授学士学位总量的35%以上。① 因此,选择这六大学科领域作为样本,具有充分的代表性。

二、MCLP专家的遴选

MCLP分为六个学科组进行研究,每个学科组由10~15名专家组成,这些专家由MCLP工作组和相关的学科协会共同遴选。其遴选的主要标准是对本科教学工作有热情、在学习结果评价方面有丰富实践经验的专家。这些专家大多具有相应的学科背景,熟悉并了解该学科的知识结构和能力水平要求,因此,由他们参与设计的专门学科领域的学习结果及其评价指标在现实中更具可操作性。同时,专家的学缘结构也尽可能的多元化,以覆盖不同类型、不同区域的大学。这些专家既有来自世界一流大学的知名学者,又有来自相关学科协会的学者,也有美国国家自然科学基金会等相关专业协会组织的政策制定者。由于大多数的学科组专家成员曾经或正在参与学习结果评价的相关工作,这在很大程度上保证了学习结果评价设计的科学性、规范性和可行性。

三、MCLP的政策依据

MCLP要求,这六大学科领域的学习结果评价体系设计必须以一系列相关的教育改革方案或教育政策为依据。例如,生物学科专家组在研究过程中,既严格参照了20多年来美国在生物学领域内提高本科教育的相关改革政策,又认真参阅了美国科学促进协会(American Association for the Advancement of Science,AAAS)于2011年出版的研究报告——《生物学本科教育的未来趋势与转变:从口号到行动》(*Vision and Change in Undergraduate Biology Education: A Call to Action*)。同时,这六大学科专家组也需要参照美国学院与大学协会和美国学习结果评估研究中心在学习结果评价方面的政策建议和改革举措。例如,美国学院与大学协会于2014年发布的《学位资格框架体系》(Degree Qualification Profile,DQP)*提出,能力分类体系是各学科领域界定学生必备能力的重要依据。

---

　　① ARUM R, ROKSA J, COOK A. Improving Quality in American Higher Education:Learning Outcomes and Assessment for the 21st Century[M]. San Francisco:Jossey-Bass, 2016:21.
　　* DQP明确陈述了学生学习结果设计及其评价改进的关键,为学生在21世纪获得生活和工作上的成功提出了指导性建议。DQP的能力分类体系主要包括:宽厚知识与专业知识(broad and specialized knowledge)、智力技能(intellectual skills)、应用学习能力(applied learning)、公民学习能力(civic learning)。

四、MCLP 的成果特色

（一）提出了专门学科领域内本科生的学习质量标准框架

与以往有关学习结果评价的相关研究相比，MCLP 的不同之处在于，它对专门学科领域内的学习结果进行了集中描述。六个学科专家组都将该学科领域内的学习结果描述为核心概念与核心能力两类。核心概念包括该学科领域的复杂概念、相关理论的理解及学科思维方式，而核心能力则包括参与该学科的实践活动所需要的学科专业能力和其他必要技能（详见表 7-1）。这些核心概念和核心能力的具体标准、评价手段以及改进策略在各学科专家组撰写的学科白皮书中都有相应的明确陈述。

表 7-1　MCLP 六大学科领域的核心概念与核心能力

学科领域	核心概念	核心能力
生物学	进化论； 数据流； 结构与功能； 物质与能量的转化方式； 系统论	模型； 定量推理应用； 论据到论点的关联； 实验设计与科学求证的关联； 分析与评价数据； 鉴别与应用科学的跨学科属性
商学	社会与商学； 全球化； 战略； 系统动力； 消费者参与； 透明、公开与度量	多元思维技能的展开与选择； 伦理判断的运行； 信息与技术的展示能力； 管理、团队合作和跨文化能力
传播学	社会建构； 相关性； 战略； 符号主义； 适应性	交流探究能力； 适合观众、特定背景和目的的信息创造能力； 批判分析信息的能力； 自效性展示能力； 传播伦理的原则运用与实践能力； 利用传播包容不同观点的能力； 影响公众对话的能力
经济学	个人决策； 市场与其他资源的互动； 总量经济学； 政府和其他机构的角色	运用科学程序解读经济现象的能力； 运用经济学概念和模型分析与评价行为与后果的能力； 经济学中定量方法的运用能力； 经济模型及其应用的批判分析能力； 多元合作中经济学观点的交流能力

(续表)

学科领域	核心概念	核心能力
历史学	演绎叙述的历史； 过去与现在的关系； 历史证据； 复杂的因果关系； 重要性	历史叙述的评价能力； 原始资料的解释能力； 按照年代推理的应用能力； 情境化能力； 被认可的历史解释的建构能力
社会学	社会视角； 社会结构； 社会化； 社会分层； 社会变迁与社会再生产	运用社会学理论理解社会现象的能力； 客观评价解释人类行为与社会现象关系的能力； 运用科学的原则理解社会的能力； 社会科学方法与数据质量的评价能力； 规范分析社会的科学数据的能力； 运用社会学知识影响社会争论、促进公共理解的能力

资料来源：ARUM R, ROKSA J, COOK A. Improving Quality in American Higher Education: Learning Outcomes and Assessment for the 21st Century[M]. San Francisco: Jossey-Bass, 2016: 31.

MCLP 专家组提出，各专门学科领域内有限的核心概念和核心能力，旨在为教师改进教学、提高学生学习质量提供有效的资源支持与指导性帮助。因此，这些核心概念和核心能力具有较强的现实可操作性，能够尽量减少教师评估学生学习质量、改进教学的工作负担，可以有效地推动教师主动参与学习结果评价的实践活动。

（二）提出了专门学科专业能力的培养与通用能力的培养具有协同性

不少有关学习结果评价的改革举措侧重于对本科生应具备的通用能力的探讨，而 MCLP 则更聚焦于学科专业知识、专业能力和学科思维方式的培养。尽管每个学科的专业知识都是独特的，但是专门学科领域内要求学生所具备的批判思维、分析写作、定量推理与问题解决能力等却是通用能力。因此，有的学者提出批判思维能力等高阶技能是通用能力，可以不分学科进行培养[1]；也有学者指出，批判思维能力是学科专业能力，并不能自动地从一个学科领域迁移到另一个学科领域，需要在专门学科内进行培养。[2]

MCLP 专家组一致认为，培养学生的学科专业能力与可迁移的通用能力同等重要。在六个学科的白皮书中，不仅一致强调了学生探究、分析和批判思维能力的培养，而且将《学位资格框架体系》认定的通用能力如何在每个学科领域内

---

[1] LIU O L, LOIS F, CROTTS R K. Assessing critical thinking in higher education: current state and directions for next-generation assessment[J]. ETS Research Report Series, 2014(1): 1-23.

[2] SHULMAN L S. Teaching as Community Property: Essays on Higher Education[M]. San Francisco: Jossey Bass, 2004: 67.

进行培养都形成了具体的细化方案。这不仅提高了通用能力培养在实践中的可操作性,而且有利于任课教师有针对性地开展教学改革与研究。因此,MCLP 的特别贡献就在于,它指出了学科专业能力与通用能力之间的联系,强调了学科思维方式培养与学生的分析、整合能力及问题解决能力培养的协同性。

大学的教学是以专门学科为单位进行的,学生的批判思维、分析写作、问题解决等能力可以在专门学科领域内进行培养。在这个过程中,学生不仅获得了学科专业技能,而且为其在不同学科领域内进行技能迁移奠定了基础。如果在某一学科领域获得的通用能力不能很好地迁移到其他学科领域,那就是高阶技能的评价指标缺乏科学设计,或是能力可迁移性的评价指标缺乏科学设计。因此,MCLP 专家组指出,在专门学科领域研发能够科学测量复杂性思维技能的评价工具非常关键,运用得当的测评工具,教师可以综合评估技能迁移的有效性,能够持续有效地改进教学、提升学生的学习质量。

(三)指出了专业基础课程与专业主干课程的学习结果存在差异性

专业基础课是学生掌握专业知识技能必修的重要课程。不同的专业有各自不同的专业基础课,同一门课程也可能成为多门专业的专业基础课。专业主干课程是专业必修课程,是本专业所有学生必须选修的课程。在传统观念上,人们普遍认为,两者在学习结果界定上差异性并不大,但是 MCLP 研究发现,对不少学科而言,界定专业基础课程的学习结果存在困难,因为在不同的学科领域内,其专业基础课程的特点各不相同。例如,在历史学中,学生要选择学习的专业基础课程具有不同的立场和观点;在传播学中,基础课程《公众话语》并没有集中体现传播学的专业知识与技能要求;在社会学中,专业基础课程并不是必需的;而在经济学和生物学中,专业基础课程之间则具有一定的序列关系,一些课程是学习另一些课程的基础和前提,学生只有掌握了一些课程必需的知识与技能,才能顺利完成另一些课程的学习要求。[1]

MCLP 专家组认为,这一问题的存在既反映了不同学科结构的差异性,又体现出高等教育系统内有些学科课程设计"缺乏意向性"(a lack of intentionality)的特点。[2] 当课程设计"缺乏意向性"时,教师很难持续渐进、系统有效地教授学科专业知识,培养学生的专业能力,尤其是在知识高度分化的学科领域内,教师无

---

[1] ARUM R, ROKSA J, COOK A. Improving Quality in American Higher Education: Learning Outcomes and Assessment for the 21st Century[M]. San Francisco:Jossey-Bass, 2016:33.

[2] ARUM R, ROKSA J, COOK A. Improving Quality in American Higher Education: Learning Outcomes and Assessment for the 21st Century[M]. San Francisco:Jossey-Bass, 2016:34.

法精准判定学生在选修课程时具备了什么样的专业知识和技能,很难精准地设计专业主干课程的学习结果。

尽管学科课程"缺乏意向性"的问题已经受到了各界的持续关注,但是高校内部并没有太多的院系有决心、有信心把现有相对分散的学科课程体系整合成一个具有紧密内在逻辑关联度的课程体系。虽然相关的认证机构已经要求参与认证的院校要明确界定各自的学习结果,但是在具体实践中,这种要求很难切实转化成一种有效而持续的课程评价行动,不能真正实现课程目标与学习结果相一致。一般情况下,对学生的专业基础知识储备不做要求的专业课程或是学生选修的第一门专业课程,更有可能让学生掌握广博的知识体系,更有助于学生通用能力的培养。所以,在院系层面上,如果能够明晰专业基础课程和专业主干课程的学习结果,不仅有利于教师优化、整合课程体系,而且会为学生高效学习专业课程提供一个综合移动的"脚手架"。

(四)指出了开发专门学科的标准化测评工具是未来学习质量评估的重要发展趋势

针对现行评价工具不能精准测评学生深度理解能力的问题,MCLP 专家组指出,随着评估技术的不断发展,研发标准化的测评工具来测评学生的复杂性理解能力与 21 世纪所必需的通用技能,将成为可能。① 尽管现存的标准化测评工具大多发起于二十多年前,但是不少院校仍要借助于这些评估手段来收集与学生学习相关的数据,从而推动院校自我改进、自我提高。这是因为标准化测评工具的优势相对明显,一方面,它采集的样本信息量大,能够相对更准确地评估学生所习得的知识和能力;另一方面,它耗时少、易评分、可比性大,便于不同类型的院校之间进行对比分析。同时,它的使用范围广泛,可以跨越单一课程的局限,教师只要根据实际需要,通过设计更高质量的问题、引入最新的评估技术,就可以将测评工具优化,使其能够更有效地在评估中发挥作用。例如,在经济学评价中使用的开放性仿真数据分析方法,就是通过让学生分析、解释真实的经济数据,来测评学生运用经济学知识解决复杂任务的应用能力,以及考查学生能否将分析和评价信息的能力迁移到新的情境中。

同时,MCLP 专家组指出,现有的质量评估活动中缺乏适用于专门学科的测评工具。一方面,目前针对学生学习结果的测评工具主要适用于美国高等教育

---

① ARUM R, ROKSA J, COOK A. Improving Quality in American Higher Education: Learning Outcomes and Assessment for the 21st Century[M]. San Francisco:Jossey-Bass, 2016:35.

质量认证,专门学科领域内可以有效运用的标准化测评工具较少。另一方面,如前所述,在一些学科领域内,学生复杂性思维、高阶技能或是思维习惯等方面的适用性测评工具并不多见。不同的学科对学生在该学科领域内所应习得的"核心概念"和"核心能力"要求不同,如果教师运用了忽略学科特质的测评工具,将在一定程度上影响该学科领域内学生学习结果评价的有效性,或者说这种测评结果并不能真实反映学生是否具备了应习得的知识与技能。因此,虽然不少大学积极参与了学生学习结果评估的相关项目,但是他们依然面临专门学科适用性测评工具缺乏的窘境。例如,美国普渡大学在2013年就计划要出台一个关于大学生在校学习期间批判性思维和其他技能如何形成的评估计划,但至今尚未形成具有共识的评估计划[1]。再如,美国曾有8所大学参与了比尔·盖茨基金赞助的大学生学习结果评价项目,该项目致力于研发一个具有普遍推广价值的全面评估框架,但由于缺乏对专门学科领域的学习结果进行有效测评的工具,其研究结果并不理想[2]。因此,MCLP专家组指出,研发基于专门学科的标准化测评工具以真实评价学生的学习质量,是未来大学生学习质量测评的重要方向。

第三节　MCLP的经验借鉴

与以往的学习测评项目不同,MCLP从专门学科的角度对六个学科领域内本科生在21世纪应具备的基本知识与必备技能及其有效评价方式进行了集中阐述。该项目展示了美国大学本科教学质量测评的总体框架与关键要素,对我国高校构建有效的本科教学质量测评体系,推动教师改进教学和学生提升学习质量具有重要的借鉴意义和参考价值。

一、形成专门学科的学习结果评价体系

一直以来,关于本科生应该学会什么的探讨持续不断,争议不止。本科生学习以学科(专业)为单位进行,各学科(专业)展示了相应领域内本科生所应获取的重要知识和核心技能。因此,针对专门学科的学习内容展开评估,对于真实了

---

[1] ARUM R, ROKSA J, COOK A. Improving Quality in American Higher Education: Learning Outcomes and Assessment for the 21st Century[M]. San Francisco:Jossey-Bass, 2016:40.

[2] ARUM R, ROKSA J, COOK A. Improving Quality in American Higher Education: Learning Outcomes and Assessment for the 21st Century[M]. San Francisco:Jossey-Bass, 2016:41.

解学生知道什么以及能够做什么非常关键。MCLP在六大学科领域内形成的本科生学习结果评价框架,为该学科领域内本科生应该学到什么提供了"路标"。它体现了学科专家们对专门学科学习质量标准的初步共识,是本科生学习质量有效提升的重要抓手,为开展有效的本科教学质量评价提供了"脚手架"。同时也明确了各学科的专业人才培养标准,对任课教师主动自愿、积极有效地改进教学实践具有重要的指导价值。针对我国大多数高校人才培养标准不尽合理、空泛现象突出而导致的本科生人才培养与社会需求之间存在结构性矛盾的问题,科学地设计专门学科的学习目标及其评价指标,对于充分调动教师主动参与教学研究、改进课堂教学的积极性具有重要意义。

二、开展学习结果评价的专门培训

要真正理解学习结果的内涵、规划好学习结果,需要教师认真思考"要教给学生什么样的知识和技能""要采用什么样的教学方法激发学生的课堂学习兴趣""要如何帮助学生习得这些知识和技能"等一系列问题,而这些问题正是测评教师教学能力优劣的重要内容。MCLP提出的专门学科学习结果评价框架可以帮助任课教师深入理解、修订教学目标,全面审视课堂教学与本科生学习中存在的突出问题。当任课教师能够科学地制定一门课程的具体学习目标时,他们将会选择适当的教学策略来反思并改进教学,以及选择适当的评价手段综合测评学生的学习效果,从而有针对性地提升学生的学习质量。因此,针对教师开展学习目标评价的专门培训,将是教师教学能力提升的重要突破口。

立足当前"高校如何提升教师教学能力"的现实需要,高校不妨把对学生学习结果评价方面的培训纳入教师专业化发展体系中,由教师教学发展中心与相关职能机构协作,围绕"如何科学设计一门课程的学习结果及其评价指标"展开专题培训,帮助教师将各学科的人才培养目标转换成具体的学习结果,帮助教师开发和使用有效的测评工具。通过专题培训,学校可以为教师提供各种最直接的指导和支持,解决他们在评价过程中所遇到的技术、资源、方法等方面的困难,帮助教师顺利完成评价目标。同时,高校也可以采取适度的奖励机制激发教师参与学生学习结果评价的内在动力,可以将教师开发和使用新型质量测评工具所需的时间和精力计入工作绩效考核中,与教师的经济收入直接挂钩;由学校出台相关政策文件,支持、奖励运用学习结果评价进行有效教学的教师,引导他们不断反思在课堂教学中存在的突出问题,从根本上激发教师积极投身教学的热情和动力,促使他们不断提升自己的教学能力。

三、综合运用多样化的测评工具

MCLP 专家组指出,21 世纪的质量测评工具不能只是简单地评估学生对课程材料的"第二次搜集"程度,不能只是考查学生对相关知识点的记忆和重复,而应对他们是否拥有更复杂的技能和学科思维进行确认。这就需要研发更复杂、更富创新性的评估内容和评估手段。因此,多样化测评工具的研发及其应用对未来本科生学习质量的测评具有重要意义[①]。

有一个形象的比喻指出,仅靠每天称重并不能让猪胖起来,只靠点击秒表并不能提高赛马的速度,只是不停地观测温度计并不能让发烧的狗退热。事实上,学生学习质量的提升并不是评估的必然结果。因此,评估只是手段,能否达到提升学习质量的目的,关键是评估要与改进切实地统一起来。CAE、ETS、AACU 等机构所研发的测评工具从不同的方面为我们全面了解学生的学习质量提供了相关数据,开阔了我们的分析视野。随着现代评价技术手段的不断更新,相关的测评机构将会持续地研发出各种各样的测评工具,但无论是传统的学业论文、考试、演讲、学情调查、学生成绩单和教师评语等测评方式,或是其他更新更好的测评工具,都只是帮助教师充分了解学生学习状态的信息渠道。如果院校和教师仅仅是运用这些信息义务性地撰写年度质量评价报告,而不是用于测评专业及其课程教学的效果,那么再好的测评工具都无法发挥出真正的改进作用,院校也难以达到提升学生学习质量的目的。因此,若要真正达到"以评促改"的目的,高校和教师应认真思考如何有效地运用多样化的测评工具,将测评结果真正地与教学质量改进、学习质量提升结合在一起。

第四节 世界一流大学本科教学内部质量保障机制案例分析

一流的本科教学是一流大学长期办学实践的精华积淀,具有丰富的内涵,带有鲜明的大学特色。2015 年年底,国务院印发《统筹推进世界一流大学和一流学科建设总方案》,提出了我国高校开展"双一流"建设的战略规划。国内不少"985"高校和"211"高校都在一流本科教学建设上进行了积极的探索和实践。卡耐基·梅隆大学(Carnegie Mellon University, CMU)是美国一所拥有悠久办学历史的研究型私立大学,创办于 1900 年,其持续不断的创新活力使它在世界高

---

① ARUM R, ROKSA J, COOK A. Improving Quality in American Higher Education: Learning Outcomes and Assessment for the 21st Century[M]. San Francisco: Jossey-Bass, 2016: 41.

等教育改革进程中具有重要影响力。2017年,CMU在《美国世界新闻报道》的世界大学排名中位列全球第24名;在英国《泰晤士报》的世界大学排名中,位列全球第23名;在世界一流大学学术排名中,位列全球第68名;在QS世界大学排名中,位列全球第58名。作为世界一流大学,CMU不仅以其计算机、工程学、文学和商学领域的科研和服务优势而闻名于世,而且以其卓越的本科教育质量而誉满全球。CMU强调要为世界一流人才创设一个"学会学习"的环境、提供一种与众不同的教育体验,营造一个自由交流的学术氛围,从而推动学生对深度学科知识的学习,培养学生的问题解决能力、领导力、交流能力以及其他个人技能,促进其个体身心健康的成长与发展。本节以CMU为例,探析其本科教学内部质量保障的长效机制,以期能够为我国高校构建一流本科教学的质量保障体系提供有益的经验借鉴。

一、多维的质量文化理念

(一)教学实践中践行"有效教学"理念

"有效教学"(effective teaching)是自20世纪60年代发展起来的一种教学理念,是针对无效教学或低效教学而提出来的,其主要代表人物是美国教育心理学家布鲁姆(Benjamin Bloom),他坚信,有效的教学始于准确地知道希望达到的目标是什么。① 与传统的教学理念相比,有效教学理念强调教学要以学生发展为中心,它既关注教师的"教",又关注学生的"学";既关注课堂教学,又关注教师对教学的研究和对学生的指导。因此,有效教学理念的核心是关注学生的需求、学生的成长和发展,要求教师对所教的内容具有广泛而深刻的理解和把握,拥有良好的教学技能,能够充分激发学生的学习兴趣和动力,促进学生自主有效地学习。CMU一直秉持"有效教学"理念,并一直把倡导本科阶段的"有效教学"作为学校本科教育的一个重要方面,并于1982年专门成立了艾伯利卓越教学与教育创新中心(Eberly Center for Teaching Excellence and Educational Innovation),旨在为师生有效的"教"与"学"提供必要的指导和支持。该中心由CMU主管教学的副教务长直接管理,主要负责在学校教师课程设计、教学过程、学生评价等方面制定规范,如教的原则、学的原则、教师如何设计课程、教师如何对课程进行自评等,从而为教师教学提供支持和帮助。同时,它也会定期组织教师召开系列专题研讨会,围绕如何促进"学生愿意学习""学生学会学习""学

---

① 单美贤.美国高等院校有效教学的调查与分析:以佛罗里达大学为例[J].高教探索,2015(9):56-60.

生学习效果好"等问题展开讨论,帮助教师及时查找、发现教学中存在的现实问题,从而为教师改进教学提供一系列的专业指导。

（二）教学评价上倡导"证据文化"理念

CMU 要求本科教学评价必须提供相应的"证据",一方面,这与美国高等教育系统的认证制度有关,因为无论是院校认证或是专业认证,都需要院校按照相关的认证要求提供一系列的教学状态"证据";另一方面,教学实践的相关"证据"是回应外界质量问责的重要凭证,为了保证教学评价的客观真实性,高校必须能够提供相应的数据和文本材料进行佐证。一旦这些证据失真或是缺失,将在很大程度上影响高校的社会名望和声誉。此外,借助这些动态记载了教学活动的"证据",教师和管理者能够更精准地判断学生的学习效果,发现教学各环节存在的问题,从而有助于教师和管理者有针对性地进行改进,以提升教学质量。随着信息科技的快速发展,在"大数据"时代背景下,本科教学的手段和途径也发生了很大的变化,慕课(MOOCs)等大量在线课程的相继开发,使教师和管理者的信息技术能力逐步提升,他们能够更便捷地收集、分析学生的相关学习信息,能够更有效地对学生的有效学习进行指导。

（三）教学管理上贯穿"服务导向"理念

为了给本科教学提供人性化、高水平的服务,CMU 的本科教学质量工作坚持以服务教学活动为基本原则,细化明确了各相关教学管理部门的工作职能,突出强调了本科教学工作的中心地位。由主管教学的副教务长统一管理的教学管理部门,除了艾伯利卓越教学和教育创新中心外,致力于学生学习研究的学术发展中心(Academic Development Center)、跨文化交流中心(the Intercultural Communications Center)、全球交流中心(the Global Communications Center)、学习及其他服务中心(Center for Service Learning and Outreach)、本科生研究与奖学金中心(Center for Undergraduate Research and Fellowship)等。这些部门各司其职,每年度都会从不同方面开展与教师教学、学生学习相关的系列活动,从管理上为本科教学质量改进"保驾护航"。例如,全球交流中心设有免费的"工作坊"(workshop)和一对一的咨询服务。"工作坊"主要围绕本科生在人际交流交往中的相关实际问题而展开,如"团队合作的工作坊"旨在教会本科生创设团队合作的基本条件,帮助本科生有效解决团队合作的共性难题。一对一的咨询服务则致力于帮助本科生在口头表达、书面写作等活动中做得更好、成长得更快。

二、结果导向的质量评价范式

(一)明确的学习结果设计

高等教育学专家伯顿·克拉克曾说,尽管高等教育的教学评价中并不存在适用的测量手段,但是高等教育机构被迫通过各种手段来展示并证明自己的价值。① 在全球质量问责的压力下,各国政府争相寻求多元化的方法来测量教学的有效性。作为结果导向的一种重要方式,学习结果评价更强调以学生为中心,更重视学习结果的具体性、可测量性和可实现度。因此,学习结果评价成为美国高校四十多年来普遍采用的教学质量评价范式。根据美国学习结果评估研究中心的相关统计报告显示,3/4 的美国高校都已经确立了适用于各个高校所有本科生的学习结果标准。②

CMU 是较早开始运用学习结果评价方式的高校,它要求本科教学的学习结果评价必须经过深思熟虑的系统设计,并由专任教师主动参与设计,要求评价过程中所收集的信息能够反映专门学科的教学目标和价值。学校有专门的人员帮助教师细化他们的教学行为,帮助院系细化课程教学方案,为学生创设一个不断优化的学习共同体。因此,CMU 要求教师对学习结果的系统设计既要明确本科生所应获得的专业技能、价值观和态度,又要明确所采用的教学方法、学习评价的时间与方法、数据采集的实施方案等。其中,学习评价的方式既可以是以学期为单位进行的持续评价,也可以是课堂具体环节的评价。前者可以了解学生知识掌握的薄弱环节,而后者则可以有助于学生有意识地关注自己的学习,及时进行反思与改进。

(二)多元化的评价手段

为了给本科教学提供有效的指导,CMU 要求评价工具不仅要满足质量问责的要求,而且要能够展现教学模式的多样性和学生能力标准的多元化,并明确这些教学模式的优势和不足,以及能力标准设计的合理与否。据统计,90% 的美国高校至少采用了院校层面或专业层面上的一种评价方法,77% 的高校采用了两种以上的评价方法。在高校教学评价采用频次最多的方法调查中,约 39% 的高校采用了标准化考试的方法;9% 的高校采用了外部专家评价学生作业的方

---

① GIBSON R. Points of departure the art of creative teaching: implications for higher education[J]. Teaching in Higher Education, 2007, 15(5): 607-613.

② FITZMAURICE M. Considering teaching in higher education as a practice[J]. Teaching in Higher Education, 2010, 15(1): 45-55.

法;8%的高校采用了对专业知识进行考试的方式;8%的高校采用了学生"档案袋"的评价方法;8%的高校采用了雇主访谈的评价方法[①]。CMU本科教学的质量测评手段主要包括通用的标准化考试、学业论文、实地操作、实习、毕业生跟踪调查等其他多种评价方法。如前所述,CMU师生尤其认同"学生档案袋"和"顶点课程"两种用于专业知识和技能测评的评价方式。一方面,通过系统收集学生在本专业学习过程中的相关信息和数据,对比分析学生个体的成长和收获;另一方面,通过增强学生在科研和写作方面的训练,拓展学生的实践实习范围,着力提升他们的批判思维能力和问题解决能力。在相关专业课程的考核评价中,CMU也鼓励教师适时引入标准化考试,全面测评学生对相关专业知识的记忆、理解和运用。同时利用雇主访谈评价,追踪了解毕业生在劳动力市场中的适应性,根据雇主的反馈信息,及时对人才培养方案进行相应的调整。

(三) 系统有序的推进机制

受CMU分权管理体制和文化的影响,CMU的教学质量评价工作通常是由艾伯利卓越教学与教育创新中心的员工与每个学院的院长(或主任)及专任教师一起合作开展,其工作的基本原则是要充分尊重每个学科的独特发展需要,关注每门课程的教学效果。每个学院由院长(或主任)牵头组织,结合本学院的实际情况推进结果导向的质量评价工作。同时,该中心也会将相关的评估资源和信息发布到网络平台上进行共享,这些信息主要包括"如何设计和教授一门课程""教学方法的运用""如何评价教与学""如何解决一个教学问题""教与学的基本原则"等内容,这些内容为教师开展有效教学提供了系统支持。例如,在"如何设计与教授一门课程"的专题中,从备课准备、了解学生特点、明确课堂教学的受限条件、设计学习目标、教学策略的选择等方面为每个专任教师开展有效教学提供了详尽并具有可操作性的系统指南。[②] 再如,在"如何评价教与学"的专题中,CMU为专任教师提供了一系列的可用资源,既包括评价学习重要性的理论基础陈述,又包括学生在学习中能够改进哪些方面的指导;既有评价学生学习和成绩的建议和策略,又有对学生成绩标准和学习预期的清晰表达;尤其强调作业考察的目标要与明确的学习结果和成绩标准相一致,尤为关注如何运用课堂评价的相关具体方法,从而迅速测评出学生进入课程学习的知识储备,以确保学生能

---

① FITZMAURICE M. Considering teaching in higher education as a practice [J]. Teaching in Higher Education, 2010, 15(1): 45-55.

② CMU. Example of good assessment practice: carnegie mellon university [EB/OL]. (2016-04-28) [2017-09-13]. http://www.learningoutcomesassessment.org/CaseStudyCarnegieMellon.html.

够组织和回忆相关的课程知识。① 每个专题基本上都提供了相关的成功案例分析,以便为专任教师提供教学指导与参考。CMU 的五个二级学院根据各自的学科特色,每两年都会从作业与考试、综合测试、团队作业过程评价、成绩标准、考试前后结果对比、先前的知识水平与课程学习后知识水平的反思评估等方面分析教学质量评价的效度和信度。

（四）评价结果的应用

首先,正如美国多数高校一样,CMU 本科阶段学习结果的评价数据用在院校认证和专业认证的相关报告中,作为满足认证要求的重要证据。其次,CMU 会组织负责本科教学工作的主要管理部门、艾伯利卓越教学与教育创新中心以及相关教育专家等对这些评价数据进行综合分析,根据分析结果查找本科教学中存在的突出问题,为进一步修订各学科的本科学习目标提供建议和指导。最后,这些评价数据被用作资源分配、招生、教职工业绩考核、学生转专业等方面优先性选择的依据,CMU 会根据各学科的学习结果评价数据对相应的二级学院及其教职工进行奖惩,以更好地激励他们投身本科教学的热情和动力。②

三、问题导向的教学支持系统

美国高等教育的认证机构希望高校教师把学习结果评价当作是一种与教学工作相伴而行的日常性工作,是一种改进教学质量的有力补充。因此,美国不少高校建立了教学与学习促进中心,为教师教学和学生学习质量的改进提供服务和支持。如前所述,CMU 的艾伯利卓越教学与教育创新中心对教师创新课程教学和学生学习方法等提供了重要支持和指导。

（一）问题导向的教学研究

鉴于 CMU 研究型大学文化的影响,艾伯利卓越教学与教育创新中心关注将学习科学的相关研究运用到教学实践中,提倡"研究导向"（research-oriented）和"数据驱动"（data-driven）的教学实践,促使教师围绕"教的需求"和"学的需求"开展相关的教学研究,以提升教学的质量。帮助教师解决具体的教学问题是该中心推进有效教学的重要内容,也已成为该中心的特色之一,任何教师都可以

---

① CMU. Fostering assessment for improvement and teaching excellence［EB/OL］.（2012-06-12）［2017-10-12］. http://www.learningoutcomesassessment.org/documents/CarnegieMellonCaseStudy.pdf. CMU. Design and Teach［EB/OL］.（2016-08-20）［2017-10-05］.

② CMU. Design and teach［EB/OL］.（2016-08-20）［2017-10-05］. http://www.cmu.edu/teaching//designteach/index.html.

带着具体的教学问题到该中心进行咨询、寻求帮助。例如,在一次关键性的考试中,学生不及格率偏高时,教师就可以到该中心寻求帮助。该中心的员工将会把该问题当作一个研究项目进行专题研究,他们开始会设计相关的问题,对学生和教师进行深入访谈,并认真评估本次考试,然后形成若干相关假设,与教师一起研究,最终寻找到本次考试中学生不及格率偏高的真正原因,帮助教师改进教学。目前,该中心帮助教师解决的教学问题研究主要涉及态度与动机(attitudes & motivation)、前提知识与准备(prerequisite knowledge & preparedness)、批判思维与应用知识(critical thinking & applying knowledge)、团队技能与动力机制(group skills & dynamics)、课堂行为与礼仪(classroom behavior & etiquette)、分等与评价(grading & assessment)等六类,每类问题又涵盖了若干具体问题(如表7-2所示)。教师也可以根据自己面临的实际问题,参考与之相同或相似的问题,按照明确问题—确认导致该问题的可能原因—探究解决该问题的策略三个步骤,来改进教学中存在的问题。

表7-2 CMU艾伯利卓越教学和教育创新中心帮助教师解决的主要教学问题分类

问题类型	具体问题
态度与动机	1. 学生对学习没有兴趣 2. 学生在需要帮助的时候不愿寻求帮助 3. 学生作业和考试作弊 4. 学生不积极参与课堂讨论 5. 学生不来听课 6. 学生回应课程内容有情绪化表现,不能正确回答问题 7. 专业侧重实践导向,学生对非实践导向的课程不感兴趣
前提知识与准备	8. 学生的背景知识和基本技能差异性较大 9. 学生跟不上阅读的进度
批判思维与应用知识	10. 学生迟到 11. 学生不能展示批判思维 12. 学生不会规范写作 13. 学生不能运用他们所学的知识
团体技能与动力机制	14. 学生不能合作完成团体项目
课堂行为与礼仪	15. 学生在课堂上粗鲁无礼 16. 个别学生"垄断"课堂
分等与评价	17. 学生抱怨考试难度大 18. 学生对分等结果不满意 19. 学生考试成绩差

资料来源:CMU Eberly Center. Solve a teaching problem-identify problem [EB/OL].[206-08-21]. http://www.cmu.edu/teaching/solveproblem/step1-problem/index.html.

（二）问题导向的教学咨询

一方面，CMU 的艾伯利卓越教学与教育创新中心除了为教师提供一对一的教学问题咨询服务之外，还设有若干兴趣小组（special interest groups），教师们可以结合自身需要参与到不同的小组中，围绕某一问题展开交流，从而对该问题获得更全面的认识和理解，以更好地改进教学。该中心也会集中汇总不同兴趣小组的讨论结果和重要信息，开设专门的网页进行信息公开，供更多的教师学习借鉴。此外，该中心还在每个学期末面向接受过教学咨询的教师开展问卷调查活动，考察教师对本学期教学咨询服务工作的满意度及相关的建议，并根据调查结果对下一阶段的工作进行改进。*

（三）问题导向的教学改进

以 CMU 的工程教育为例，由 ABET 组织的工程教育专业认证深入推进了 CMU 的学习结果评估活动。根据 ABET 的专业认证要求，CMU 所有本科层次的工程专业（包括化学工程、环境工程、电子与计算机工程、机械工程以及材料科学与工程专业）都要接受 ABET 的认证。基于此，艾伯利卓越教学与教育创新中心在原有的学习结果评估过程中增设了反馈环节，运用评估结果持续促进课程教学质量提升。例如，当机械工程专业的教师通过学习结果评估活动了解到学生缺乏实践性知识时，他们就会制定一个专门规划，开设两门新的专业课程来教授实践性知识。该中心通过学习结果评价的"工作坊"和一对一咨询等方式，借助于反馈环节，帮助教师明确课程教学中存在的差距，以及采用何种方式来缩小这种差距。

四、经验启示

（一）培育一流的本科教学文化

CMU 在教学实践、教学评价、教学管理上形成的多维质量文化理念在推进一流本科教学的实践中发挥了重要的引领和指导作用。受国家"双一流"建设政策的激励，"985"高校和"211"高校在积极争创"世界一流"，非"211"高校也在积极规划争创"地方一流"，国内各类高校都在积极开展一流本科教学的改革。在改革的过程中，国内高校既积累了一定的经验，也暴露出了一些问题，如本科教

---

* 根据笔者参与的"世界一流大学研究与教学的专业发展"项目（Professional Development Research and Teaching Programs at World Class Universities）2014 年的访谈记录整理而来。该项目由美国匹兹堡大学国际教育研究中心主任 Williams Jacob James 教授主持。

学改革实践模式的同质性明显、本科教学尚未形成鲜明的特色等。这些问题的出现与我们对一流的本科教学文化内涵缺乏深度思考密切相关。一流的本科教学文化对高校本科教学实践具有无可替代的引领作用,它凝聚了全校师生员工对本校教学理念的高度共识,是师生积极投身教学、员工主动服务教学的重要驱动力。因此,我国高校在推进"双一流"建设的过程中,必须重视培育一流的本科教学文化。

(1)从观念上摆正教学与科研的关系,扭转"轻教学、重科研"的倾向,消除"大学的研究水平上去了,本科教学水平自然也跟着上去"的错误认识,消除"只要校领导重视本科教学,学校增加对本科教学的投入,保证教师完成足够的教学工作量,定期对教师教学进行考核评估,本科教学水平就会自然提高"的错误认识。①

(2)主动学习一流大学本科教学改革的先进理念。理念是行动的先导,成功有效的大学教学改革势必需要先进理念的引领。一方面,要了解学习目前国内外大学教学改革的先进理念,如立德树人、学生为中心、全人教育、交往互动的理念等②,认识到学习这些理念的重要意义和价值,在全校范围内达成观念共识。另一方面,要牢固树立学生为中心的育人理念,加强大学生学习与发展研究。大学不仅要把以学生为中心的理念贯穿于教学过程、教学活动中,也要把以学生为中心的理念践行于学生学习质量的评价活动中。③ 此外,也要结合本校实际,系统设计践行先进理念的政策和制度,切实发挥理念对改革实践的指导作用,探索出既适合本校教学改革实际又卓有成效的模式,逐步积淀具有鲜明学校特色的本科教学文化。

(3)倡导服务导向的教学管理文化。国内许多大学在教学质量管理建设中过于重视"管理"的原则,较少从教师"教的需求"和学生"学的需求"角度来设计和实施教学管理,教学管理文化相对缺乏服务内涵。①因此,在开展一流本科教学建设的实践中,学校的教学管理部门及相关的行政职能部门要从根本上增强服务教学的主动意识,确实从各方面为本科教学工作的顺利开展提供支持和保障。

(二)注重学生学习结果的评价

作为世界范围内高等教育教学质量评估的重要方式,学生学习结果评价是

---

① 汤俊雅.我国一流大学本科教学改革与建设实践动向[J].中国高教研究,2016(7):1-6.
② 王严淞."一流大学本科教学高峰论坛"综述[J].中国高教研究,2016(7):14-20.
③ 梁会青,魏红.高等教育质量测评新动向——美国大学生学习评价升级版CLA+[J].复旦教育论坛,2016(2):93-98.

高等教育质量认证中不可或缺的内容。一方面,遵循结果导向评价范式的核心要求,CMU 秉持"有效教学"理念,确立了学生为中心的育人理念,构建了设定学习结果、设计课程内容、运用多元评价方式、反馈调整学习结果的本科教学质量保障闭环系统,实现了一流本科教学质量的持续改进和提升。CMU 要求各学科必须从专业层面和课程层面上明确而系统地定义具体的学习结果,选择能够实现这些具体学习结果的课程内容,清楚表达与具体学习结果实现相对应的教学方法和评价方式,让教师真正明白应该通过何种有效的方式教授哪些知识和技能,让学生真正掌握相应的学科知识体系、达到相应的技能水平。另一方面,为了有效有序地推进结果导向的评价范式,CMU 建立了学校提供支持、学院自主设计、教师主体参与的运行机制,明确对学校、院校、教师在学习结果评价中的职责定位,为本科教学全过程贯彻落实以学生为中心的育人理念提供了坚实的保障,有力促进了本科教学改革从以"教"为中心向以"学"为中心的转变,为国内高校积极开展学习结果导向的本科教学改革提供了启示。

(三) 优化完善教师教学发展中心的教学支持功能

目前,不少高校设立了教师教学发展中心或相似的机构,其功能定位主要是教学培训与咨询,为教师教学能力提升提供专业化支持和服务。结合 CMU 艾伯利卓越教学与教育创新中心的功能定位和服务实效,我国高校在一流本科教学改革建设中,需要进一步优化和完善教师教学发展中心的教学支持功能,进一步明确教师教学发展中心的核心使命,实现教师教学问题的解决和教师教学能力的提升。与其他教育研究机构相比,教师教学发展中心带有更多的实践扎根性和问题解决性的特点,更强调解决所在大学真实情景中的教学困惑和教学问题[1],因此,教师教学发展中心才能真正为教师提升教学能力提供针对性的帮助和支持。

(四) 重视本科教学质量评估中教师的主动参与性

高等教育若要真正实现促进学生发展的根本目标,需要教师在专业及其课程设计方面具有公共责任意识。[2] 这种公共责任意识会最大限度地激发教师主动从事教学、自愿改进教学质量以及提升专业发展的动力。

目前,虽然我国各类高校都把落实本科教学评估摆在了学校各项工作的前

---

[1] 王守仁,施林森.聚焦教师教学能力提升,推进高校教师教学发展中心建设[J].中国大学教学,2016(4):75-80.

[2] ASCOUGH R S. Learning outcomes: how the focus on assessment can help overall course design[J]. Canadian Journal of Higher Education, 2011, 41(2): 40-56.

面,都在为提升本科教学质量费尽心思,但从实际情况来看,本科阶段有效教学与有效学习的结果并不理想。其主要原因之一就是不少高校只是把本科教学评估工作作为行政工作来执行,所采取的相关措施具有明显的行政色彩。这种自上而下的评估方式,没有充分关注到教育教学的规律性要求,也在一定程度上忽略了教师的主动参与性。如果本科教学评估只是采取自上而下的行政驱动,一味地要求二级教学单位重视本科教学,而不是自下而上的师生内需驱动,那么本科教学质量改革将会事倍功半。无论是水平评估或是审核评估,都是对本科教学质量的测评,又是一场有关教师专业发展的持续对话,更是一个如何推动课程改革、提升学生学习质量的永久性课题。只有当教师自愿、主动地参与其中时,这种活动才真正具有意义。提高教学质量是教师们集体行动的结果,仅靠个别教师的努力是远远不够的。因此,如何充分调动大多数专任教师在学生学习结果设计及其测评工具研发与应用方面的参与积极性,真正实现"以评促建",推动本科教学质量的持续提升,任重而道远。

第八章　基于专业认证的本科教学质量保障改革

目前,我国的高等教育正处于从注重规模扩张的外延式发展模式向以质量提升为核心的内涵式发展模式转变的关键时期,高等教育评估制度急需从单纯重视资源输入的传统模式向重视结果和问责的现代模式转型。《国家中长期改革和发展规划纲要(2010—2020年)》提出要改革教育质量评价和人才评价制度,提高人才培养质量。新一轮本科教学评估提出要构建"五位一体"(自我评估、院校评估、专业认证与评估、国际评估、教学状态常态监测)的评估制度和"五个度"(培养目标的达成度、社会需求的适应度、师资和条件的支撑度、质量保障运行的有效度、学生和用户的满意度)的质量标准,这些方面都与学生学习结果评价有着直接的关系。本章结合我国高校本科教学质量保障体系运行的现状,通过对工程教育专业认证和商科领域开展 OBE 专业教学改革的案例分析,对我国高校建立健全基于专业认证的本科教学质量保障体系进行了思考和建议。

第一节　我国高校本科教学质量保障体系存在的问题

2007 年,教育部启动了"高等学校本科教学质量与教学改革工程"。自此,人才培养模式改革、教学管理制度完善、教师教学与科研水平提升等内涵发展逐渐成为了高校内部质量保障体系建设的中心。经过近年来的建设和发展,我国高校的内部质量保障体系建设取得了显著的成效,不仅教学改革得到不断深化,本科教学规范得到了重建;而且伴随着高校内外部治理结构的重大变革,专业认证开始受到关注,高校本科教学质量保障体系构建也进入了新的发展阶段。但是,在本科教学质量保障的实际运行中,仍然存在一些突出的问题。

第八章 基于专业认证的本科教学质量保障改革

一、共性问题

(一) 培养目标同质化现象突出

人才培养目标承载了一所大学独有的精神气质和文化品位。不同层次、不同类型的大学承担的人才培养任务不同,其人才培养目标也应当有所不同。但是从国内高校的人才培养目标定位来看,尚未能充分体现每所大学的个性与特色,不少高校的人才培养目标定位呈现出了明显的同质化现象。比如,"高素质""复合型""全球视野""人文情怀""创新精神""实践能力"等成了各高校人才培养目标中的高频语汇。据统计,在我国一流大学人才培养目标中,有 65 所学校在其培养目标的表述中提及了"高素质""素质全面""综合素质"等词语;有 58 所学校提到了"创新思维""创新精神""创新潜质""勇于创新""善于创新"等词语;有 55 所学校提及了"民族精神""爱国""国家情怀""社会责任感"等词语。①

人才培养目标是对学生应达到的知识、能力和素质水平的总体描述,是人才培养活动开展的基本依据。但是,人才培养目标定位不准、表述笼统、可操作性不强的现实问题,使其很难在人才培养活动中发挥行动准则的指导作用,在很大程度上导致了人才培养与社会需求之间的结构性矛盾。其主要原因在于,一方面,我国高校本科人才培养目标经历了从国家计划控制向适应市场定制、从单一到多元的发展过程,长期的精英教育模式对大众化教育阶段的人才培养理念、人才模式都具有深远影响,很容易让不同类型、不同层次高校的培养目标保持高度的一致;另一方面,由于高等院校分类管理、分类发展的相关政策和制度尚不够完善,致使不少院校尤其是应用型本科院校往往缺乏切合自身特点的具体定位,容易将教育部发布的国家目标或者其他院校(尤其是"985"高校、"211"高校)的培养目标照抄、照搬和套用,造成了人才培养目标严重同质化的现象。

(二) 教学质量保障责任主体单一

TQM 理论提倡全员参与质量管理的全过程。在本科教学质量管理过程中,学校领导、职能部门、院系管理人员、教师、学生、家长、校友、用人单位等理应成为教学质量保障的责任主体,理应参与到教学质量生产的全过程中。但是从实际情况来看,多元的利益相关者并未真正做到对本科教学质量保障的全员参与,教学质量保障的责任主体相对单一,各利益相关者尚未完全履行应有的职责。具体来说,校领导是教学质量的管理者,二级教学单位、学生、教师是被管理

---

① 王严淞.论我国一流大学本科人才培养目标[J].中国高教研究,2016(8):13-19.

者,社会用人单位则是教学质量的"旁观者",社会用人单位并没有广泛参与到专业标准的制定、培养计划的修订、课程体系设置和优化、毕业生质量调查等质量保障的关键环节中。①

目前,学生评教是学生参与本科教学质量保障的主要方式。以学生为中心的教育理念的推进,使得学生的参与越来越受到重视。但是,学生评教在具体的实施过程中也存在不少问题。第一,大学没有统一、标准的学生评教工具,各高校普遍的做法是根据各自的特点设计问卷让学生对教学效果进行评价,评教结果的信度和效度还有待进一步提高。第二,学生评教在管理上流于形式,采集的信息也是浅层次的,教务管理人员、教师和学生都把学生评教作为一种负担。第三,学生评教结果得不到及时反馈,仅仅是被视为一种程序性、形式化的行政任务,管理人员只是对其结果进行简单整理和分析,然后将其结果下发给各二级教学单位,相关管理人员尚不能及时对教师教学提出针对性的改进建议。② 第四,学生评教的结果没有与教师的年度考核、职务晋升等直接挂钩,只是一种"可有可无"的评价参考,对教师改进教学并不具备激励作用。

(三)教学质量保障内容缺乏对学生学习过程和学习结果的评估

一方面,传统的教学模式是"以教为中心""以教师为中心",教师在教学中居主体地位,主要按照"学科专业—课程体系—培养目标—教学目标—课程教学—考核评价"的逻辑体系,对整个教学设计进行正向设计。强调的是学科知识体系的系统性和完备性,关注的是教师教学目标的实现程度;更重视教师"教了什么",而不是学生"学到了什么",在很大程度忽视了学生的发展需求。因此,以教学为中心的教学体系是一个相对线性、静止、封闭的系统,混淆了培养目标、教学目标、毕业要求之间的区别,将教学目标的实现等同于人才培养目标的达成,将教学目标的实现等同于毕业要求;在教学评价中更倾向于总结性学习评价,侧重以分数考察测评学生对知识的掌握水平。这种评价内容和评价标准相匹配、自上而下对学生的"定性"评价,往往容易导致"重智轻德""重知识、轻能力"的结果,无法检测学生在情感、态度、价值观等方面的进步和成长。

另一方面,传统的教学质量监控也都是围绕"教"而进行的,如教学督导专家听课旨在考察教师教学准备是否充分、讲解是否有条理、课堂气氛是否积极活跃

---

① 华尔天,高云,吴向明.构建多元开放式本科教学质量保障体系的研究[J].中国高教研究,2018(1):64-68.
② 王建中,刘畅,吴瑞林.学生评教何去何从——基于美国、欧洲、澳洲4所大学的分析[J].中国高教研究,2018(10):87-92.

等,而专家检查期末试卷时,更关注试卷内容的难度和知识点的区分度等,而没有关注学生的毕业能力达成度,其更多依靠的是问卷调查的方式或者是用人单位对学生能力的主观测评。年度毕业生跟踪调查更侧重于毕业生薪酬、专业对口率、就业分布及毕业生对工作满意度等方面,较少关注毕业生对学校教学设施与管理、教学内容和方法、课程教学对学生毕业后的工作发展支持等方面。毕业要求是培养目标的细化分解,培养目标是毕业要求的总述。在此背景下,培养目标与毕业要求之间没有建立明确的对应关系,人才培养目标与经济社会发展需求和学生个性发展需求之间是静态的单向关系,无法保证人才培养目标与毕业要求的一致性,因此导致了高校所培养的人才难以适应经济社会发展的动态需求。

(四)教学质量缺乏明确标准与持续改进机制

质量标准的制定源于质量目标,而质量目标的实现程度取决于质量标准的执行情况。质量标准包括专业培养标准和各教学环节的质量标准,具体来说,本科教学质量标准主要涉及专业建设标准、课程建设标准、毕业要求或人才培养标准等。目前,国内不少高校管理者、教师不能准确感知学生和社会对教育质量的预期,对用人单位的质量需求信息也不了解;有的大学根本没有对学生和社会需求的教育质量进行分析,也没有形成反映各利益相关者需求的质量标准。尤其是应用型本科院校,因其特殊的发展历程,本科办学时间不长,本科教学经验相对缺乏,在专业建设、课程建设等方面尚未建立明确的质量标准,尚未形成与培养目标相一致的毕业要求。

质量文化是各利益相关者基于人才培养质量而形成的共享价值观和行为方式。形成稳定的持续改进机制是建设卓越教学质量文化的重要内容。常态化的内部质量监控和运行体系,各利益相关者对卓越教学质量的积极认知和内在诉求,是形成质量持续改进机制的关键。从现实情况来看,我国不少高校本科教学的中心地位尚未得到切实的保障,内部教学质量监控和运行体系尚未完全达到常态化的发展阶段,在培养目标、毕业要求、课程教学、考核评价等主要教学环节,在质量标准制定、执行及反馈改进等方面,尚未形成有序循环的闭环系统。同时,高校管理者、教师和学生等利益相关者对卓越教学质量的理解和认识尚不够全面和深入,他们主动追求卓越教学质量的内在动力尚未得到充分的激发。因为目前本科教学质量评价和保障的主要驱动力来自政府部门的审核与评价,而不是高校积极主动的自我改进和提升。作为一种外部动力,政府部门的审核和评价只能发挥阶段性的保障作用,无法在高校内部形成一种持续改进机制。不少管理者甚至错误地认为,只要建立了教学质量保障体系,本科教学质量就会自然提升。不少高校普遍存在"重科研、轻教学"的倾向,尚未形成管理者重视教学质量、教师积极追求教学质量、学生主动关心教学质量的良好文化氛围。

(五)教学质量管理机制不顺畅

一方面,由于多数高校内部两级管理体制机制改革并不彻底,职能管理部门与二级教学单位之间仍然存在权力不均衡的现实问题,"放、管、服"的治理体系尚未真正形成。二级教学单位缺乏质量监控保障的主动意识,往往是被动执行由教务处、教学质量监控与评估办公室等质量管理部门的任务要求。各质量管理部门之间联系强度不够、协同性不够,制约了内部教学质量保障体系运行的有效性。二级教学单位在被动执行教学质量保障任务时,往往存在怕影响绩效而掩饰质量问题的现象,因此可能会导致收集数据的不完整、不连续,内部质量保障未能常态化运行。

另一方面,虽然大多数高校围绕本科教学工作制定了各种各样的教学管理规章制度,基本覆盖了本科教学过程的各环节和人才培养体系的各个方面,对规范教学秩序、保证教学质量发挥了重要作用,但是仍然存在有些规章制度执行不到位的现象。比如,学校明确规定了领导干部和教师听课的相关要求,但是部分单位仍然落实不到位,部分听课者流于形式,并没有及时将听课建议和意见反馈给教师,更不可能对听课结果进行量化统计分析并及时为教师改进教学质量提供针对性的指导。

二、特殊问题

本部分围绕"您如何评价中国高校的商科教育""您如何认识商学院国际认证""中国高校参与商学院国际认证面临的挑战"主题,借助于半结构式的访谈方法,对已经获取商学院国际认证或已经具备商学院国际认证资格的十位教学管理人员和五位专任教师进行了访谈。访谈发现,国内高校在参与商学院国际认证中存在以下五方面的问题。

(一)对专业认证与本科教学质量保障的关系认识不足

不少高校对于以专业认证为主导的本科教学质量保障特征还缺乏深刻的认识。一方面,部分人没有充分认识到专业认证对于改进本科教学质量的意义和价值,没有深刻意识到以专业认证为切入点推进本科教学改革的现实紧迫性,对于商学院要不要参加国际认证,仍存在疑虑。另一方面,部分人对专业认证有所了解,但是"只知其一,不知其二",专业认证以"学生为中心""结果为导向""持续

"改进"的核心理念并没有深入人心,对于如何有效实施专业认证缺乏清晰的思路。大部分高校商科教育质量保障的内部动力机制缺位现象明显,良性运转的教育质量组织管理体系不健全,学校与学院建立的两级教学过程质量监控制度的闭环控制效果需要继续加强,教学过程各环节的质量监控制度需要进一步完善。

(二)尚未建立完善有效的内外部相结合的质量评价机制

由于长期受政府主导的外部质量保障机制的影响,不少高校忽视了内部质量保障体系和机制的建设,忽视了高校内部的自评,过分重视来自政府的外部本科教学评估,专业认证并未成为整个本科教学质量保障活动的主要内容和抓手。尽管不少参与认证的高校已经建立起了教学过程质量监控机制、毕业生跟踪反馈机制和外部评价机制,但实施效果不佳,其突出表现是在日常工作中定期主持教学反馈与评价活动的机制不明确,投入精力不够,管理手段不足;学校与企业、行业及用人单位之间的有效互动评价机制不够完善,利用外部评价进行程序改进的效果不明显,行业企业对商科教育质量保障的参与程度不高。

(三)持续改进机制难以落实到位

近年来,在教育部本科教学质量工程的引领下,国内不少高校在内部质量保障方面进行了很多探索和实践,绝大部分高校都建立了质量保障和监控体系,为其参与商学院国际认证奠定了良好基础。但是院校与专业之间的良性循环机制尚未完善,教学质量监控中得到的信息与数据很难通过持续改进机制反馈到教学中,使得教学质量监控变成了重复的、形式化的文档收集工作。通过专业认证推动各高校逐步建立起有效的自我改进机制,仍然是一个需要继续深入的话题。

(四)认证标准的完全理解有难度

以 AACSB、EQUIS 为代表的商学院认证是世界范围内公认的卓越商科教育质量认证制度。充分深入地理解、运用这些用英语形成的认证标准,对那些以英语为母语的国家和地区的高校更有利。鉴于不同文化的差异,对于国内的高校来说,在对这些认证标准的翻译、理解和运用的过程中,都会存在或多或少的疑虑和困惑。这种疑虑和困惑不仅会影响学校管理者、二级学院负责人及专业教师对认证标准的解读,而且会导致他们在短时间内不易达成共识,更难内化为行动指导,教育改革的合力较难形成。

(五)组建具有独立预算能力的商学院有难度

在过去,也有部分参与认证的高校采用了"虚体"的商学院架构,但目前"虚体"的商学院架构已行不通。组建一个具有独立财政管理权限的商学院,完成二级实体认证组织的管理架构,是学校开展商学院国际认证的先决条件。申请认证的商学院在学科专业布局上理应由管理学、经济学同一个学科门类或两大学科门类之下的若干相关学科专业组成,但目前管理学、经济学同一个学科门类下设的学科专业被分散在了不同的二级学院中,组建一个顺应商学院国际认证要求的二级学术实体组织,需要学校在体制机制上做出比较大的调整和变化,而且组建过程中各类人员的流动安排、专业或专业群建设等具体问题都需要进行详细而周密的规划和设计。

第二节 基于专业认证的本科教学内部质量保障改革案例

我国的工程教育认证制度发展相对成熟,已建立了与国际接轨的认证标准。同时,我国部分高校在工程教育领域的教学改革也得到了深入的推进,如实施 OBE 教育模式改革较早且具有代表性的汕头大学工学院。与工程教育认证制度相比,我国的商学院认证起步较晚,尚处于起步探索阶段。虽然国内通过 AACSB 和 EQUIS 认证的院校不少,但是因 AACSB 和 EQUIS 认证协议有要求,相关认证信息不易对外公布,不能有针对性选取 AOL 模式的院校作为教学改革案例,本节特选取了初步按照 OBE 教育模式进行专业改造和建设的常州大学商学院为案例,以期从不同的侧面深入了解专业认证的具体实施过程。

一、工程教育领域

如前所述,"学习结果"是质量认证的核心,"学习投入"和"学习过程"是实现预期"学习结果"的手段或证据,工程教育认证是围绕预期学习结果寻找证据的过程。① 汕头大学是国内较早开展 OBE 工程教育专业认证的高校之一。该大学的工学院以"预期的毕业生能力"为切入点,在课程计划、师资队伍、教学方法、教学评价等方面推进了系统性的改革。

(一) 实施框架

汕头大学借鉴 CDIO 工程教育的建构理念*,按照工程教育认证的基本要

---

① 顾佩华,等.基于"学习产出"(OBE)的工程教育模式[J].高等工程教育研究,2014(1):27-37.

* CDIO 工程教育模式是近年来国际工程教育改革的最新成果。CDIO 代表构思(conceive)、设计(design)、实现(implement)和运作(operate),它以产品研发到产品运行的生命周期为载体,让学生以主动的、实践的、课程之间有机联系的方式学习。CDIO 培养大纲将工程毕业生的能力分为工程基础知识、个人能力、人际团队能力和工程系统能力四个层面,大纲要求以综合的培养方式使学生在这四个层面达到预定目标。

求,立足汕头大学"有特色""国际化"的办学传统和特色,对人才培养的目标、标准、课程计划、教学方法等主要环节进行了全新的改革和探索。首先,依据已经明确的本科人才培养目标,在充分吸纳企业、行业、教师、校友、政府等利益相关者意见和建议的基础上,结合工程教育专业认证的基本标准,分解细化培养目标,从知识、能力和素质等方面清晰界定具体的人才培养标准。其次,结合具体的人才培养标准达成的实际需要,按照课程体系—课程群模块—具体课程—学习结果的基本思路,设计合适的教学大纲,明确每门课程中所应达到的具体学习结果,如学生能够运用这些知识做什么等。再次,立足每门课程中学习结果实现的具体要求,选择合适的教学方法,让学生以主动体验的方式进行学习和实践。最后,对比分析人才培养标准与学生学习结果之间的差异,及时发现教学过程中存在的问题与不足,并有针对性地进行改进,以增强人才培养与经济社会需求之间的适应性,从而形成培养目标—培养标准—课程计划—教学方法—保障体系持续改进的闭环系统(如图 8-1 所示)。

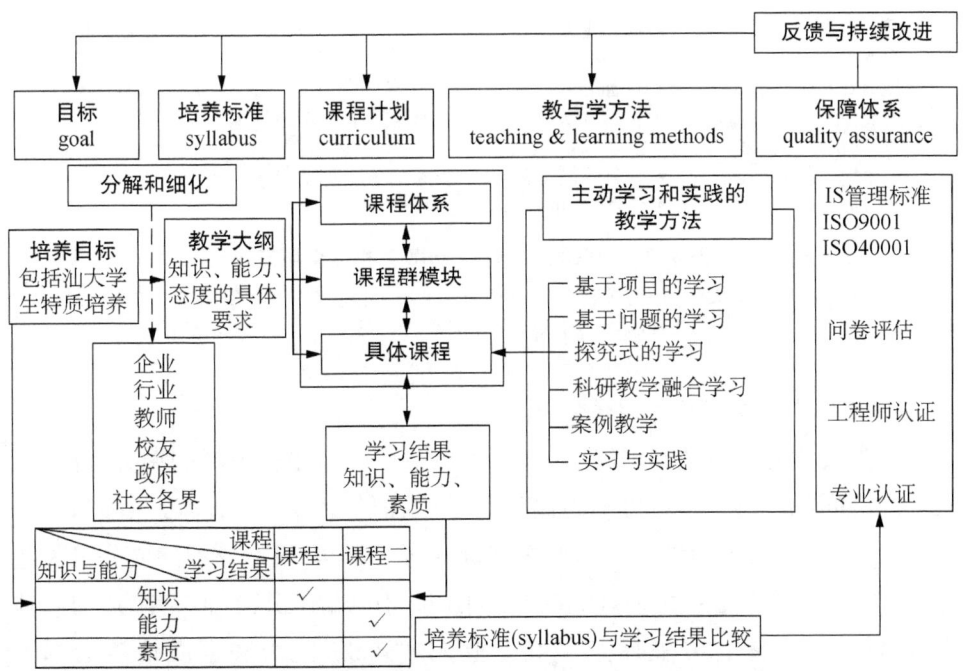

图 8-1　汕头大学 CDIO-OBE 工程教育改革的实施框架

资料来源:汕头大学.面向工程认证的 CDIO-OBE 工程教育模式[EB/OL].(2013-11-30)[2017-08-19].http://max.book118.com/file_down/9a8d163f6a78ee46486badc28a5afbcc.pdf.

（二）实施过程

汕头大学CDIO-OBE工程教育改革的实施过程如下：一是将专业培养目标细化为可测评的专业培养标准（即专业层面的预期学习结果）；二是通过一体化课程设计，建立课程与培养标准的匹配矩阵；三是确定各门课程的细化培养标准（即课程层面的预期学习结果），并选择或设计相应的教学策略①；四是综合采用各种评估手段，做好专业与课程层面学习结果达成程度的评估（如图8-2所示）。

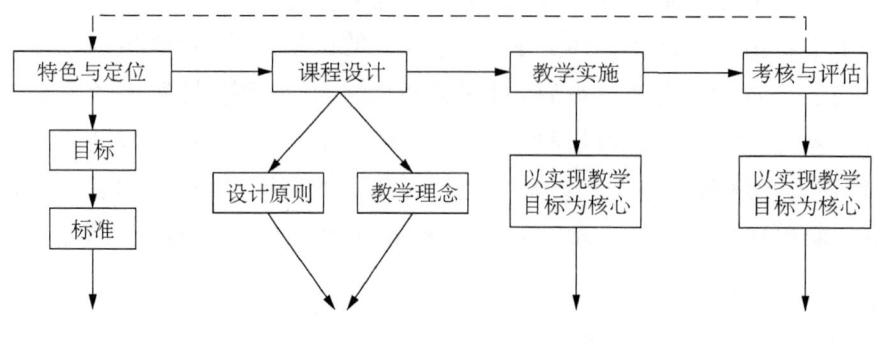

图8-2　汕头大学CDIO-OBE工程教育环节

资料来源：汕头大学. 面向工程认证的CDIO-OBE工程教育模式[EB/OL].（2013-11-30）[2017-08-19].http://max.book118.com/file_down/9a8d163f6a78ee46486badc28a5afbcc.pdf

1. 制定专业层面的预期学习结果

汕头大学通过对教师、学生、校友、用人单位等利益相关者的调查，立足学校"为中国开辟'不一样的办学道路'，为学生提供'不一样的学习经验'，为社会奉献'不一样的感动情怀'"的办学宗旨，结合工程学科专业的国内外发展趋势，在借鉴《CDIO能力大纲》的基础上，围绕"有志、有识、有恒、有为"的总体育人目标，工学院各专业厘定了其专业人才知识、能力和素质培养的基本标准。

---

① 顾佩华，等. 基于"学习产出"（OBE）的工程教育模式[J]. 高等工程教育研究，2014（1）：27-37.

专栏 8-1

汕头大学工学院某专业的目标和培养标准

愿景: 汕头大学工科毕业生能在 21 世纪全球技术、经济和社会大系统中,克服以往困扰人们"想不到"和"做不到"的两大障碍,成为卓越的工程师。

目标: 使学生掌握宽厚的科技知识,具备工程管理基本知识,道德/诚信/职业操守(EIP)、思辨思维和执行能力有突出进步,具有领导新产品和新系统的 CDIO 全过程能力。

措施: 以企业和社会为背景,以基于思辨思维的 CDIO 全过程团队项目为导向,全面提升学生的能力、知识和 EIP,充分发掘学生的个人潜质,使学生成为具有创新意识和能力的 21 世纪优秀人才。

标准:

1. 技术知识和推理(包括相关学科知识、核心工程基础知识、高级工程基础知识)。

2. 个人能力、职业能力和态度(包括工程推理和解决问题、实验探索和发现知识、整合思维、个人能力和态度、职业能力和态度)。

3. 人际交往能力(包括团队工作、交流、使用外语交流)。

4. 在企业和社会环境下构思—设计—实施—运行系统(CDIO)(包括外部和社会背景环境,企业与商业环境,系统的构思与工程化、设计、实施、运行)。

资料来源:汕头大学. 面向工程认证的 CDIO-OBE 工程教育模式[EB/OL]. (2013-11-30)[2017-08-19]. http://max.book118.com/file_down/9a8d163f6a78ee46486badc28a5afbcc.pdf.

2. 设计与培养标准相匹配的一体化课程体系

围绕专业层面上的预期学习结果,建构相应的课程体系,确保该课程体系能够覆盖所有的预期学习结果,在各门课程与具体的培养标准之间建立相匹配的矩阵关系,明确各门课程对于预期学习结果达成的贡献和支持程度,从而实现培养目标—培养标准—课程计划的一体化培养目的(见图 8-3)。[①]

3. 明确课程层面的预期学习结果及其实现途径

教师依据专业层面预期学习结果实现的具体要求,在课程层面上进一步细

---

① 顾佩华,等. 基于"学习产出"(OBE)的工程教育模式[J]. 高等工程教育研究, 2014(1): 27-37.

能力		1. 技术知识和推理			2. 个人与职业能力					3. 团队工作和交流能力					4. 在企业和社会环境下构思-设计-实践-运行					
		1.1 数学物理生物等基础	1.2 力学电学等核心工程基础知识	1.3 机械原理设计与制造等专业基础知识	2.1 机电产品研发过程的工程基础知识	2.2 机电系统试验和发现知识	2.3 机电产品全系统思维整合	2.4 系统工作中的个人能力和思维	2.5 系统工作中的职业能力和态度	3.1 机电产品研发团队工作	3.2 机电产品研发中的有效交流	3.3 团队中使用外语的交流	3.4 在多种文化环境中有效团队工作和探索	3.5 跨越人文工程经济和社会的综合视野	4.1 大系统外部社会和环境背景	4.2 复杂企业商业环境	4.3 机电新产品或新系统的创意与构思	4.4 机械或机电控系统的设计	4.5 机电产品的有效实施	4.6 机电产品全寿命周期的运行
课程名称	学分	课程性质																		
第一学年																				
秋季学期																				
MAT1110 高等数学	6	必修	3																		
ENC9106 工程设计导论	2	必修		2	1	3	3	2	2		3	3			2	1	2	2	1	1
CST99100 语言程序设计	1	必修	3	4																
ENC9110 化学导论	1	必修	2			2	3								1	1				
ENC9120 生物学导论	1	必修	1			1	3	2							1					
COM1011 计算机应用技能	2	必修	4			2														
思想政治理论课	6	必修												2						
英语	4	必修										4								
体育	1	必修							2											
本学期必修学分小计	25																				
春季学期																				
MAT1210 高等数学 II	6	必修	4												2					
MAT1130 线性代数	2	必修	3			1		2	2						2					
PHY1030 普通物理学	4	必修	3	2		1	3													
PHY1000 普通物理实验	2	必修	3	1		1	3		3											
MEC9500 机械制图与计算机辅助绘图	4	必修		4	3	2	3	2	2	2	2		2			2	2	3	3	2	2
英语	4	必修										4								
体育	1	必修							3											
形势与政策																				
公共课或者通识课自选	2	必修				2			3											
本学期必修学分小计	22																				

图8-3 一体化的课程设计

资料来源：汕头大学. 面向工程认证的CDIO-OBE工程教育模式[EB/OL].(2013-11-30)[2017-08-19]. http://max.book118.com/file_down/9a8d163f6a78ee46486bad c28a5afbcc.pdf.

化形成相对应的知识点、能力点、素质养成点等不同类型的学习结果,在每门课程的教学中,教师应立足这些学习结果达成的不同要求,选择合适的教学策略,营造相应的教学环境,充分调动学生参与教学的积极性和主动性,有效达成这些学习结果(见图8-4)。

知识点			掌握程度	教学策略
一级	二级	三级		
工程热力学	热力系统	热力学状态参数、理想气体及状态方程式、理想气体比热容、理想气体混合物	2	讲授
		热力系统的储存能、热力学第一定律的实质、闭口系统的热力学第一定律表达式	3	讲授
		热力学第二定律	3	讲授
		水蒸气的产生过程、水蒸气的状态参数、湿空气的性质、湿空气的基本热力过程	3	讲授
……	……	……		

能力点				掌握程度	教学策略
一级	二级	三级	四级		
个人职业技能	工程推理和解决问题能力	发现问题和表述问题(提出问题)	评估水利火箭发射数据和问题表象	2	探究式项目
			分析假设和偏差源	3	探究式项目
			制定解决方案	2	探究式项目
		统计与定性分析	估计量级、范围、趋势	2	探究式项目
			应用试验验证一致性和误差	3	探究式项目
……	……	……	……	……	……

图8-4 课程层面的学习结果评测

资料来源:汕头大学. 面向工程认证的CDIO-OBE工程教育模式[EB/OL].(2013-11-30)[2017-08-19].http://max.book118.com/file_down/9a8d163f6a78ee46486badc28a5afbcc.pdf.

4. 运用多样化手段测评专业层面预期学习结果的实现程度

对专业层面预期学习结果的测评主要包括校内评估与校外评估两个方面,校内评估主要通过毕业设计、内部工程教育质量认证等,校外评估则主要通过校友反馈、麦克思报告、用人单位反馈等第三方机构进行测评(如图8-5所示)。

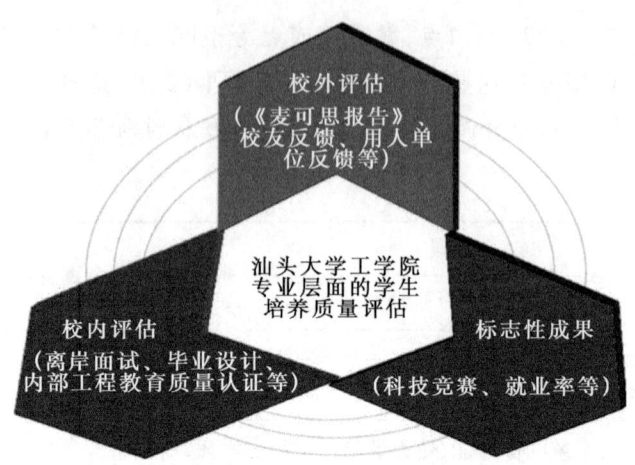

图 8-5　专业层面的学习结果评测

资料来源:汕头大学. 面向工程认证的 CDIO-OBE 工程教育模式[EB/OL].(2013-11-30)[2017-08-19].http://max.book118.com/file_down/9a8d163f6a78ee46486badc28a5afbcc.pdf.

(三) 实践经验

1. 预期学习结果要有弹性

汕头大学在实施 OBE 模式过程中,将预期学习结果设定为教学的最低标准,为师生成长发展提供了充分的弹性空间。一方面,预期的学习结果不对学生的素质标准做生硬的分解和量化评价;另一方面,预期的学习结果是阶段性的、周期性的结果,而不是某一节课的学习结果。这种做法避免了把教学变成标准化、程序化的过程,不是简单地把教学中"质"的问题进行"量"化处理,让学生成为被动的接受者,从而真正实现了"以学生为中心"的教育理念。

2. 教师要具备一定的教育理论素养

若要深入有效地推进 OBE 教育模式,就对教师的教育理论素养提出了更高的要求。这不仅需要教师能够制定科学合理的预期学习结果,并将其细化为具有可操作性的具体要求,而且需要教师能够灵活地选择各种教学策略进行教学。这不仅要求教师掌握运用多样化的教学评价方法,而且要求教师具备因材施教、为学生发展制定个性化指导方案的能力。[1]

3. 教师教学改革的积极性要充分调动

为了保证 OBE 教育模式推进的可持续性,汕头大学高度重视营造促进教学改革的组织文化,以充分调动教师参与教学改革的积极性。汕头大学在实施"先

---

[1] 顾佩华,等.基于"学习产出"(OBE)的工程教育模式[J].高等工程教育研究,2014(1):27-37.

进本科教育"发展战略的同时,又进一步深化人事分配制度改革,力争改变"重科研、轻教学"的倾向,尽量消除分配制度中影响教师教学改革积极性的不良因素。通过一系列的努力,从政策和制度上为教师主动参与教学改革提供了有力保证,从而从整体上保障了教学改革的可持续性。

4. 教学改革需要多方面的有机配合

汕头大学 OBE 工程教育改革实践表明,教学改革是关乎全校的整体工程,是高校组织持续创新的过程,高校的战略、文化、组织和制度改革必须与之进行有机的配合,必须形成多种因素良性互动的格局,否则很难形成整体协同的效应。

二、商科教育领域

自 2018 年教育部发布《普通高等学校本科专业类教学质量国家标准》后,常州大学基于 OBE 模式,强调以学生为中心、以成果导向和持续改进的理念,对接国家标准开展专业建设。国际经济与贸易专业是常州大学商学院的下设专业,是较早按照专业认证的范式,遵循人才培养目标—人才培养标准—有效教学评价的基本思路,对人才培养模式进行改革的专业之一。

(一)人才培养目标的制定

立足培养具有创新精神、责任意识、专业素养、协作品质、国际视野、适应社会发展需要的高级应用型人才的目标定位,基于经济社会发展需求和自身专业特点,常州大学商学院国际经济与贸易专业提出了"1+4"的人才培养目标体系,即 1 个总体目标、4 个分目标[①]。其目的在于能够通过分解细化,在人才培养目标与学生人才培养标准或毕业要求之间建立相一致的联系,便于考核评价学生学习结果的达成度。

专栏 8-2

常州大学商学院国际经济与贸易专业"1+4"人才培养目标体系

1. 总体目标

培养具有较深厚的文化素养和良好的职业道德,掌握扎实的经贸专业知识,

---

① 常州大学.国际经济与贸易专业介绍[EB/OL].(2017-05-08)[2018-07-09].http://jgy.cczu.edu.cn/2015/1008/c3478a122788/page.html.

具备分析外经贸问题的逻辑思维、创新意识、协作能力和外贸业务处理能力,具备国际化视野,能在企业、政府及金融机构从事外经贸相关工作,适应社会经济发展的通用型经济管理人才。

2. 分目标1：人文素养

培养具有良好的身心素质和职业道德,较强的安全责任意识、开放意识和社会责任感,较高的人文科学素养的经济管理人才。

3. 分目标2：专业知识

使学生掌握经济学、国际贸易、管理学、金融学等方面理论知识和基本技能,初步具备分析外经贸问题的能力,具备在企业、政府及金融机构从事外经贸相关工作的能力。

4. 分目标3：专业能力

使学生具备国际贸易业务处理能力,能够独立或团队合作形式完成商务谈判、交易磋商、单证处理等一系列外贸交易过程,初步具备在涉外经贸部门的工作能力。

5. 分目标4：发展能力

使学生具备国际交流、自我学习、继续教育及创新创业的能力,能不断地更新知识,拓展能力,满足经济社会发展需求。

（二）人才培养标准的形成

根据专业认证标准中关于毕业要求的规定,毕业要求并不是量化指标要求,但是在评价毕业要求达成度时,却又需要院校提供有效的达成证据,证明毕业生达到了这些学习结果。因此,毕业生要求需要被分解为可衡量的专业特色指标点。这些指标点理应是学生知识、能力和素质特征的细化,以便其在实际教学活动中具有可检测性和可考评性。对应"1+4"的专业人才培养目标体系,国际经济贸易专业提出了8个方面的毕业要求。这8个方面的毕业要求与4个人才培养的分目标之间具有一致对应性,如分目标1的人文素养对应毕业要求1,分目标2的专业知识对应毕业要求2、3,分目标3的专业能力对应毕业要求4,分目标4的发展能力对应毕业要求5、6、7、8。①

---

① 常州大学.国际经济与贸易专业介绍[EB/OL].(2017-05-08)[2018-07-09].http://jgy.cczu.edu.cn/2015/1008/c3478a122788/page.html.

常州大学商学院国际经济与贸易专业毕业生要求

1. 毕业要求 1

具有科学的世界观和人生观、较强的社会责任感，熟悉国际贸易政策、法律、法规，具备适合社会主义市场经济发展需要的对外经济与贸易从业人员的基本素养和正确的价值观。

2. 毕业要求 2

具有与经济工作相关的数学运用能力，能运用经济、管理、金融和财会相关知识分析、处理企业和政府遇到的实际问题，具有一定的运用相关软件工具进行定性与定量分析的能力。

3. 毕业要求 3

掌握国际经济与贸易专业领域的基础理论和专业知识，能对国际经济与贸易问题进行分析。

4. 毕业要求 4

掌握与国际经济与贸易专业相关的实务操作知识与技能，能充分利用软件处理国际贸易相关业务，能分析国际贸易业务具体案例。

5. 毕业要求 5

具备计算机理论知识与操作能力，掌握文献检索、资料查询和运用现代信息技术获取相关信息的基本方法，具有独立获取新知识的能力。

6. 毕业要求 6

具有一定的组织管理能力、较强的语言表达能力、人际交往能力和团队协作能力。

7. 毕业要求 7

具有自主学习和终身学习意识，有创新能力和具有适应社会发展的能力。

8. 毕业要求 8

掌握一门外语，具有较强的听、说、读、写能力，能查阅本专业外文书刊，具备较强的国际交流能力和国际市场开拓的能力。

（三）人才培养目标和标准达成度的评价

常州大学商学院建立了校内评估、校外评估和定期修订人才培养方案相结合的教学评价制度,以此来测评人才培养目标的实现程度。校内评估主要通过在校学生座谈会、问卷调查和专业教师座谈会的形式进行。通过在校学生座谈会和问卷调查,可以考查学生是否充分理解了专业培养目标,可以及时了解学生对课程设置、教学内容和教学方法等方面的满意度;通过专业教师座谈会,可以考查专业培养目标设定是否合理,适时把握教师在教学过程中存在的问题与不足。校外评估主要通过用人单位的反馈意见和毕业生反馈的形式进行,通过用人单位座谈会、企业走访、毕业生和企业问卷调查等方式,可以分析、检查专业培养目标的合理性和实现程度。

结合收集到的各类信息和反馈,根据专业建设指导委员会的建议和意见,常州大学商学院教学工作委员会将组织校内人员、企业代表人士、毕业生代表共同参加其培养目标的修订会,并做到每四年修订一次,每年微调一次。按照 OBE 的理念要求,常州大学商学院国际经济与贸易专业人才培养目标自制定以来,通过教学过程/用人单位/在校生/毕业生满意度调查和目标达成等几个方面的评价分析,显示其培养目标基本能够得以实现。①

第三节 思 考 与 建 议

作为一种国际通行的教学质量保障制度,专业认证具有以学生为中心、以结果为导向、以持续改进为方向的三大基本特征。这反映了当前国际高等教育发展的前沿趋势,对于引导和促进高校的专业建设与教学改革、保障和提升人才培养质量至关重要。以学生为中心的教学范式意味着教学改革不仅仅是教学领域的事情,而是涉及办学使命和目标、校园文化、教学管理、技术系统、资源配置等方面的综合改革,更是事关全局的事情。20 世纪 90 年代,首次借用"范式"概念解读 SC 改革的美国学者巴尔和塔格指出,20 世纪 80 年代以来,美国大量高校 SC 改革失败的重要的原因之一在于改革者没有认识到 SC 改革是一场范式变革,只是把它看作是教学活动的局部变革,由于学校的支持系统没有做出相应的变革,所以 SC 改革难以得到应有的支持,其改革效果注定不理想。② 因此,本节按照专业认证的核心特征要求,从加强大学生的学习与发展研究、构建结果导向的闭环保障机制、强化教师的学习结果评价培训、优化校

---

① 管志杰,陈丽,姜国刚.基于 OBE 理念的国际经济与贸易专业人才培养目标探析[J].淮海工学院学报(人文社会科学版),2018(11):125-127.
② 赵炬明.论新三中心:概念与历史[J].高等工程教育研究,2016(3):35-56.

院两级教学支撑系统等方面,对系统性地重塑本科教学质量保障机制提出了建议和对策。

一、加强大学生的学习与发展研究

"以学生为中心"的理念要求教学应从学生的发展需要出发,突出学生的期望和需求,让学生获得全面、主动、个性的可持续发展。在以学生为中心的理念下,学生是大学教育教学改革的应然受益者,学生学习质量的提升是大学教育教学改革的根本目标和方向,评价教育教学质量必须要倾听学生的声音,关注学生的学习效果,让学生真正参与到教育教学改革的过程中。① 一方面,应重构大学质量评价的合理标准,力避高校质量评估过程中过分注重科研指标、输入指标和资源指标,将高校质量评估的重心落实在人才培养质量上,充分突出和保证教学工作的中心地位。另一方面,要加强对大学生学习支持系统的相关研究。近年来,国内已经有不少高校开始积极关注本科生的学习与发展研究,也形成了一些具有代表性的研究团队和成果①。如北京师范大学的"中国大学生就读经验调查"(China College Student Experience Questionnaire,CCSEQ)和"中国大学生学习与发展追踪研究"(China College Student Survey,CCSS)等,这些研究项目都贯彻了以学生发展为中心的评价理念。尤其是CCSS项目,是以"美国大学生学习性投入调查"(National Survey of Student Engagement,NSSC)理论研究成果为基础,结合中国高校的办学特点改进而形成的一项大型的全国性大学生学习与发展的跟踪研究。该项目将质量关注的视点从学校主体转向学生主体,将质量监控的重点从教育结果转向教育过程,形成了一个以学生为中心,涵盖学生成长背景、学习过程、就业和发展一体化的数据采集和评价系统,从不同方面对学生的学习经历和感受进行调研,为高校深入了解本科教育教学活动提供了真实而有效的信息资料,对精准诊断和改进本科教学具有重要意义和价值。目前,"985"高校、"211"高校和部分应用型本科院校及专科院校已经正式加入CCSS项目,对于部分尚未加入该项目的院校,应从本校实际出发,考虑尽早加入相关的学情调查项目。对于具备相关条件的高校,也可以自主编制相关问卷,从而规范有序地开展本校学生的学情调查研究,不断强化对大学生学习与发展的研究,以更好地把以学生为中心的理念落实到教学实践活动中,深入推进其本科教育教学改革。

---

① 史静寰.走向质量治理:中国大学生学情调查的现状和发展[J].中国高教研究,2016(2):37-41.

二、构建结果导向的闭环保障机制

（一）形成特色化的培养目标

按照以结果为导向的理念要求，培养目标是教学组织和实施的起点，应体现办学者和管理者对 OBE 理念的价值选择和判断。培养目标的特色化是每所高校区别于其他高校的特点，对专业所面对的内外部需求的分析是确定培养目标的主要依据。专业所面对的内外需求主要包括高校的办学定位、学科特点、国家与社会的发展需求、行业及用人单位的需求、学生及家长的需求等。在专业认证的背景下，特色化专业培养目标的形成既要符合内外部需求，又要具有可测评性，更要有定期评价、修订的运行机制，以确保专业定位与社会需求的动态适应性。

知识、能力、素质、情感、价值观等是培养目标构成的通用要素。在制定人才培养目标时，高校需要对这些通用要素进行统筹考虑，既要形成表述准确具体的总体目标，又要分解细化成可操作性强的分目标，彻底摆脱传统培养目标的"摆设作用"，精准发挥培养目标在整个教学活动中的"统帅作用"，充分彰显其在人才培养活动的行动准则指导作用，增强学生的职业竞争力，尽可能缓解高校人才培养与经济社会需求之间的结构性矛盾。同时，通过座谈会、问卷调查等形式，定期收集学生、家长、教师、企业等各利益相关者的评价反馈建议，及时修订培养目标，保证培养目标与经济社会需求的协同性。

（二）确立与培养目标相对应的毕业要求

高校的人才培养质量主要取决于毕业要求与人才培养目标的符合度和达成度。高校的人才培养目标是人才培养的行动纲领，而毕业要求则是人才培养的行动准则。毕业要求是对学生毕业时应具备的知识、能力和素质的总体描述，主要包括专业培养要求和课程教学要求两个层面。毕业要求的达成度是衡量培养目标达成度的主要依据。教育部本科专业教学质量国家标准中的毕业要求只是规定了本专业的基本标准，各高校理应立足自身的办学定位和校情，在国家基本标准的基础上结合专业自身的特色，科学合理地制定与本专业培养目标相匹配的毕业要求。

一方面，高等教育专家和学者应探索细化 21 世纪经济社会发展所需要的具体人才规格，细化大学毕业生应具备的知识、能力、素质等多维学习结果，设计开发能够测试各种学习结果的标准化试卷或问卷，适时在全国范围内推广，为高校优化人才培养方案提供针对性的指导建议。另一方面，高校应根据自身的办学定位、经济社会发展需求、学生发展要求,从专业层面和课程层面上预设明确而具体的学习结果,如学生应达到什么样的能力、获得什么样的知识、具备什么样的综合素质等,让教师真正明白需要教什么、怎么教,让学生真正理解需要学什么、如何学等。

（三）科学分解毕业要求的指标点

与培养目标相对应的毕业要求确立之后,如何证明毕业要求的达成度是学习结果评价实施的关键环节。因此,毕业要求需要被分解成具有可测性的特色指标点。这种分解要遵循关联性和准确性两个基本原则:所谓关联性,是指指标点与具体的毕业要求之间应形成对应一致的关系;所谓准确性,是指这种分解不是简单照搬毕业要求的表述,而是要用具体、明确的方式进行表述,充分体现毕业生所应具备的能力特征。一个毕业要求可以被分解为多个指标点,但是一个指标点不能对应多个毕业要求指标。同时,分解的指标点与课程体系也存在关联性,即需要明确规定通过什么样的教学活动来实现某个指标点。比如,中国传媒大学新闻学专业的毕业要求中规定,"学生应具有较强的沟通表达能力",该要求可以分解为以下两个具体的指标点:①能够用口头和书面形式完成专业新闻采访;②能够与同行和社会公众进行有效沟通,并解决采访中遇到的实际困难。这两个指标点都是对沟通表达能力的分解,但是两者的侧重点不同,它们分别准确表达了两种不同的沟通表达能力。①

当所有的毕业要求都有对应一致的指标点之后,这些指标点将成为专业层面的学习结果;每门课程将会再次对这些指标点进行分解细化,形成课程层面的学习结果,如此——对应、环环相扣,最终将毕业要求与教学环节对应起来,完成其对毕业要求和培养目标实现的支撑。

（四）教学环节上明确对应支撑点

从课程体系上看,要以学生学习结果为出发点,将已经确立的毕业要求及其分解好的指标点与每门课程进行矩阵排列,查看现有的课程体系能否合理支撑已有的毕业要求。同时,在明确每门课程学习结果的基础上,在教学大纲中清晰地划分每门课程在毕业要求实现过程中着重承担的分工任务,即要清楚每门课程在学生知识、能力、素质等方面的贡献,使人才培养目标层层分解到毕业要求和课程教学中,以确保落实到一个个具体的教学环节上,有力保障人才培养目标的实现。

---

① 谢丹.相遇:专业认证与人文社科[M].中国国际广播出版社,2018:158-159.

从教学方法上看,以结果为导向的教学范式使师生的角色发生了重大转变,它更侧重的是学生的"学"而不是教师的"教"。当然,并不是说教师的"教"不重要,而是说教师在教学中要给予学生更多的自主性,让学生真正地学会学习。因此,在教学过程中,要结合每门课程承担的学习结果达成任务,积极引入国内外理念先进、行之有效的教学方法,如问题导向的教学方法(problem-based learning,PBL),该教学方法旨在有效地规划学生的课内外学习,有目标地指导学生进行自主学习。PBL倡导教师是学生学习的促进者和指导者,强调学生的学习应被放置在复杂而有意义的真实问题情景中,让学习者获得问题背后的学科知识,让学生将"碎片化"的知识转化为"整体性"的知识链,并提高学生解决问题的能力和自主学习的能力。①

从教学评价上看,要采用形成性评价与总结性评价相结合、定量评价与定性评价相结合的综合测评制度,对照评价每门课程学习结果的实现程度。实施定期评价,考察培养目标、毕业要求与课程体系之间是否对应一致,及时发现各教学环节存在的问题,有针对性地提出改进建议和意见,形成持续改进的良好运行机制。同时,形成学生评教与教师同行评议、领导评价、督导评价、自我评价相结合的教学质量评价机制,通过多渠道的信息收集使教学质量评价更合理、科学。另外,要将教学质量评价结果与教师的绩效和职称晋升挂钩,通过硬性措施强化教师的教学质量意识,提高教师对教学工作的重视程度。

三、强化教师的学习结果评价培训

教师是学生学习和教学质量提升的重要主体,是学习结果评价的设计者、实施者。教师之间、教师与学校管理者之间的合作和信任是学生学习结果评价能否顺利开展的关键。高校可以把对学生学习结果评价方面的培训纳入教师专业化发展体系中,如各学科的人才培养目标如何转换成具体的学习结果,以及如何开发和使用有效的测评工具等,为教师提供各种最直接的指导和支持,解决他们在评价过程中所遇到的技术、资源、方法等方面的困难,帮助教师顺利完成评价目标;也可以采取适度的奖惩机制激发教师参与学生学习结果评价的内在动力,如把教师开发和使用测评工具所花费时间和精力计入工作绩效考核中,出台教师参与学生学习结果评价活动的奖励举措。另外,评估的结果不应用于评价教师的绩效,而应用于引发有关学生学习结果的深入讨论,以改善教学过程、提升

---

① 贾莉莉,张艳萍.适用性:应用技术人才培养改革的新思路[J].现代大学教育,2018(6):94-100.

教学效果。如果学生学习结果评价得不到大多数教师的认同和支持,教学评价改革成功的可能性将大大降低。提升教学质量需良师先行。

四、优化校院两级教学支撑系统

(一)健全校级层面的教学管理支撑体系

一方面,学校应加强教务处、教学质量监控与评估办公室等质量管理部门之间的协同性,不断提高内部教学质量保障体系运行的有效性。积极鼓励支持二级教学单位有序推进院级教学评估,为各专业持续改进教学质量提供建议;做好上级教学评估结果的及时反馈①。另一方面,学校党政领导应协同教师教学发展中心、学生处、人事处、教务处等相关部门,成立相应的工作组,主要负责对本科教学质量保障进行顶层设计,为学校重大的质量保障事务决策提供咨询服务。同时,学校在教学质量日常监控、专项评估等方面,应建立规范而长效的运行机制,将校领导听课、同行听课、教学督导听课等制度结合起来,全面分析、发现、改进教学管理的薄弱环节;根据每个学期的教学质量重点和整体教学流程中的关键环节,对专业评估、课程评价进行专项整改。另外,学校可以通过组织各项专题讲座、教学研讨、青年教师教学基本功大赛等形式,形成制度化的改进机制,对那些教学效果较差的教师进行指导和培训,从而帮助其不断改进教学质量。

(二)完善二级学院本科教学管理流程化与标准化运行体系

二级教学单位是本科教学质量保障的重要责任主体,在本科教学内部质量保障体系构建过程中发挥着重要的承上启下作用。因此,二级教学需要不断强化单位质量监控与保障的主动意识,做好教学信息数据的收集,破解因担心影响绩效而掩饰质量问题的困局;需要充分调动指导并支持基层教学组织健全质量保障体系的内在积极性。首先,细化人才培养过程,做好每个环节的质量监控。本科人才培养的主要环节包括培养方案、课程建设、开课准备、课堂教学、实验教学、考试考察、实习实践、创新创业、毕业论文、获得学位等方面,细化分解每一个环节,规范每一个环节具体教学事务的运行步骤和详细操作说明②。其次,明确每一个环节相关工作事项的质量标准,在实际的运行过程中,让具体的操作者有章可循。例如,毕业要求的制定及其分解标准、课程体系对应毕业要求的分解标

---

① 冯晓云,郝莉.探索构建以学生学习与发展为中心的课程质量体系[J].中国大学教学,2018(4):71-75.
② 谢丹.相遇:专业认证与人文社科[M].北京:中国国际广播出版社,2018:205-206.

准、实践实习的评分标准、毕业论文的写作标准等。通过明确这些标准制定,采用定性和定量相结合的评价方法,可以全面衡量本科教学质量管理的达成度,明确其工作改进方向,为本科教学质量保障机制的持续改进提供方向和指导,从而有效推动高校育人质量的不断提升。

(三)完善本科教学状态数据库功能

教学状态数据库是反映教学工作基本运行状态和教育质量的重要依据。它所采集的是最基本、最原始的数据,为各类评估的指标体系提供了许多常规的数据。如果数据填报不够科学合理、数据之间的逻辑关联度不明晰,将会直接影响评估工作。从目前来看,部分高校已有的本科教学状态数据库在信息采集理念与方法、数据的功能综合、数据充分挖掘利用等方面尚存在一定的不足,迫切需要建立基于先进的理论框架、功能强大的本科教学状态数据库,并按照使用对象的权限向有需要的部门和人员开放,为大学有效开展质量评估提供真实可靠的信息服务,为公众、学生家长、用人单位提供了解高校教育质量的平台。具体来说,一是高校应继续完善数据采集的自动化功能,加强各部门相关数据之间的互通、共享和实时更新。二是高校应进一步完善校际相关数据的互通功能,便于院校之间比较分析,借鉴学习有益经验,及时弥补自身的不足。三是高校应加强深层次数据关系的充分挖掘,加深相关质量数据的分析层次,拓展开发本科教学状态数据库的应用系统,根据不同的评估要求,优化数据的抽取和整合机制,有效支持教学评估的可持续运行。

参 考 文 献

[1] ARGYRIS C. Single-loop and double-loop models in research on decision making[J]. Administrative Science Quarterly, 1976, 21(3): 363-375.

[2] AACU. College Learning for the New Global Century, A Report by National Leadership Council for Liberal Education and America's Promise(LEAP)[R]. Washington DC: AACU, 2007: 12.

[3] AACU. How Should Colleges Assess NAD Student Learning? Employers' Views on the Accountability Challenge[R]. Washington, DC: AACU, 2008: 36.

[4] ARUM R, ROKSA J, COOK A. Improving Quality in American Higher Education: Learning Outcomes and Assessment for the 21st Century[M]. San Francisco: Jossey-Bass, 2016: 20-41.

[5] ASCOUGH R S. Learning outcomes: how the focus on assessment can help overall course design[J]. Canadian Journal of Higher Education, 2011, 41(2): 40-56.

[6] ASTIN A W. Assessment as a Tool for Institutional Renewal and Reform[C]// American Association for Higher Education Assessment Forum, Assessment 1990: Accreditation and Renewal, Washington, DC: AAHE, 1990: 19-33.

[7] BARNETT R. Beyond All Reason: Living with Ideology in the University[M]. Buckingham: SRHE and the Open University Press, 2003: 30-32.

[8] BECHER T, KOGAN M. Process and Structure in Higher Education[M](2nd ed). London: Routledge, 1992: 23-25.

[9] 毕家驹.中国工程专业认证进入稳步发展阶段[J].高教发展与评估,2009(1):1-5.

[10] 别敦荣,邵士权.高等教育质量观与优质高等教育的发展[J].大学(研究与评价),2007(10):50-56.

[11] BORDIA S. Problems of accreditation and quality assurance of engineering education in developing countries[J]. European Journal of Engineering Education, 2001, 26(2): 187-193.

[12] 伯顿·克拉克.高等教育系统——学术组织的跨国研究[M].王承绪,等,译.杭州:杭州大学出版社,1994:25.

[13] 陈凡.以学生为中心的教学何以可能[J].高等教育研究,2017(10):75-82.

[14] 陈寒.欧洲高等教育区质量保障标准:发展与启示[J].中国高教研究,2018(6):90-97.

[15] 陈玉琨.高等教育质量保障体系概论[M].北京:北京师范大学出版社,2004:23.

[16] 陈枝叶,杨若凡.日本工程教育专业认证及对我国的启示[J].职业技术教育,2015(2):89-92.

[17] DAVIS J H, Ruhe J A, Lee M. Mission possible: Do school mission statements work?[J]. Journal of Business Ethics, 2007, 70(1): 99-110.

[18] DILL D D, Beerkens M. Designing the framework conditions for assuring academic standards: Lessons learned about professional, market, and government regulation of academic quality[J]. Higher Education, 2013, 65(3): 341-357.

[19] 董秀华.专业市场准入与高校专业认证制度研究[M].上海:上海人民出版社,2009:5.

[20] 董秀华.专业认证:中国高教评估不可不是的视角[J].中国高等教育评估,2004(4):9-14.

[21] 范爱华.专业认证与专业评估之辨析[J].黑龙江教育(高教研究与评估),2007(11):90-92.

[22] 冯晓云,郝莉.探索构建以学生学习与发展为中心的课程质量体系[J].中国大学教学,2018(4):71-75.

[23] 菲利普·G·阿特巴赫.等教育变革的国际趋势[M].蒋凯,主译.北京:北京大学出版社,2009:12.

[24] FITZMAURICE M. Considering teaching in higher education as a practice[J]. Teaching in Higher Education, 2010, 15(1): 45-55.

[25] 付梦芸.印度研究生教育专业认证的基本经验及其启示[J].学位与研究生教育,2015(1):69-73.

[26] FULCHER K H, GOOD M R, COLEMAN C M. A Simple Model for Learning Improvement: Weigh Pig, Feed Pig, Weigh Pig[M]. Urbana: University of Illinios and Indiana University, National Institute for Learning Outcomes Assessment(NILOA), 2014: 79.

[27] 甘宜涛,雷庆.印度高等工程教育专业认证:实践与借鉴[J].高教探索,2017(3):45-49.

[28] GIBSON R. Points of departure the art of creative teaching: implications for higher education[J]. Teaching in Higher Education, 2007, 15(5): 607-613.

[29] 顾佩华,等.基于"学习产出"(OBE)的工程教育模式[J].高等工程教育研究,2014(1):27-37.

[30] 顾晓薇,等.本科教学工作审核评估、合格评估与水平评估[J].教育教学论坛,2017(36):14-15.

[31] 管志杰,陈丽,姜国刚.基于OBE理念的国际经济与贸易专业人才培养目标探析[J].淮海工学院学报(人文社会科学版),2018(11):125-127.

[32] 韩伏彬.本科教学工作水平评估与合格评估的比较研究[J].衡水学院学报,2014(2):111-114.

[33] HARVEY L,GREEN D. "Defining" quality[J]. Assessment & Evaluation in Higher Education,1993,18(1):9-34.

[34] 胡德鑫.德国工程教育专业认证制度的变迁逻辑及其启示——基于历史制度主义的分析范式[J].高校教育管理,2017(6):74-82.

[35] 华尔天,高云,吴向明.构建所愿开放式本科教学质量保障体系的研究[J].中国高教研究,2018(1):64-68.

[36] 黄福涛.东亚高等教育质量保障的变化与挑战——历史与比较的视角[J].清华大学教育研究,2018(2):1-9.

[37] 黄海涛.美国高等教育中的"学生学习成果评估":内涵与特征[J].高等教育研究,2010(7):97-104.

[38] 黄海涛.美国高校"学生学习结果评估"的历史演进[J].外国教育研究,2013(7):112-121.

[39] HOUT M. Social N D economic returns to higher education in the United States[J]. Annual Review of Sociology,2012(38):379-400.

[40] IRELAND D,HITT M. Mission statements:Importance,challenge,and recommendations for development[J]. Business Horizons,1992(3):34-42.

[41] 计国君,邬大光.构建大数据驱动的内部质量保障体系[J].厦门大学学报(哲学社会科学版),2018(2):53-64.

[42] 贾冰,等.OBE 理念下专业学习成果评价体系的构建与实践[J].科教导刊(中旬刊),2017(3):42-43.

[43] 贾莉莉."学生学习结果评价:美国高校教学质量评估的有效范式[J].高教探索,2015(10):63-67.

[44] 贾莉莉.美国大学如何提升本科生的学习质量——基于"大学学习测评项目"的经验与启示[J].高教探索,2017(7):56-63.

[45] 贾莉莉.一流本科教学内部质量保障的长效机制探析——以卡耐基.梅隆大学为例[J].现代教育管理,2017(8):77-82.

[46] 贾莉莉,苏岐英.美国 AACSB 卓越商科教育质量认证的特点于启示[J].上海教育评估研究,2016(2):33-37.

[47] 贾莉莉,张艳萍.适用性:应用技术人才培养改革的新思路[J].现代大学教育,2018(6):94-100.

[48] 江珊.哈佛大学教学质量保障体系建设探析——基于学生评教的视角[J].高校教育管理,2016(2):86-91.

[49] 勒海卿.高等教育质量评估的新视角——"全美大学生投入性学习"NSSE 的解析[J].科技信息,2011(1):552.

[50] 李汉邦,邢永昌.把握核心精神　科学实施审核评估[J].中国高等教育,2014(13/14):31-33.

[51] 李奇.论我国高等教育质量保障体系的建构[J].国家教育行政学院学报,2010(11):25-30.

[52] 李奇.学习结果评估:本科教学质量保障的底层设计[J].复旦教育论坛,2012(4):56-60.

[53] 李素敏,陈利达.加拿大高等教育质量保障:动因、体系、特征与趋势[J].高校教育管理,2017(6):109-116.

[54] 李武军.美国高等教育专业认证[D].武汉:华中师范大学,2009:6.

[55] 李云梅.美国大学工商管理教育专业认证探析[J].高等工程教育研究,2011(2):155-160.

[56] 李志义.紧紧牵住"牛鼻子"审核评估就不会"跑偏"[J].高教发展与评估,2013(5):1-12.

[57] 李志义.解析工程教育专业认证的成果导向理念[J].中国高等教育,2014(17):7-10.

[58] 李志义.对我国工程教育专业认证十年的回顾与反思之一[J].中国大学教学,2016(11):10-16.

[59] 李志义.解析工程教育专业认证的学生中心理念[J].中国高等教育,2014(21):19-22.

[60] 李志义,等."113"应用型人才培养体系改革[J].中国大学教学,2018(3):15-18.

[61] 李志义.适应认证要求推进工程教育教学改革[J].中国大学教学,2014(6):9-16.

[62] 梁会青,魏红.高等教育质量测评新动向——美国大学生学习评价升级版CLA+[J].复旦教育论坛,2016(2):93-98.

[63] 刘晖,李晶.我国高等教育质量保障政策变迁——基于1985—2016年的政策文本[J].苏州大学学报(教育科学版),2018(2):24-32.

[64] LIU O L, LOIS F, CROTTS R K. Assessing Critical Thinking in Higher Education: Current State and Directions for Next-Generation Assessment[R]. ETS Research Report Series, 2014 (1): 1-23.

[65] LIU S Y. Quality Assurance and Institutional Transformation-The Chinese Experience[M]. Singapore: Springer, 2016: 35-69.

[66] 刘新颖.基于AACSB认证的AOL体系的建立与运行[J].财会通讯,2018(25):39-41.

[67] 刘志军,等.正确认识和把握高等工程教育专业认证中的五个关系[J].中国高等教育,2009(18):22-23.

[68] 刘智运.创新人才的培养目标、培养模式和实施要点[J].中国大学教学,2011(1):12-15.

[69] 陆根书.改革开放40年来中国本科教学评估的发展历程与基本特征[J].西安交通大学学报(社科版),2018(11):19-29.

[70] 卢晶.高等教育专业认证制度的治理模式研究[M].北京:经济管理出版社,2011:4.

[71] 吕林海.国际视野下的本科生学习结果评估[J].比较教育研究,2012(1):39-44.

[72] 吕小梅.美国高等教育认证制度研究[D].武汉:武汉理工大学,2006:11.

[73] 骆健,等.美国工程教育专业认证现状及启示[J].中国电力教育,2012(28):9-10.

[74] 马凤岐.高等教育质量管理的异化风险——基于国际经经验的比较与启示[J].苏州大学学报(教育科学版),2018(2):33-40.

[75] MALAN S P T. The new paradigm of outcomes-based education in perspective[J]. Journal of Family Ecology and Consumer Sciences,2000(28):22-28.

[76] 马彦利,胡寿平.当今美国高等教育质量评估的焦点:学生学习结果评估[J].复旦教育论坛,2012(4):80.

[77] MILLETT C M, STICKLER L M, PAYNE D G. A culture of evidence: critical features of assessments for postsecondary student learning[J]. Educational Testing Service, 2007:6-7.

[78] MORI R.日本高等教育质量保障的发展历程[J].孟卫青,译.苏州大学学报(教育科学版),2018(2):60-66.

[79] ORWIG B, FINNEY R Z. Analysis of the mission statements of AACSB-accredited schools[J]. Competitiveness Review, 2007(4): 261-273.

[80] 潘懋元.高等教育大众化的教育质量观[J].清华大学教育研究,2000(1):11-15.

[81] PETERSON B M W. Institutional Research and Management in the U.S. and Europe: Some EAIR-AIR Comparisons [M]. New York: Kluwer Academic Publishers, 2003:31.

[82] PREFFER N, COOTE A. Is Quality Good for You? A critical Review of Quality Assurance in Welfare Services[M]. London: Institute of Public Policy Research, 1991: 11-13.

[83] 戚业国.本科教学质量保障体系建设的思想与方法[J].教师教育研究,2007(2):6-13.

[84] 戚业国.高校内部本科教学质量保障体系建设的理论框架[J].江苏高教,2009(2):31-33.

[85] 乔俊鸽.高校学生评教存在的问题及对策[J].文教资料,2018(23):164-166.

[86] 单美贤.美国高等院校有效教学的调查与分析:以佛罗里达大学为例[J].高教探索,2015(9):56-60.

[87] 沈伟,卢乃桂.问责背景下的教育质量:何为与为何[J].全球教育展望,2011(2):56-61.

[88] 史静寰.走向质量治理:中国大学生学情调查的现状和发展[J].中国高教研究,2016(2):37-41.

[89] 史秋衡,陈蕾.中国特色高等教育质量评估体系的范式研究[M].广州:广东高等教育出版社,2011:17-28.

[90] SHULMAN L S. Teaching as Community Property: Essays on Higher Education[M]. San Francisco: Jossey Bass, 2004: 67.

[91] SPADY W G. Outcomes-Based Education: Critical Issues And Answers[M]. Arlington. VA: American Association of School Administrators, 1994: 1-10.

[92] STAYHORN T L, et al. Frameworks for assessing learning and development outcomes

[J]. Council for the Advancement in Higher Education, 2006: 130-145.

[93] 苏永健.高等教育质量保障的历史演进、全球扩散与发展趋势[J].高等教育研究,2017(12):1-11.

[94] 孙晓娟.专业认证视角下工程教育质量保障研究[D].广州:华东理工大学,2016:3.

[95] 汤俊雅.我国一流大学本科教学改革与建设实践动向[J].中国高教研究,2016(7):1-6.

[96] 滕曼曼.荷兰高等教育质量保障中大学自治与政府问责之间的张力关系及其实现路径[J].外国教育研究,2017(9):26-35.

[97] VOLKWEIN J F. Implementing outcomes assessment on your compus[J]. The RP Group Journal, 2003 (5): 36-48.

[98] WALSH K. Quality and public services[J]. Public Administration, 1991, 69(4): 503-514.

[99] 王建中,刘畅,吴瑞林.学生评教何去何从——基于美国、欧洲、澳洲4所大学的分析[J].中国高教研究,2018(10):87-92.

[100] 王娜.中国大陆高等工程教育专业热证的发展历程与展望[J].高等理科教育,2011(1):64-67.

[101] 王宁,郐海霞.日本工程教育第三方认证的特点与启示[J].职业技术教育,2016(36):69-75.

[102] 王守仁,施林淼.聚焦教师教学能力提升,推进高校教师教学发展中心建设[J].中国大学教学,2016(4):75-80.

[103] 王孙禺,赵自强,雷环.中国工程教育认证制度的构建与完善[J].高等工程教育研究,2014(5):23-34.

[104] 王严淞."一流大学本科教学高峰论坛"综述[J].中国高教研究,2016(7):14-20.

[105] 王严淞.论我国一流大学本科人才培养目标[J].中国高教研究,2016(8):13-19.

[106] WESTERHEIJDEN D F, et al. Quality Assurance in Higher Education: Trends in Regulation, Translation and Transformation[M]. The Netherlands: Springer, 2007: 160-165.

[107] WHITTLESEY V. Student learning outcomes assessment and the disciplinary accrediting organizations[J]. Assessment Update, 2005, 17(4): 10-12.

[108] WIGGINS G. The truth may make you free but the test may keep you imprisoned: Towards assessment worthy of the liberal arts[C]//Assessment 1990: understanding the implications, 1990b. Washington, DC: American Association for Higher Education, Assessment Forum Resource, 1990: 15-32.

[109] WU M A, HAWKINS N J. Massification of Higher Education in Asia[M]. Singapore: Springer, 2018: 9-10.

[110] 夏天阳.各国高等教育评估[M].上海:上海科学技术文献出版社,1997.

[111] 谢丹.相遇:专业认证与人文社科[M].北京:中国国际广播出版社,2018:158,159,205,206.

[112] 辛越优.英国高等工程教育质量保障体系研究[D].杭州:浙江大学,2017:4.

[113] 熊耕.美国高等教育认证制度特点分析[J].比较教育研究,2002(9):8-12.

[114] 杨梅,孔难难.中美工程教育专业认证体系的分析研究[J].价值工程,2018(9):268-269.

[115] 杨若凡,何倩.美国工程技术类专业认证标准对我国应用技术大学建设的启示[J].中国高教研究,2015(8):87-92.

[116] 余天佐,刘少雪.从外部评估转型自我改进——美国工程教育专业认证标准EC2000的变革及启示[J].高等工程教育研究,2014(6):28-34.

[117] 于杨.后大众化阶段高等教育质量保障的特点及发展趋势[J].高等教育研究,2016(3):39-45.

[118] 袁本涛,郑娟.博洛尼亚进程后欧洲工程教育专业认证的发展研究[J].清华大学教育研究,2015(1):28-33.

[119] 袁东敏.我国高等教育专业教育发展之路径选择[J].湖南师范大学教育科学学报,2013(4):86-89.

[120] 张安富.本科教学工作审核评估的再认识及持续改进[J].高教发展与评估,2018(3):18-26.

[121] 张斌.基于标准的教育问责:内涵分析[J].全球教育展望,2011(2):62-67.

[122] 张地珂.美国"双轨制"高等教育质量保障体系构建及启示[J].湖北社会科学,2016(2):176-180.

[123] 张海英.日本的工程教育认证[J].高等工程教育研究,2011(5):46-50.

[124] 张妍.我国高校实施专业认证问题研究[D].沈阳:沈阳师范大学,2012:6.

[125] 张应强,苏永健.高等教育质量保障:反思、批判与变革[J].教育研究,2014(5):19-28.

[126] 赵炬明.论新三中心:概念与历史[J].高等工程教育研究,2016(3):35-56.

[127] 赵叶珠.学生参与:欧洲高等教育质量保障的新维度[J].复旦教育论坛,2011(9):47-50.

[128] 赵振新.AACSB工商管理类专业认证体系的系统研究[D].广州:华南理工大学,2011:4-28.

[129] 郑淑蓉,吕庆华.中国商学教育的历史演进[J].天津商业大学学报,2011(5):11-18.

[130] 郑晓齐,等.亚太地区高等教育质量保障体系研究[M].北京:北京航空航天大学出版社,2007:28.

[131] 朱永东,张振刚.美国ABET工程教育专业质量认证研究[J].中国高教研究,2009(12):54-56.

[132] 庄丽君.印度高等工程教育专业认证的特点[J].高教发展与评估,2016(1):47-54.

[133] AASCB. AASCB-Accredited Universities and Business Schools[EB/OL].[2018-10-16].https://www.aascb.edu/accreditation/accredited-schools.

[134] AACSB. Process Overview[EB/OL].[2018-10-12].https://www.aacsb.edu/accreditation/resources/journey/process-overview.

[135] ABET. Accreditation Commission[EB/OL].[2018-10-09].http://www.abet.org/about-abet/governance/accreditation-commissions/.

[136] ABET. At a Glance[EB/OL].[2018-10-09].http://www.abet.org/about-abet/at-a-glance/.

[137] ABET. Decision and Notification[EB/OL].[2018-09-11].http://www.abet.org/accreditation/get-accredited/decision-notification/.

[138] CAMEA.五所高校商学院获中国高质量MBA教育认证[EB/OL].[2013-12-13].http://epaper.oeeee.com/G/html/2013-12/31/content_2001391.htm.

[139] CAMEA.认证院校列表[EB/OL].[2018-10-13].http://www.mbachina.com/zt/2018/CAMEAMBAChina/#box3.

[140] CEEAA.我国近千专业进入全球工程教育"第一方阵"[EB/OL].[2018-10-23].http://www.ceeaa.org.cn/main!newsView.action?menuID=01010401&ID=1000011710.

[141] CEEAA.协会概况[EB/OL].[2018-10-23].http://www.ceeaa.org.cn/main!newsJumpView.action?menuID=01010301&ID=1000000581.

[142] CEEAA.工程教育认证标准[EB/OL].[2018-10-23].http://www.ceeaa.org.cn/main!newsTop.w?menuID=01010701.

[143] 常州大学.国际经济与贸易专业介绍[EB/OL].(2017-05-08)[2018-07-09].http://jgy.cczu.edu.cn/2015/1008/c3478a122788/page.htm.

[144] CMU. Design and Teach[EB/OL].(2016-08-20)[2017-10-05].http://www.cmu.edu/teaching//designteach/index.html.

[145] CMU. Example of Good Assessment Practice: Carnegie Mellon University[EB/OL].(2016-04-28)[2017-09-13].http://www.learningoutcomesassessment.org/CaseStudyCarnegieMellon.html.

[146] CMU. Fostering Assessment for Improvement and teaching Excellence[EB/OL].(2012-06-12)[2017-10-12].http://www.learningoutcomesassessment.org/documents/CarnegieMellonCaseStudy.pdf.

[147] CMU. Vision and Mission[EB/OL].(2016-07-31)[2017-10-10].http://www.cmu.edu/about/mission.html.

[148] EATON J S.An overview of U.S. Accreditation[EB/OL].(2009-08-16)[2016-12-18].http://www.chea.org/pdf/over-viewUSaccred8-03.pdf.

[149] EATON J S. Before you bash accreditation, consider the alternatives[J]. Chronicle of Higher Education, 2003, 49(25): B15. http://www.learningoutcomesassessment.org/CaseStudyCarnegieMellon.html.

[150] EQUIS. Accreditation Schools[EB/OL].[2018-10-12]. https://efmdglobal.org/accreditations/business-schools/equis/equis-accredited-schools/.

[151] KORN, M. Wealth or Waste? Rethinking the Value of a Business Major[EB/OL]. (2012-04-05)[2017-10-03]. http://online.wsj.com/article/SB10001424052702304072004577323754019227394.html.

[152] KUH G, IKENBERRY S. More Than You Think, Less Than We Need: Learning Outcomes Assessment in American Higher Education [EB/OL].(2009-10-26)[2010-04-16].http://www.learning outcomes assessment.org/documents/full report revise d-L.pdf.

[153] MILTON J S. An Overview of U.S. Accreditation[EB/OL].(2011-04-28) [2016-11-19]. http://www.chea.or-g/pdf/2009.06_Overview_of_US_Accreditation.pdf.

[154] NBA. General Manual of Accreditation[EB/OL].[2018-09-12].http://www.nbaind.org/files/general-manual-of-accreditation.pdf.

[155] NBA. Accreditation Policy[EB/OL].[2018-08-31].http://www.nbaind.org/accreditation.aspx#accreditation-policy.

[156] Office of Academic Planning & Assessment University of Massachusetts. Program-Based Review and Assessment [EB/OL]. (2010-04-23) [2016-11-10]. http//www.umass.edu/oapa/oapa/publications/online_handbooks/program_based.pdf.

[157] SHAVELSON R J. The Collegiate Learning Assessment. Paper Presented at the Forum for the Future of Higher Education. Cambridge, M.A.[EB/OL]. (2009-10-12) [2017-01-19]. http://net.edu-cause.edu/ir/library/pdf/fp085.pdf.

[158] Sydney University. Business Education[EB/OL].[2014-06-10].http://sydney.edu.au/business/data/assets/pdf_file/0008/186614/Bachelor_Program_Goals.pdf.

[159] 友课.获得AACSB、EQUIS、AMBA3大国际认证的中国商学院仅这几所[EB/OL]. (2018-08-13)[2018-10-14]. http://www.mbajyz.cn/yxzh/newsdetail/114987.html.

[160] 友课.中国高质量MBA教育认证(CAMEA)受国际认可,哪些MBA院校有此认证? [EB/OL].(2017-11-23)[2018-10-12]. http://www.mbajyz.cn/xxyj/newsdetail/86248.html.

附录一　AACSB 商学院国际认证标准(2003 年)

一、战略管理认证标准

(一)标准 1:使命陈述

学术机构发布关于教育使命陈述的正式文件,能够为学校管理决策提供科学指导。学术机构关于教育使命的陈述是各利益相关者集思广益的结果,反映了各利益相关者的观点和看法。学术机构关于教育使命的陈述符合高等教育管理的发展要求,与组织内其他机构的发展使命相一致。学术机构能够定期组织利益相关者适时对已经确立的教育使命进行评估、修正。

1. 基本标准

(1) 学术机构的学位项目和行动遵循教育使命,教育使命让学习参与者对学位项目的发展方向获得了共识,对大家的行动具有重要的指引作用。

(2) 学术机构的教育使命陈述是各方利益相关者集思广益的结果。

(3) 学术机构的教育使命在相关利益者中间得到了广泛宣传。

(4) 学术机构的教育使命认同组织内其他学术机构的教育使命陈述。

(5) 学术机构的教育使命陈述对学生的学习经历具有积极的促进作用。

(6) 学术机构表明其在教育使命的实现过程中能够系统地进行评估,并就其进展用文件进行证明,由此,定期对教育使命的合理部分进行评价,以支持学术机构战略管理规划的制定和实施。

(7) 教育使命陈述和战略管理的相关材料必须准确表达该学术机构对智力贡献关注的重点(如学科的学术水平,对于实践的贡献或者是教学水平等方面)以及学校计划服务的学生群体特点。

2. 文件材料指南

(1) 提供教育使命陈述。

(2) 说明教育使命陈述如何影响学术机构的决策,如何统一参加者的行动,如何让大家对学习达成共识。

(3) 说明教育使命陈述形成的过程以及不同的利益相关者的不同作用。

(4) 说明教育使命是如何以及对谁进行宣传。

(5) 说明教育使命陈述中对学生有利的部分,并讨论它是如何积极影响学生发展的。

(6) 说明该学术机构的教育使命与同组织内其他学术机构教育使命的关系。

(7) 说明评估和修正过程,并表明这个过程是如何进行的。

(8) 学术机构每年发布关于其教育使命实现的进展评论,并系统评价其新进展、面临的挑战等,以及这些因素对教育使命和战略管理规划的影响。

(9) 说明教育使命陈述和战略管理规划的相关材料清楚地标明了该学术机构在智力贡献上的关注重点,以及学校计划服务的学生群体特点。如果还有其他因素(如经营管理教育、经济发展等),说明这些因素对商学院的战略重要性,并表明有足够的保障实现其教育使命。

(二) 标准2:学术贡献

学术机构的教育使命陈述重视智力贡献(包括学习研究和教学论研究、应用研究、基础研究)的质量,强调工商管理教育必须能够促进工商管理学科知识与管理学理论、管理实践、管理学教学和管理哲学的融合。学术机构的智力贡献必须与已有的教育使命和专业发展理念相一致。

1. 基本标准

(1) 学术机构教育使命陈述中强调教师的智力贡献。

(2) 学术机构能够为教师的智力贡献产出提供便捷的条件和保障。

(3) 如果已有智力贡献的教师先前已经受聘于其他学术机构,该学术机构必须发布正式文件说明该教师已正式受聘于本单位,并声明其他学术机构有功于本单位,应支持本单位的教育使命,尤其是教师已有的智力贡献。

(4) 教师的智力贡献反映了学术机构的教育使命,包括来自其他学院各学科教师的大力贡献。

2. 文件材料指南

(1) 说明学术机构的基础设施、政策和支持智力贡献产出的机制。

(2) 展示各学科的教师5年来个人的智力贡献小结。

(3) 分析学术机构智力贡献的价值,以及其他学院各学科教师的智力贡献是如何实现的。

(4) 展示教育使命陈述如何指导智力贡献的合理产出。

（三）标准3：学术使命

关于教育使命陈述的相关文件必须详细说明学术机构计划服务的学生群体特点。

1. 基本标准

学术机构详细说明在管理中哪些学生适合学院教育，哪些学生与教育使命陈述的条款相一致。

2. 文件材料指南

（1）明确各学位计划中学生群体的真实特征，如是来自全球、不同地区、当地或者有其他的特殊之处。

（2）说明学生群体如何服务于已有的教育使命。

（四）标准4：持续改进目标

学术机构必须详细列举优先持续改进教育质量的行动项目。

1. 基本标准

学术机构的行动项目(1~3年的期限)将有助于其教育使命的实现。

2. 文件材料指南

陈述这些行动项目，如果有不明确的，请说明这些行动项目与教育使命的关系。

二、参与者认证标准

（一）标准5：财务管理

学术机构必须制定相应的财政预算方案，为完成教育使命和实现行动项目提供适时而充分的资源保障。

1. 基本标准

（1）学术机构认真分析与教育使命和行动项目相关联的费用和潜在资源。

（2）学术机构的基础设施与其行动相匹配，如校园内学习、远程学习、研究和经营管理教育，教师、办公室、实验室、信息交流和计算机设备以及其他基础设施都能充分满足学位项目的高质量运行。

（3）学术机构对师生的支持服务充分，学生咨询和安置服务与学位计划、学生数量、教师和后勤人员等职业发展预期相适应。

（4）对师生的技术支持与学位计划和智力贡献预期相适应。

（5）学术机构确认真实可供支配的财政资源，以满足当前和未来的行动项目执行,充足的资源足够维持和促进当前的学位计划,预期中的资源则足够实现已经计划好的学位项目。

2. 文件材料指南

(1) 说明已有的基础设施能够满足大多数学位项目的所有行动需要。

(2) 说明支持系统能够满足学生咨询和安置、师生互动技术、教师智力贡献和职业发展的需要。

(3) 标明资金资源能够满足主要行动项目的需要,以及这些资源如何进行分配,标明预期的资金资源利于项目改进和规划新的行动项目。

(二) 标准6:学生管理(招生)

学术机构制定的商学学位招生政策必须明确且与学校的教育使命相一致。

1. 基本标准

(1) 学术机构在决策过程中严格遵循其招生政策。

(2) 招生政策包括决策之初的所有因素,在招生过程中被所有的参与者理解和运用。

(3) 招生政策决定生源并有助于学术机构教育使命的实现。

(4) 学术机构明确指出其如何准备并支持学生成功完成学位计划。

(5) 对于商学研究生教育项目来说,招生标准一般应包括其他条件,如申请人的预期或者是在其进入研究生教育之前将获得学士学位等,学术机构将准备用文件说明这些预期如何有助于商学研究生教育项目质量的提升。

2. 文件材料指南

(1) 提供现有招生政策的使用权。

(2) 说明招生政策如何服务于学术机构的教育使命。

(3) 用文件说明并解释每个学位项目中目前学生群体的特点如何受到了招生政策的影响,以及如何与学术机构的教育使命相一致。如果已经做出了预期,就提供质量判定标准,可能的时候运用这些信息。

(三) 标准7:学生保留

学术机构制定的学术标准和留级规定有利于培养高质量的毕业生。学术标准和留级规定必须与学术机构的教育使命相一致。

1. 基本标准

(1) 学术机构已经制定了与其教育使命相一致的学术标准。

(2) 学术机构已经明确有力地表达了如下程序:评估学生进展、提供留级问题的早期确认、适时干预支持系统、必要时让学生与学习项目相分离。

（3）学术机构的留级规定和支持服务工作有助于毕业生质量的提高。

2. 文件材料指南

（1）用文件说明学术标准和留级规定。

（2）提供评价、确认、干预和分离等程序及其标准。

（3）提供被确认留级学生的数量、已有的干预措施以及上学期与学术项目相分离的学生数量等方面的信息。

（四）标准8：学生支持

学术机构拥有充足的员工数量，能够为学生支持行动提供稳定且持续的质量提升保证。学生支持行动能够反映学术机构的教育使命、专业及学生的特色。

1. 基本标准

（1）全校教职员工能为学生提供支持服务行动。

（2）员工数量充足能够发挥学术协助（学生具备个性化的互动资源能够与课程材料进行课外互动）、学术咨询（学生具备个性化的互动资源能够指导学术计划的规划和实施）和职业咨询（学生具备个性化互动资源能够指导学生选择职业道路）等功能。

2. 文件材料指南

说明学生的支持服务行动包括学术协助、学术咨询和职业咨询等方面，而这些与学术机构的教育使命、学位计划和学生特点相适应。

（五）标准9：学生保持

学术机构拥有充足的专任教师数量，能够为专业教学提供稳定且持续的质量提升保证。专任教师资源的部署能够反映学术机构的教育使命和专业教学的要求。不同专业、不同学科和不同地方的学生都有机会接受相应专任教师的高质量教学。

1. 基本标准

（1）无论教师与学术机构的雇佣关系是何种类型，教师数量和质量都能充分实现以下功能：课程体系开发、课程开发、课程传授以及有助于教学目标实现的其他行动。

（2）在裁定师资是否充足时，评估者应考虑教师对所有行动的承诺。这包括学位计划、研究、教学研究、非学位教育以及教师发展行动、社区服务、组织咨询等。

（3）一般情况下，参与教学的教师数量将至少承担该学术机构75%的教学工作量（可以用学时、联系时间和其他的测量标准）。

（4）一般情况下，参与教学的教师数量将至少承担各学科、各学位计划、各地方60%的教学工作量。

（5）参与教学的教师在学位计划、学科以及地点分配上要与学术机构的教育使命相一致。

（6）无论何种雇佣关系，学术机构都要设定支持教师的运行机制。

（7）参与教学的教师未必都是全日制教师。

（8）如果学术机构对教师的分配模式主要取决于课堂教学的不同水平需要，学术机构必须用文件说明该模式如何有助于高质量学位项目的产生，以及如何满足师生互动的原则。

（9）如果商学院的大量师资与其他学术机构保持着起初的雇佣关系，该学术机构必须提供文件证明这种师资模式如何在教育使命实现、高质量学术项目的持续发展，以及与认证标准的理念和目标保持一致上发挥作用。

（10）学术机构必须提供文件证明教师是参与者或者是支持者，参与者会积极介入直接教学之外的所有工作，如决策、咨询、研究等方面，而支持者除了不直接参与教学任务之外，也不参与学术机构的组织或运行机制。在学术机构如何满足认证标准的理念和目标上，制定相应的执行标准包括教师应以参与者的身份积极参与教学、学校决策、咨询和研究等活动，不同活动的优先性和价值应反映在该组织的教育使命和战略管理过程中。每项活动都有质量标准及其质量保障机制。AACSB评价周期对行动的数量和频率进行了规定，以有助于参与者地位的维持。这些标准应定期被评估，反映了AACSB对教育质量持续提升的关注程度。

2. 文件材料指南

（1）说明最近以来学术机构为实现教育使命和教学计划而进行的人员补给。

（2）说明教师如何完成课程体系研发、课程开发、课程传授、学术协助、学术咨询、职业咨询等职能以及其他有助于教育使命实现的行动。

（3）说明近年来补给的教师如何完成教育使命及所有的教学项目。

（4）说明教师和支持员工如何完成课程体系研发、课程开发、学术协助、学术咨询、职业咨询等职能以及其他有助于教育使命实现的行动。

3. 师生互动的原则

（1）互动机会能够满足学生个体的发展需要。

(2) 互动与学术机构的教育使命相一致,体现真诚和尊重参与者的主要特征。

(3) 互动团体内有机会相互学习。

(4) 学生在课程内和课程外情景中有机会接触本学科领域的专家。

(5) 教师之间的互动会产生连贯成一体的学习经历。

(六) 标准10:教师质量

学术机构的教师具有确保教育使命完成的专业技术和知识,学术机构已经明确规定了如何评价教师对实现教育使命的贡献。学术机构已经详细列举了教师学术水平和职业能力同时合格的标准、教师的初步教学资格(包括最初的学术积累和职业经历)以及教师保持竞争力的相关要求(智力贡献、职业发展和职业经历)。

1. 基本标准

(1) 至少90%的教师资源或是学术合格或是职业合格。教师资源的价值与他们对学术机构的贡献相匹配,如教师中有全日制和非全日制之分,师资总数是全日制和非全日制的总和,非全日制的师资数量有一个折算标准,如学校有12个全日制教师和7个非全日制教师,总的教师数量是15.5个。

(2) 至少50%的师资是学术合格。

(3) 总的来说,教师的当前实力能够高质量地完成相关的活动要求。

(4) 合格的师资基于不同的学位计划、学科和教学地点而进行分配。

(5) 当商学院的大多数教师先前与其他学术机构保有聘任关系,本单位必须提供文件说明这种师资模式如何影响教育使命的实现,学位项目的高质量完成以及持续提升。

(6) 如果学术机构聘任教师的模式主要取决于课堂教学的不同水平,该机构必须用文件证明这种模式如何影响学位项目的高质量完成和教育使命的实现。

(7) 以5年为周期,维持教师业绩的知识和技能必须在学习研究和教学论研究、应用研究和基础研究之间保持比例平衡。

(8) 学术机构已经在教师对教育使命实现和维持资格方面明确制定了评价标准。

(9) 学术机构应研究合适的标准对学术型教师和职业型教师进行分类,该分类标准与该机构的教育使命和目标相一致。这些标准应包括:学术准备条件或职业经历条件、行动项目有助于维持学术资格或职业资格、不同活动的优先性和价值应反映在该组织的教育使命和战略管理过程中。制定多样的质量标准、详细说明行动进展情况以及教育质量如何得到保证、为维持不同的分类定位，AACSB 在为期 5 年的评价周期中对行动进展及其结果的数量和频率进行了规定。

（10）具备资格的教师通常将依据不同学科、不同学位项目和不同授课地点进行分配，这与学术机构的教育使命要求和学生发展需求相一致。远程教学项目被认为是一个地点特殊的授课项目。

2. 文件材料指南

（1）学术机构应为每个教师提供学术资格和职业资格信息，可以通过个人学术简历的形式提供，但是必须具体明确活动内容、影响及时间等方面，以利于理解教师的发展行动。

（2）相关文件必须明确说明教师在学习研究及教学论研究、应用研究和基础研究方面的代表性贡献。

3. 教师的学术资格要求

（1）获得了所教学科领域的博士学位或同等学力。即完成了一定的学位，有能力进行原创性学术研究。一个获得法学研究生学位的教师在商业法和商学法律环境等授课中将被认为是学术合格。

（2）获得商学领域的博士学位，而在商学领域不承担主要教学责任的教师，其学位在教师的学术资格准备上并不具有同等价值。因为教师的学术准备与教学领域的分离性越大，教学领域对职业发展方面准备的依赖性就越大。

（3）获得商学之外的博士学位，而不承担主要教学责任的教师，其学位在教师的学术资格准备上具有同等价值。因为多数商学理论和实践主要源自商学之外的基础学科，而教师的学术准备与教学领域的分离性越大，教学领域对职业发展方面准备的依赖性就越大。

（4）获得商学之外的博士学位，并承担主要教学责任的教师，其学位在教师的学术资格准备上并不具有同等价值。

（5）税务学领域对研究生学历有特殊要求。已经获得税务学研究生学历或者在法律和会计学领域获得研究生学历的教师从事税务学教学被认为是合格的。

（6）在承担的主要教学领域中，教师完成了大量的专业化进修任务，但是不具备研究性博士学位。这类教师的数量一般不能超过教师总量的 10%。

4. 教师的职业资格要求

通常情况下，职业经历应与教师的教学经历、责任感和雇佣时间相关。对于教师职业资格是否具备的判定标准取决于评估中学术机构的认定。

5. 认证标准关于教师资格的预期

(1) 具备学术资格的教师比例在教师总数中不能低于 50%,拥有研究生教育项目的学术机构,其比例更高。

(2) 具备学术资格的教师或者具备职业资格的教师数量,或者是两者的总和至少达到教师总量的 90%。

(3) 学术型教师和职业教师的分配基于不同学术项目、不同学科和不同授课地点而进行,以利于学术机构教育使命的实现和学生需要的满足。

(4) 如果在 5 年内没有足够的证据说明教师类型与教学的关联性,关于学术型教师和职业教师的分类将逐步消失。

6. 维持学术资格和职业资格的可能性行动

(1) 标准 2 中的智力贡献。

(2) 相关学术期刊或专业委员会的服务。

(3) 咨询活动。

(4) 教师实习。

(5) 持续的职业活动。

(6) 在被认可的职业团体和学术团体中的领导地位。

(7) 高级学术进修。

(8) 在董事会从事相关的主动服务工作。

(9) 文件说明的职业继续教育经历。

(10) 隆重出席职业会议和学术会议。

(七) 标准 11:教师管理与支持

学术机构已经制定了系统而规范的信息交流机制,该体制与学术机构的教育使命相一致,能够适时管理和支持教师职业生涯的不断改进。这些程序包括:决定分配合适的教学任务、知识期望等因素在内的教师职业责任感;配备员工和其他运行机制以支持教师满足学术机构对他们在所有与教育使命相关的行动方面的期望;提供发展定位、策略引导和咨询服务;同意正规的阶段性评估、提升和奖励程序;维持教师资源开发利用方面的全部计划。

1. 基本标准

(1) 教师管理体制系统化地将教学责任分配到个人。

(2) 学术机构明确地与教师交流业绩预期。

(3) 教师的任务分配或许反映了教师的不同预期,但是所有行动的工作负担合理分配给了每个教师。

(4) 教师的评价、晋升和奖惩机制规范而系统,并与学术机构的教育使命相一致。

(5) 学术机构全部的教师资源规划反映了其教育使命,透射出了教师资源的要求和可预期的资源行动。

2. 文件材料指南

(1) 说明决定教师业绩预期的机制。

(2) 展示业绩预期如何宣传给教师个人。

(3) 说明教师评价、晋升和奖惩的机制。

(4) 说明总体的教师资源规划。

(八) 标准12:教职工整体教育职责

商学院的所有教师、二级教学单位的教师、管理者和职工必须共同承担以下责任:确保师生有足够的时间致力于学习行动;确保学习过程中有充分的师生互动;设置较高的学术成就预期,并提供相应的管理和领导水平;评价教学有效性和全部学生的学业成绩;创新教学过程。

1. 基本标准

(1) 所有的参与者都要理解对学习过程中教师和学生时间投入的预期。这些预期能够为学生有效学习提供充足的资源,如教师的有效授课,可以通过摘要、讲座笔记、学习行动以及学生的示范作业来评估课程目标和学习预期,也可以来评价教师对师生互动的参与程度和学习材料的流通率。

(2) 积极的师生互动有助于产生批判性对话、提供指导帮助和决策模型、培养职业责任感,自愿的互动和强制性的互动可以通过摘要、课堂讨论和其他合适的途径进行评定。

(3) 教学有效性的评价始于学习目标的测定,这包括学生反馈、同行观察、专家观察和定期评估教学影响。为了确保教学质量,学术机构的教师运用考前评价和考后评价两种手段以及持续的进修、员工调查等方式,来测定学生的总体成绩。

(4) 学术机构及其教师对自身和学生持有很高的期待。机构内的所有成员都清楚知道这些标准。为了实现这些预期而采取的有力支持措施遍及教师和管理者的言论和行动中,对学生成绩的评价反映了教师的预期。

(5) 学术机构及其教师运用已有的机制评价和指导教学进步。教学进步取决于教师个人、教师团队以及其他的支持人员。

(6) 学术机构及其教师要参与到教与学的创新发展和评价中。为了测评本机构的学位项目,有正规的程序对其他学术机构已有的创新行动进行评价。

2. 文件材料指南

（1）借助于摘要或其他的评价手段向师生展示时间任务和师生互动。

（2）说明教学质量的评价机制。

（3）展示学习期待在参与者之间进行交流的过程。

（4）说明最新的教学创新及其与系统评价的关联性。

（九）标准13：教师个人教育责任

教学人员方面：真诚地对待学生和同事；保持他们的知识结构与所教学科发展的前沿相同步；积极主动参与到学生的学习过程中；鼓励学习参与者之间的合作和协作；确保学生学业成绩得到及时而迅捷的反馈。

1. 基本标准

（1）学术机构对教师的知识发展具有鼓励、支持和评价的完整机制。

（2）学术机构的学位项目积极介入了学生的学习过程中。同行评价团体应考虑学习经历的整体性（如课堂内学习、课外学习、运用技术等）。以下方面说明学生已融入了大学教育：学生对商学和管理学问题的规划和解决，持续的个别辅导支持，借助于技术的学习而产生的持续互动，对教学问题双方面的互动讨论。

（3）学术机构的学位项目包括教育过程中参与者之间的合作。为了评估机构内的合作程度，评价团体应考虑以下方面：团体行动在课堂上、课外以及管理活动中的分配，持续的非正式团体活动，教师对学生团体学习活动的支持程度。

（4）学术机构的学术项目包括正式或非正式的信息反馈、课堂内的信息反馈、小团体活动的信息反馈以及一对一的讨论反馈。为了评价对学生信息反馈的便捷性和普遍性，同行评议团体成员应考虑以下方面：学生在多大程度上理解了所学的知识和技能，评价的形式与内容，学生在多大程度上对自己的学业成绩进行了反思，教师进行了信息反馈。

2. 文件材料指南

（1）借助于课程摘要、课程项目设计、学习结果以及其他的描述性材料，展示学生积极参与了学习、学生具有合作的学习经历，存在频繁、快速而准确的信息反馈。

（2）用文件说明教师发展行动有助于教学方法的持续改进和提高。

（十）标准14：学生教育责任

1. 学生方面

真诚地对待教师和同学；以较高的注意力认真学习知识；在有难度的学习活

动中保持他们参与学习的兴趣和热情；帮助其他同学学习；执行教师设定的学业标准。

2. 基本标准

课程摘要、课程项目设计以及其他的学位项目表明学生享受这种具有挑战性的学习经历，学生满意于他们的学习目标。

3. 文件材料指南

提供课程摘要、课程项目设计及其他的学位项目展示学生享受这种具有挑战性的学习经历，学生满意于他们的学习目标。

三、学习标准的认证

（一）标准15：课程管理

课程管理：学术机构运用备有文件说明的系统化程序，对个别学位课程的内容和传授方式进行研发、监督、评估和修订，以评定个别课程对学生学习的影响。课程体系的管理需要教师、员工、管理者、学生以及非商学科目的教师、校友以及相关商业团体的参与和投入。

这个标准需要运用系统化的程序对课程体系而不是个别课程进行管理。一般情况下，课程体系的管理程序将导致一个新学士学位课程项目的产生，在学习的知识和技能方面发生一系列的变化，如交流能力、道德理解和推理能力、分析技能、运用信息科技的能力、全球经济的动力学知识、多元文化的理解力以及反思技能。

一般情况下，课程体系的管理程序将导致学士学位和硕士学位水平的管理学项目的产生，在学习的知识和技能方面发生一系列变化：组织和社会中的道德和法律责任；财政理论、财政分析、财政报告和市场方面的知识；通过利益、服务和信息的整合和分配所产生的价值；组织团体和个人的动力学知识；整个组织中支持决策过程的统计数据分析和管理科学知识；影响组织结构和经济进程以及管理地位和技术的信息科技；组织的国内和全球经济环境；学术机构认定的其他的特定管理学知识和能力。

1. 基本标准

（1）教师制定相关机制积极指导学位项目的课程管理。该机制运行在课程体系管理的所有阶段，包括研发、指导、评价、修改和学习评价。

（2）课程体系管理机制融入了各利益相关者的多样建议。

（3）最新的课程研发、评论和修正证据表明课程体系管理的有效性。

(4)产生的课程包括一系列合适的学习经历,这些经历为毕业生从事商学和管理学职业做好了准备。

2. 文件材料指南

(1)用文件说明课程体系的管理机制。

(2)展示课程体系管理机制产生新课程或修正课程的过程。

(3)提供认证评价中所有学位项目的课程体系说明。

(4)展示课程体系如何超越已有标准的限制,表现出全球视野。

(二)标准16:本科生培养目标

学士或本科水平的知识和技能:为了调整预期以适应学术机构教育使命和文化环境的变化,学术机构详细列举了学生的学习目标,并表明了实现学习目标的几个关键而普遍的知识和技能,这些知识和技能既可能是特定的管理学方面的知识和技能,也可能是其他学科的知识和技能,这是每个本科学位计划中学生都能够获得的知识和技能。

1. 基本标准

(1)学术机构明确界定了每个学士学位计划的学习目标。

(2)学术机构表明每个学士学位计划中的学生实现了这些学习目标。

(3)无论学习行为在何地如何发生,学术机构对满足学位要求的学习行为的质量都负有责任。

2. 文件材料指南

(1)界定每个学士学位计划的学习目标,这包括概念上的定义和操作上的定义。

(2)展示学生实现了学士学位计划的所有学习目标。

(三)标准17:本科生教育水平

本科教育阶段的学位计划必须提供充裕的时间、满意的知识覆盖面、学生的努力以及师生互动等方面的保证,以确保学习目标的实现。

1. 基本标准

(1)教育期待的变化取决于不同地区及其不同文化背景下教育实践和教育结构的差异。如在美国,学士学位计划通常是在学生完成12年的义务教育之后进行的4年全日制学习经历。在欧洲一些国家,学士学位通常是学生在完成13年义务教育后进行的3年全日制学习经历。教育期待的变化主要反映在学年的长度、教学特点以及其他的教育特点中。

（2）在考虑学术机构的背景和教育使命的前提下，同行评议团体需要判定与其教育水平相适应的教育期待。

（3）通常情况下，传统商学科目上的大多数对于学位计划的完成有重要价值的学习经历通过学术机构对学位的授予而完成。

（4）学术机构明确并广泛宣传其在评价、奖励、接受与其他机构转换学分等方面的政策。这些政策应保证来自其他学术机构的学术工作与本单位的学位计划工作具有可比性。

（5）如果学术机构决定把商学本科项目作为共同学位计划的一部分，大多数对于学位计划的完成有重要价值且被学术机构认可的学习经历，可以通过支持共同的学位项目协议而实现。

2．文件材料指南

展示本科水平的学位项目实现了与学术机构背景及其教育使命相适应的教育期待。

（四）标准18：综合性管理硕士学位培养目标

普通管理学硕士学位水平的知识和技能（如 MBA）：硕士学位计划必须以获得相应的本科水平的知识和技能为前提条件。硕士学位项目的学习比本科教育更综合，必须在跨学科背景中进行。

通过普通硕士阶段的知识和技能学习，能够开发以下能力：组织多变情景中的领导能力；通过相关学科的概念理解在新环境中运用知识的能力；适应未知环境并在其中创新解决问题的能力；以全球视野理解管理问题的能力。

为了调整预期以适应学术机构的教育使命和文化环境，学术机构详细列举了学生的学习目标，并表明了硕士阶段学习目标实现的重要知识和技能。

1．基本标准

（1）学术机构界定每个硕士学位项目的学习目标，这些目标包括了由学校认可的重要而普遍的专业管理学知识和技能，以及运用和适应这些知识的能力。

（2）学术机构展示每一个硕士学位项目的学生实现了这些学习目标。

（3）无论学习行为在何地如何发生，学术机构对满足学位要求的学习行为的质量都负有责任。

2．文件材料指南

（1）明确管理学硕士学位项目的学习目标，包括概念上界定和可操作的定义。

（2）展示学生实现了管理学硕士学位项目的所有学习目标。

(3) 展示课程体系如何超越已有标准的限制,表现出全球视野。

(五) 标准 19:专业型硕士学位培养目标

硕士水平特定学位计划的知识和技能:参加硕士水平的学位计划必须以获得相应的本科水平的普遍知识和技能为先决条件。

特定硕士学位计划中学生的知识水平:通过专业型的概念理解能够在更加不熟悉的环境中运用知识;调整并创新解决问题的能力;在特定学科中批判地分析和质疑知识的能力;以全球视野理解特定学科知识的能力。

特定硕士学位计划中的学生展示他们具备了相关专业领域的理论知识、分析模型和工具,能够运用这些知识、模型和工具解决具体的商业和管理问题。为了调整预期以适应学术机构的教育使命和文化环境变化,学术机构详细列举了学生的学习目标,并表明了特定硕士学位计划中学习目标实现的标准。

1. 基本标准

(1) 专业型硕士学位项目的学习目标要求拓展本学科领域的知识范围,要求理解本学科领域的知识创造过程,以及如何运用和转化这些知识的能力。

(2) 学术机构表明学生实现了这些学习目标。

(3) 学生展示了运用和转化知识的能力。

(4) 无论学习行为在何地如何发生,学术机构对满足学位要求的学习行为的质量都负有责任。

2. 文件材料指南

(1) 展示学生作业的例证表明学生运用和转化累积知识的能力。

(2) 描述每个专业型硕士学位计划的学习目标。

(3) 展示学生实现了每个专业型硕士学位计划的所有学习目标。

(4) 展示课程体系如何超越已有标准的限制,表现出全球视野。

(六) 标准 20:硕士学位教育水平

硕士水平的学位计划必须提供充裕的时间、满意的知识覆盖面、学生努力以及师生互动,以确保学习目标的实现。

1. 基本标准

(1) 教育期待的变化将取决于不同地区及其不同文化背景下教育实践和教育结构的差异。如在美国,硕士学位计划通常是在学生完成商学或相近学科的学士学位后进行的 9~12 个月全日制学习经历,或者是在学生完成非商学领域学士学位后进行的 15~18 个月全日制学习经历。教育期待的变化主要反映在学年的长度、教学特点以及其他的教育特点中。

（2）在考虑学术机构的背景和教育使命的前提下，同行评议团体需要判定与其教育水平相适应的教育期待。

（3）通常情况下，传统商学科目上的大多数对于学位计划的完成有重要价值的学习经历通过学术机构对学位的授予而完成。

（4）通常情况下，大多数对于学位计划完成具有重要价值的学习经历主要是在研究生课堂上获得。

（5）学术机构明确并广泛宣传其在评价、奖励、接受与其他机构转换学分等方面的政策。这些政策应保证来自其他学术机构的学术工作与本单位的学位计划工作具有可比性。

（6）如果学术机构决定商学本科项目作为共同学位计划的一部分，大多数对于学位计划的完成有重要价值的学习经历通过学术机构对学位的授予而完成的期待，可以通过支持共同的学位项目协议而实现。

2. 文件材料指南

展示硕士水平的学位项目实现了与学术机构背景及其教育使命相适应的教育期待。

（七）标准21：博士培养目标

博士水平的知识和技能：博士学位计划是在学术或实践方面让学生获得更专业化的职业生涯。博士教育阶段的学生展示了通过原创研究而创造知识的能力。一般情况下，博士学位计划中的知识和技能包括：专门领域高级知识的获得；专门领域高级理论和实践研究技能的发展；在管理和组织情景中对专门领域地位的明确关注；高等教育中教学责任感的准备（尤其是对那些期待从事教学生涯的学生）；学位论文展示了个人在专门领域的知识集成以及原创的知识贡献；其他由学术机构认定的领域。

1. 基本标准

（1）博士学位项目中的学生通过原创研究创造知识。

（2）博士学位项目包括了在上述标准中每个相关领域涉及的所有元素。

2. 文件材料指南

（1）展示博士研究生做出原创性研究贡献。

（2）展示博士学位项目包括了上述标准中涉及的相关领域。

（3）展示课程体系如何超越已有标准的限制，表现出全球视野。

附录二　EQUIS 商学院国际认证标准(2013 年)

一、标准 1：使命、管理与战略

使命：学术机构应具备清晰而准确的教育使命陈述，该教育使命在组织内部达成了共识，并为组织成员所共享。

管理：学术机构应是一个有效而统一的组织体，建立了适宜的运行机制对组织的各项活动进行管理，拥有很大的管理自主权。

战略：学术机构应具有一个明确、可信、连贯性的发展战略，能够真实反映该学术机构在市场中的定位、资源配备及局限性。

(一) 关键的评定条件

1. 环境

(1) 提供学术机构运行环境的普遍信息。如组织所在国家的教育制度、由该国教育体制和教育环境决定的专业特色、学生选拔要求、管理框架、学位授予程序及该组织所授予的学位在国家学位体系中的地位等。

(2) 简要说明学术机构的发展历史，如发展过程中的重大事件、设置的专业、学生数量、教学人员、服务人员、设备与基础设施以及财务预算明细等。

(3) 提供描述国内市场的情况以及国家教育体制下的竞争特点等，如主要的利益相关者、资助机构和竞争者，就业市场与学术机构人才培养的对接，国内一流教育的质量标准等方面的说明。

(4) 说明学术机构的国际市场环境和竞争情况。

(5) 在最大程度上说明学术机构的社会环境。

2. 组织地位

(1) 清楚解释学术机构的法律地位及其与国家教育体制的依存关系。如学术机构的类型(公立或私立、控制或非控制、营利或非营利)、母体组织情况、组织法律地位、与国家和地区教育认证组织的关系、资金来源等。

附录二 EQUIS商学院国际认证标准(2013年)

(2)在上述信息的基础上,确认支持学术机构在国家教育环境中获得公认和合法地位的关键因素。

3. 组织管理

(1)说明学术机构正式的外部管理机制,或者是由政府管理,或者是由母体组织管理,或者是由独立的商学院管理。如该学术机构的负责人对谁负责,组织的财务管理和战略管理功能如何发挥,外部的学术监督机制如何执行。

(2)确认学术机构的主要利益相关者,评估它们对该机构战略规划、自主权和资金等重大问题的影响力。如外部利益相关者在多大程度上参与了学校的管理,该机构是否设有咨询组织为该机构和大学提供相关信息。

(3)描述学生参与机构管理的保障机制。

(4)描述机构的内部组织结构和决策机制,评价它们对机构战略有效性的贡献。如采取什么样的步骤对内部决策结构和机制进行评估,以提高其有效性。当前的组织结构和个人的工作责任如何支持学术机构战略目标的实现,学术机构如何适应具有社会责任感的管理原则。

(5)描述外部管理体制和机构内部管理体制的对接。如两者之间的协调性,以及学术机构是否能够表现出运行的自主性。

4. 使命、视野和价值观

(1)描述学术机构的教育使命,并解释说明教育使命与机构身份的关联性。如学术机构是否具有清醒的自我认识,并在教育使命中进行了表达,该教育使命是否清楚界定了学术机构在社会中的地位等。

(2)描述学术机构的视野。如机构未来的发展视野是否清晰,面临的现实挑战是什么,采取什么样的发展策略能够实现这个发展视野。

(3)描述学术机构的价值观。如学术机构对自身的核心价值观是否有清楚的理解,其核心价值观是否明确表达了其对管理职业的道德承诺和社会责任期许,这些价值观是否在组织内获得了广泛认可和接受。

5. 战略定位

(1)描述学术机构在国家和国际市场中的当前战略定位,如确认机构归属于哪个战略团体,有哪些重要的竞争者;解释说明学术机构可获得的资源、提供的教育项目、形成智力产出的能力、目标市场及其人数、服务的职业市场等;描述在过去5年内为了机构的地位和运行有效性,机构的战略定位发生了怎样的变化;解释说明在过去5年内采取的主要战略行动。

(2)简要分析学术机构维持战略定位的优势和劣势。

6. 战略方向和战略目标

（1）说明使命、视野和价值观如何转变成了战略方向。

（2）解释战略方向如何转变成了战略目标，以及如何对所实现的战略目标进行评价。

（3）描述学术机构战略目标和资源获取性之间的关系，确认影响未来发展的关键限制性因素，规划相应的行动消除这些限制，减少其不利影响。

7. 战略规划

（1）描述使命、视野、价值观和战略目标转变成战略规划和运行规划的内部机制。如规划如何被评价，由谁进行更新。

（2）广泛描述未来几年的战略规划。如学术机构的战略规划是否反映了对其战略背景的深切关注；是否在教学、研究、人力资源、营销、国际化和企业联系等领域制定了相应的分规划。

（3）解释学术机构如何抢占有利时机，以及所采取的行动最终是否涵盖在战略之中。

（4）描述学术机构可能面对的主要战略风险。

（5）列举支持战略规划实施的政策和程序文件。

8. 质量保障

（1）简要描述内部质量保障的正规机制。如正规的质量制度如何适应了学术机构的运行背景，学系、学科领域、研究中心和项目具有哪些定期评价政策。

（2）解释说明用来指导全部业绩的机制和指标。如学术机构采用了什么样的方法用来追踪个人目标的进展，主要的业绩指标是什么。

（3）描述学生参与质量保障机制的途径和方法。如学生在学校主要的决策会议上如何被代表，投票产生或者是非投票产生；学生是否参与内部战略评价或者参与了外部认证评价相关材料的准备工作，学生的投入如何有助于 EQUIS 认证标准的应用。

（4）描述说明内部和外部的利益相关者如何参与质量保障机制。

9. 国际化

总结学术机构的管理、文化和战略中反映出来的国际化证明。如管理委员会和咨询委员会在多大程度上吸收了国际代表；学术机构是否具有明确的国际化发展政策和战略；为了支持这个战略，足够的资源是否被合理分配了。

10. 企业联系

总结学术机构的管理、文化和战略中反映出来的社会化维度证明。如机构外部的商界领导是否参与了机构的管理结构;在管理学术机构与企业对接方面,学术机构是否有明确的政策和战略。

(二)备注

1. 学术机构自评报告中提交的信息和文件

这些文件包括校史、展示报告顺序的组织图表、展示委员会结构的图表以及管理团体和咨询委员会的成员名单(包括名称、职位、归属组织、国家、任职年限等信息)。

2. 同行评议中提交的信息和文件

用文件说明学术机构的战略规划及相关的政策(如果条件许可,用英语表达)。

二、标准2:学位项目

学位项目应该对明确的学习结果和知识获取与技能获取之间的平衡进行很好的设计。授课的方式应该是多元的,反映了最新的教育实践要求。学位项目的课程设置应强调学生学习结果的实现,开设一定比例的实践课程,并采用科学严格的评价机制监控保障学生实践课程的质量。评价项目的常用方式是来自学生和其他利益相关者的反馈。项目数量应该足够,并得到了充分的管理和运行。

(一)关键的评定条件

1. 项目组合

(1)描述学术机构教学方面的政策和战略。

(2)描述用来研发与学术机构战略目标相一致的项目组合的政策和机制。

(3)描述学术机构当前提供的项目组合的整体情况。解释学术机构平衡不同阶段项目(本科、硕士、MBA、博士、行政教育)的政策。

(4)解释过去5年来项目组合的变化。

(5)总结项目在未来创新、重新定位和发展的规划。

(6)描述说明学术机构管理项目的制度安排。

2. 项目设计

(1)描述项目设计的过程。解释学术机构如何保证项目满足了市场和参与者的需要。

(2)确认过去5年来项目设计发生的重大变化,并确定当前项目设计中的关键问题。

学院采取了哪些措施以确保当前的项目进展与世界范围内最新的商业实践、重大发展趋势和相似项目的重大创新性保持一致。

3. 项目内容

(1) 描述学位或资格证书的性质,在国家及国际化背景下获得认同的水平,以及与其他资格证书的相同之处。

(2) 提交课程理念、重要项目目标①和预期学习结果②(ILOs)方面的小结。

(3) 界定核心内容,提供的项目选择及采取的教学论。

(4) 描述项目中的课程进展和涉及的专门活动和课外课程的具体情况。

每个项目是否有清晰的目标和学习结果,员工和参与者是否完全意识到了这些目标和学习结果,如果没有,如何明确地解释给他们。

项目的目标和目标学习结果如何转变成项目内容中的实际操作层面。

是否任何项目的要求都由雇佣市场的本质决定,如何考虑雇佣市场的因素。

项目的设计和内容是否涵盖了相关商业和管理理论,是否与管理实践紧密联系。

学院是否清楚确认和评价个人技能与品质、学科专门知识和专门技能的方法。

项目设计和内容是否明确包括社会责任的方面。

学院是否能够让学生获得项目的完全信息,包括纸质文件和网上资料。

4. 技能获取

(1) 描述与高等教育相适应的可转换的智力技能如何整合到课程中的方法,学术机构应解释说明在不同的项目中为学生提供的多样化学习和发展结果如何界定。

项目是否设计了普通教育目标发展学生的知识和能力:分析、综合、批判性评价复杂性材料的能力;明确表达并坚持独立观点的能力;概念化的能力;写作交流和口头表达能力;项目学习宽泛背景的意识;基本概念应用于实践的能力;学院是否为培养系统的个人文化和价值观提供条件;如何评价这些能力。

(2) 总结学术机构在学生学习中推崇的关键管理技能(如团队合作、人际交往、表达能力、项目管理、领导能力等)以及获得这些技能的方法。讨论实践工作、实习和项目在发展这些技能方面发挥的作用。

课程学习是否为学生提供了应用目标管理的技能,课程教学和评价中是否

---

① 项目目标:通常涵盖了目标市场、招生条件、就业去向等方面。
② 预期学习结果:与学生期待学习的知识、期待能够做的事情以及被期待如何行动等相关。

很好地平衡了智力发展与管理技能发展的关系,这些技能如何评价。项目是否包括充足的个人项目设计以利于发展和评价个人整合核心课程和应用管理技能的能力。学生是否有足够多的机会从事实践项目运行,有多少机会能够让学生在团队合作和实践经历中获益,学生是否有机会接受研究和咨询培训。

5. 项目授课

(1) 描述当前项目授课中采用的教学方法(如讲座、案例研究、商务游戏、团队工作、基于项目的学习等)。

(2) 解释说明学术机构的教学创新政策及在教学过程中采用的新技术。

(3) 明确限制教学方法和教材创新的主要条件。

(4) 描述项目中员工的分配机制。

(5) 描述维持质量控制不断提升的机制,解释监督项目质量的标准和程序如何与项目目标相关联。

6. 学生评价

(1) 描述监督学生学习并为其评分的制度和项目进展情况。主要包括:学术机构如何保证满足参与者个性化的教育目标和学习结果;评价制度是否支持预期学习结果、预期目标和普适性教学理念等方面的项目设计;评价制度是否明确评价标准及其采用的方法论;评价制度能够在多大程度上区别为学生学习打分与帮助学生了解自身的缺点并提高自身的评价设计之间的差异;评价体系或考试中的补充规定是否与项目的目标相一致;学术机构如何保证评价制度应用的严格性;学术机构的学位授予功能如何发挥;采用何种机制确保程序的连贯性和有效性;采取什么样的步骤确保标准应用的客观性;学术机构是否能够提供证据证明评价制度本身接受过严格的评估,尤其何时应用了新的方法;学术机构如何处理欺骗和剽窃行为。

(2) 表明学生的学习质量与项目水平是相适应的。

7. 项目评估

(1) 描述项目评估的程序。解释说明学术机构如何保证项目满足市场和参与者的需要。

(2) 总结主要的利益相关者对项目设计、项目内容和项目授课满意的证据。

(3) 描述项目进行评估和修正的过程。

8. 国际化

(1) 解释学术机构的项目在国际范围内如何定位,主要包括:哪个项目招收国际学生,该机构的项目对国际学生的吸引力多大,多少课程采用外语授课。

(2)提供一套统计数据表明过去3年来各类项目中国际学生的招生情况。

(3)欧洲的学术机构要描述该项目与由《博洛尼亚协议》推进的大多数国家引进的改革项目的可比性。

(4)描述学术机构项目的国际内容。

(5)描述与其他商学院的当前安排以及项目共同授课的学术网络。

(6)描述项目中的学生交流机会,并提供过去3年来相应的统计数据表。

(7)解释学术机构如何保证特许项目具有相同的质量。

9. 企业相关性

(1)描述企业的视角如何融进教学目标和课程设计中,主要包括:学术机构是否具备正规的程序,以接纳企业利益相关者参与项目设计和监督;管理团队在多大程度上达到了学术机构项目和毕业生的满意。

(2)总结企业参与者在多大程度投入了学术机构项目的授课中。

10. 社会相关性

总结项目在多大程度上整合了商界和社会中的重大挑战,如全球责任和可持续发展问题等。

(二)备注

1. 学术机构自评报告中提交的信息和文件

列举国际范围内的学术合作伙伴,并对合作的类型进行说明(如共同学位、交流学生、合作研究、教师交流);过去3年来项目中的国际学生招生表;项目中交流生的相关情况。

2. 同行评议中提交的信息和文件

一般项目:教学战略、学位计划说明、每个项目的课程目录(包括课程目标和学习目标、项目预期的学习成果、课程结构和基本原理、课程构成)、评价制度和评分制度、评估问卷、道德行为准则等。

选择项目:用文件陈述项目存在的合理性及其结构(包括全部目标和预期学习结果);项目中每门课程的具体细节(包括预期学习结果和课程摘要);评价制度和评分制度;课程组织和传授方面网络资源的获取性;由学生对每门课程做出教学评价总结(H/M/L)*;教材和学生作业(一半的课程是英文课程,教材应为每门必修课程提供课程笔记、幻灯片与讲义、案例、期刊阅读等;学生作业包括作

---

* H:高水平;M:中间水平;L:低水平。

业和考核,提供最高分、最低分、通过分)。

普通项目档案袋:教与学的策略(提供任何可获取的正式文件)。

三、标准 3:学生

学生质量:通过适当的选择程序和项目中学生服务及管理,学术机构应确保学生的教育质量。尤其是借助于良好的职业服务方式,保证毕业生的就业质量。学术机构应尽力争取实现项目中招收学生群体的文化多样性。

学生的个性发展:学术机构应明确而有效地支持学生在获取知识之外的个性和职业发展,如管理的技能、价值观、道德、领导力等。学术机构应积极帮助学生确定他们未来的职业定位。

(一)关键的评定条件

1. 简历要求和选择标准

(1) 描述目标市场和各类项目招收学生的简历。

(2) 描述毕业生在知识、价值观、管理的技能、职业竞争力、企业雇佣准入水平等方面的简历要求。

(3) 描述选择程序并表明这些程序与学术机构内不同项目目标系统的相关程度。

(4) 描述不同项目的选择结果,包括申请者的数量、学校安置住处的学生数量以及过去 3~5 年来每个项目实际招收的学生数量。

(5) 高于准入条件的选择是不可能的,解释说明学术机构如何保证毕业生的质量。

(6) 描述当前的学生人群特点,如籍贯、已有的学习经历、年龄和性别等。如 MBA 等职后教育项目,要表明录取之前的职业年限,过去 3~5 年来的这类信息都要列入统计表。

(7) 描述保证社会弱势群体学生有机会接受项目教育的合理机制。

2. 课程准备和进展

(1) 描述学生开始课程学习之前的准备机制,主要包括:学术机构如何保证所有的学生在录取之前都充分了解了课程要求;如何尽可能早地发现学生的学习障碍;在多大程度上为困难学生提供帮助;如何评价这个支持制度的有效性;在正式开始项目教育之前,学术机构应采取何种行动向学生传达学术机构的教育使命和核心价值观。

(2) 描述学术机构的学分转换和免修政策。

（3）提供主要项目在其进展、完成、失败和辍学方面的比率。同时，还应解释这些趋向，并采取相应的改进措施。

3. 支持和咨询服务

描述课程学习中支持学生学习的相关机制，主要包括：学术机构是否为那些缺乏正规教育的参与者发展学习技能提供了充分的支持；如何组织学生咨询；其效果怎样；问题在早期得到诊断的证明是什么；如何进行诊治；是否具有专门的家庭教师支持弱势学生。

4. 个性和职业发展

（1）确认学术机构帮助学生个性发展和职业发展的运行机制。

（2）解释诊断学生个性品质的专门技术工具的作用。

5. 道德和价值观

描述将与商业道德、社会和企业责任相关的问题整合到个性发展过程中的途径和方法。

6. 职业安排和支持

（1）提供毕业生被雇佣的准确统计数据。

（2）描述来自组织内部和校友支持职业发展的安排。

7. 校友联系

描述学术机构维持和利用与先前毕业生联系的方式，主要包括：是否存在校友协会；校友协会如何支持学术机构的战略、项目和学生的职业发展；如何有效发挥作用；学术机构如何支持校友；校友在多大程度上对学校进行了资金援助。

8. 国际化

（1）提供有关学生群体国际特点的证据。主要包括：国际营销项目、招生程序、项目的国际合作、就业的国际化。

（2）描述学术机构在语言和跨文化交流技能方面的政策。

（3）评价学术机构为其毕业生在国际化背景中从事管理职业所做的准备性工作，学生群体和就业单位对这种准备性工作给予的支持。

（4）描述学术机构的国际学生交流政策，提供交流生的相关具体信息。

（5）描述为招收的国际学生所提供的服务。

9. 企业联系

（1）描述学术机构与企业界在雇佣和职业支持方面的对接，如企业在校园的支持行动，通过设置职业指导日、论坛等，与国际企业建立联系。

（2）描述企业参与招生过程，并评价其对项目成功的贡献。

（二）备注

1. 学术机构自评报告中提交的信息和文件

提供每个项目在选拔、招生程序方面的统计信息（申请者、赞助商、接受者、招生数、非全日制学生换算为全日制学生）；列表说明过去5年来的重要雇主；列表描述国际交流生的"流入"与"流出"情况，按项目、学习目的地的国别、来源国别、合作学校、学习时限等方面进行分类统计；在 EQUIS 认证评价的过程中，要求 EQUIS 申请学校在重大问题上提供《学生报告》，这个报告应与自评报告同时出炉，在同行评议团现场考察的过程中，面见这些学生时，这些问题将成为讨论的焦点。

2. 同行评议中提交的信息和文件

这些文件包括：与选拔程序相关的文件，即"信息包"、申请表格、面试报告、考试材料、程序文件等；引入国际学生的文件说明；校友手册；列表说明学术机构每个学位项目的学生群体特点；列表说明上一学年毕业生就业的详细情况。

四、标准4：教师

学术机构应遵循其战略目标招聘、发展和管理教师，充足的全日制教师覆盖了大多数学科，并构成了一个具有出众专长的重要群体。

（一）关键的评定条件

1. 教师规模、资格和构成

（1）描述当前全日制教师的概况，主要包括：具有博士学位的教师数量、当前正在努力获取博士学位的教师数量、各专业教师的分布、教师所在的学术组织、教师的年龄分布、教师的性别分布、教师的国籍（民族）分布、过去5年来教师的聘任和辞职情况等。

（2）解释国家教育环境对教师组织的影响力。

（3）描述其他非全日制教师可获取的教学资源。

（4）描述学术机构教学资源的当前部署情况，不同项目中全日制教师和非全日制教师的分布情况。

2. 教师管理

（1）描述调节教师运行的管理机制。

（2）描述引进、招聘教师的政策和实践。

（3）解释教师个体的评价机制。

(4) 描述教师的滞留和晋升机制。

(5) 用来获取教师对关键性问题反馈的正规机制。

3. 教师发展

(1) 描述教师发展的当前政策,并解释这些政策如何支持学术机构的战略规划。

(2) 总结教师未来发展的战略规划,并确认未来发展的关键优先性以及相关的财务预算。

4. 国际化

描述教师的国际化维度,主要包括:教师的国籍构成、外部访学教师介入学术机构活动的数量、国内教师参与重大国际化活动的比例、国内教师的外语能力、当前的国际化水平是否与学术机构的战略定位相一致。

5. 企业联系

描述教师和企业之间的联系特点,如咨询关系、行政教育、董事会成员资格等。

(二) 备注

1. 学术机构自评报告中提交的信息和文件

总结列表说明全日制教师的构成情况,如姓名、职称、最高学位、何地取得学位、籍贯、学科领域、聘任日期、签订合同的全日制教师的比例(如75%、50%等);列表说明过去5年教师的供给水平,包括每年新任教师的数量和离职教师的数量,按职称、年龄等方面分类记录;必要时说明如何依据学术组织分配全日制教师;列表说明当年教师的相关统计信息(性别分布、年龄分布、籍贯分布、具备博士学位的情况等)。

2. 同行评议中提交的信息和文件

这些文件包括:人力资源战略文件;教师手册或发布的教学人员使命、权利、责任方面的文本;全日制教师的英语简历,包括过去5年的出版物。

五、标准5:研究和发展

学术机构应定期生产原创知识,并有效传播这些知识。这些知识将会对学术同行、相关的行业企业和学生产生显著影响。

(一) 关键的评定条件

1. 研究行动

(1) 描述学术机构的整体研究战略和政策,解释研究议程如何有助于学术机构战略目标的实现。

（2）解释研发行动如何在国家教育体制下进行诠释，描述任何一个国家级组织的研究评价计划（如英国的 RAE*）。

（3）描述学术机构如何组织研究活动。

（4）描述研究行动如何融入教师个体的工作中。

（5）解释研究活动的资助情况。

（6）描述监督和评价研究活动的运行机制。

（7）总结过去 5 年全日制教师实施的研究活动。

（8）说明非全日制教师的研究活动在多大程度上有助于学术机构项目质量的提升，有助于提高其服务市场的能力。清晰列举哪些成果是由先前受聘于其他学术机构的教师所取得。

（9）描述研究成果如何有助于教学质量的提升和项目的创新。

（10）描述研究活动有助于学术机构内杰出专长积累的方式。

（11）如果条件许可，描述博士学位项目如何有助于学术机构研究概况的整体提升。

2. 发展和创新

（1）描述学术机构推动创新的政策安排和决定领域发展优先性的运行机制。

（2）解释学术机构如何在国家教育体制下诠释创新活动。

（3）总结创新领域的重要贡献，包括新课程、新教材、新教学方法的研发。

（4）描述用来研发新的管理工具或者提高学术机构在企业市场的影响力而设计的最新活动。

（5）描述学术机构与商界和其他的利益相关者如何融入知识的研发过程，通过合作探究其他的方法。

3. 研发的国际特点

（1）总结研究议程对推进学术机构国际化的贡献。

（2）描述学术机构如何管理研发议程，以及有助于全球意识和领导力形成的方式。

（3）描述与学术机构内的教师或者其他国家的同行参与共同研究的具体细节。

---

* 英国 RAE 是指大学科研水平评估（research assessment exercise，RAE），该评估排名直接体现了一个大学的综合实力，也影响着大学所能获得的科研费用额度。

(4) 描述学术机构内国际访学者提高研发能力的贡献。

(5) 确定全日制教师的研究活动。

4. 研发与外界企业的联系

(1) 描述学术机构的研发成果如何与企业市场相关。

(2) 描述由公司赞助的研究活动。

(3) 描述研发活动是在学术机构与公司的合作中产生的。

(4) 列举涵盖了研发维度的咨询公司的使命。

(5) 描述任何一项与企业责任相关的领域的研究项目。

(二) 备注

1. 学术机构自评报告中提交的信息和文件

提供全日制教师过去5年研究成果的针对性统计数据,解释研究成果数量分类统计的基本标准;按照EQUIS的要求,提供相关表格的统计数据;列举学术机构在过去5年来发表的最优秀的10篇文章;列举过去5年来学术机构获得的研究拨款、委托研究或公司赞助的经费清单,以及研究委员会的成员资格证明。

2. 同行评议中提交的信息和文件

这些文件包括:过去已经发表的相关材料(文章、专著、案例、报告等),关于研究战略、政策和运行机制的书面陈述。

六、标准6:行政教育

学术机构所提供的行政教育项目,如果存在,应适当融入其主要管理制度和全部战略中。不论学术机构的组织结构和法律地位如何,对于加强学术机构与公司和服务市场中其他组织的联系来说,行政教育应当是主要的途径。在保持教师教学和研究的相关性方面,它应有助于教师的发展。把学术机构的最新教研成果传递给实际的管理者,可以更好地帮助他们改进相关的管理活动,因此,行政教育有助于商业实践的不断提升。

(一) 关键的评定条件

1. 学术机构内部的定位

(1) 解释行政教育如何与学术机构的总体发展战略相适应。

(2) 描述行政教育在学术机构内的组织定位(学系、中心、学部、基层组织等)。

(3) 表明教学人员和管理人员的分配适应了组织行动的开展需要。

(4) 描述行政教育项目授课中可获取的物质资源。

2. 产品组合

描述行政教育项目提供的项目组合和服务,主要包括:项目类型(开放型或定制型)、室内教学或非室内教学或远程教学、持续性(短期、长期或模块化)、内容(功能性、普通管理学、基于问题、技能工作间、定位行为等)。

3. 市场营销

(1) 评价学术机构的行政教育在国际和国内市场中的定位。

(2) 描述学术机构行政教育的顾客构成基础。

(3) 描述学术机构对待顾客关系管理的方法。

(4) 描述学术机构在行政教育方面制定的市场营销政策。

(5) 解释学术机构如何区分项目中作为组织的顾客与作为个体参与者的顾客。

4. 参与者管理

(1) 描述学术机构选择和管理项目的机制。

(2) 描述支持参与者职前、在职、职后培训的运行机制。

(3) 描述支持行政教育参与者个性长期发展的机制。

5. 项目质量和影响

(1) 描述开放型项目的设计程序。

(2) 描述定制型项目的设计程序。

(3) 描述学术机构在行政教育领域的重要专长。

(4) 描述学术机构行政教育项目的授课方法。

(5) 描述学术机构在行政教育活动和相关督导、评估、认证中提高管理质量的方法。

(6) 解释学术机构如何测定项目对于个体参与者发展和参与公司发展的影响。

6. 教师

(1) 描述行政教育项目中可获取的教师资源(全日制教师、教师助理、非全日制教师、访学教师等)。

(2) 评价当前教师资源的充足性,从人员数量和构成上满足了行政教育的相关规定。

(3) 描述学术机构在行政教育领域教师分配的管理机制。

(4) 解释介入行政教育项目的教师个体贡献的评价机制。

7. 研究和发展

描述学术机构在从事与行政教育相关的研究、开发和创新行动中采取的方法,主要包括:学术机构的研究能力如何转化为行政教育的供给能力,学术机构的行政教育活动如何支持其研究议程并提高研究成果的相关性,学术机构如何快速地将基础知识转化为应用知识,创新的关键领域是什么等。

8. 国际化

描述学术机构行政教育活动中的国际化方面,主要包括:学术机构是否超越边界销售其项目,有多少国际客户参与,国际项目中是否有语言和国际经历方面的要求标准,有能力应对国际性顾客的全日制教师比例。

(二) 备注

1. 学术机构自评报告中提交的信息和文件

开放型项目和定制型项目所获取的分类收益的预算信息,项目数量和类型,参加者数量以及培训时间方面的统计数据,过去 3 年行政教育领域的重要客户。

2. 同行评议中提交的信息和文件

这些文件包括:行政教育战略、政策和运行机制方面的文件说明,项目简介手册,公共课程目录,定制型项目摘要的范例,参加者获得的电子教材及复印文本教材。

七、标准 7:资源和管理

学术机构应展现其雄厚的财政基础和连贯性制度,通过物质资源和设施供应,能够提供一个高质量的教学环境,借助于充足的高质量管理人员和运行机制支持学术机构一系列活动的开展。

(一) 关键的评定条件

1. 基础设施和教学环境

(1) 如果条件许可,提供一份关于教学场所方面的小结说明,确认哪些教学场所是与组织内其他机构共享的。

(2) 描述教学设施:大礼堂、教室、休息室、个人工作站、学生联谊场所等。

(3) 评价上述设施是否完全满足了学术机构系列活动的需要。

(4) 如何评价这些设施对个人经历和学生发展的潜在贡献。

2. 财政资源

（1）描述学术机构的当前财政资源，对资金来源进行分类说明，表明这些资金来源的稳定程度和不安全因素。公立大学的设施应解释其财务预算分配体系，这个分配体系是由国家教育的财务权力所决定，通过资助大学的相关活动而形成。

（2）解释当年财政预算，分析重要的预算方面。

（3）总结学术机构过去5年的财政绩效。

（4）描述学术机构及其规划中的财政计划需求以满足这些目标。

3. 财政管理体系

（1）描述学术机构的内部财政控制和报表制度。

（2）描述学术机构内部物质资源的管理机制。

4. 信息和文件方面的设施

（1）描述学术机构提供文件的服务情况（文件中心、图书馆、数据库、研究设施等）。

（2）确认与外部图书馆和研究机构持有的专门联系。

（3）描述文件服务功能有助于学术机构的国际化发展（其他语种的书籍和期刊、国际数据库等）。

5. 计算机设施

描述可利用的设备资源：硬件、软件、局域网、教学平台、开放型计算机教室、帮助服务等。

6. 营销和公共关系

（1）描述负责学术机构活动营销和推进的组织机构。

（2）解释营销和同行评议战略及其运行的特点。

7. 管理服务和管理人员

描述提供支持服务的组织机构（财务和审计、人力资源管理、文件中心、计算机服务等）。

（二）备注

1. 学术机构自评报告中提交的信息和文件

营销战略或规划，当年财政预算和未来几年的财政预算（如果可能），过去5年学术机构主要活动领域的财政项目。

2. 同行评议中提交的信息和文件

这些文件包括：发布给学生的解释文件材料、设施和可用服务方面的信息

(用国语和英语),人力资源战略和政策(如员工手册、新进人员引导手册等)。

八、标准 8:国际化

学术机构应当清晰而准确地表达其国际化的战略和政策。学术机构应为学生和利益相关者在国际化背景中参与管理活动提供教育准备。这应在多个领域获得国际合作机构的积极支持,如学生交换、共同的教育项目、研究活动和企业联系等。学术机构应具备吸引其他国家学生和教师的能力,并应实施相关国际范围内的研究活动。

(一)关键性的评价条件

(1)描述学术机构的国际化战略和政策。

(2)总结在学术机构的教育使命、管理、战略和运行机制中反映出来的国际化维度证据。

(3)描述教师和学生群体构成中反映出来的当前国际化水平。

(4)总结学术机构的国际化活动。

(5)描述学术机构与国际学术组织的关系网络。

(6)描述学术机构与国际企业的联系。

(7)列举与国际组织的重要关系。

(8)提供描述学术机构研发活动国际化维度的简要小结。

(9)评价学术机构过去 5 年在国际化运行机制方面已经发生的重大变化。

(二)备注

1. 学术机构自评报告中提交的信息和文件

这些文件包括:列举国际学术合作伙伴名单,表明两者的关系特点;国际化的评价标准还应包括分布在其他方面与国际化相关的统计数据。

2. 同行评议中提交的信息和文件

这些文件包括:国际化战略和政策文件;国外相关的文件规定。

九、标准 9:道德、责任感和可持续性

学术机构应清晰理解其在当地社区、国家和国际范围内所扮演的"良好公民"角色以及在道德标准和可持续发展中的引领作用。这种道德意识应该充分体现在学术机构的使命、战略和行动中。应当有证据表明该机构对社会的贡献是通过一系列的常规学术活动,覆盖教育、研究、与商界的互动、社会服务及自身

的运行等方式而实现。

（一）关键性评价条件

（1）学术机构制定与总体发展战略相一致的道德教育战略。

（2）提供学术机构开展道德教育的系列证据。

（3）学术机构正式公布公开的道德承诺以及学术机构研发行动中的道德表现。

（4）学术机构在地方和全球伦理发展中的贡献以及学术机构在商科伦理教育中的服务表现，尤其要体现商界政策与实践中社会责任感、可持续性的教育问题，不仅反映在管理教育的方法上，而且反映在学术机构的科学研究、公共服务及自身的行为上。

（二）备注

1. 学术机构自评报告中提交的信息和文件

这些文件包括一系列道德教育的证据材料。

2. 同行评议中提交的信息和文件

这些文件包括：道德责任感和企业责任感方面的政策声明，与道德责任感和企业责任感相关的课程摘要或项目描述，描述这些领域特殊项目的文件；这些领域引导学生的相关信息。

十、标准 10：企业联系

学术机构应清晰而准确地表达其在企业联系方面制定的战略和政策。它应表明通过与企业界的互动，发展了学生和利益相关者对商科和管理教育的实质性理解力。借助与行业企业合作过程中的研究、咨询活动及行政教育，教师应参与到当前的管理实践中。行业企业的参与应成为学术机构各项活动的一个重要特色。

（一）关键性评价条件

（1）描述学术机构与行业企业对接的战略和政策。

（2）描述管理学术机构与行业企业关系的重要机制。

（3）总结学术机构与行业企业对接的特点和程度。

（4）总结行业企业的资金资源如何流入学术机构的投资和经营预算中。

（5）描述与行业企业合作伙伴的重要联系。

（6）描述学术机构与行业企业联系的国际化特色。

(7) 评价过去 5 年行业企业介入学术机构各项事务的重大变化。

(二) 备注

1. 学术机构自评报告中提交的信息和文件

列举学术机构的主要行业企业合作伙伴,并表明它们之间的关系;如果可能,提供行业企业资助的具体细节。

2. 同行评议中提交的信息和文件

这些文件包括与学术机构的行业企业联系相关的战略和政策文件。

附录三 AMBA 商学院国际认证标准(2011年)

一、MBA 认证框架及资格

申请认证的学术机构必须具有公认的 MBA 学位授予权,基于外部评价机制和同行评议,通过国际认可的认证程序,雇主和员工的需要得到了正视。认证评价对学术机构提供的研究生管理教育的当前标准进行评定,同时推进管理教育项目质量的不断提升。获得认证的学术机构被期待在每个认证周期内都能维持项目质量的持续提高。无论学术机构提供的 MBA 项目是功能性或是专业性的,学术机构都期待 MBA 设计具有明确的合理性基础。

接受认证评价的学术机构必须至少已经有 3 届 MBA 毕业生,为了保证管理教育质量的持续性和稳定性,学术机构及其所提供的 MBA 计划将符合大多数的认证标准。学术机构在不同地方提供的 MBA 项目都必须全部接受认证。

二、合作教育规定

与其他机构联合共同开展的学位计划,授予学位的学术机构必须对合作培养的教育质量负责。当学位授予权由多个学术机构共同参与时,应推荐一个学术机构作为主要的学位授予单位,由该单位对学位计划的教育质量负责。

三、学术机构

MBA 的评价要求将考虑评价授予学位的学术机构。评价要求包括以下几点。

(1) 明确表达的、适宜的以及定期接受评估的教育使命。

(2) 明确的、可行的、连贯的战略,真实地反映了教育使命陈述中表达的学术机构资源情况和限制性因素。

(3) 有关行业企业成员参与学术机构管理及其教育质量提高的实施政策。

(4) 市场合法性、担保财政及制度连贯性。

(5) 与组织分离的身份和适当的学位授予权,能够在战略发展和资源等问题上决策。

(6) 是一个管理活动高效的综合性组织,具有学位授予的自主权。

(7) 确定了目标人群,有较强的市场意识,具备获取雇主意见的常用渠道。

(8) 具有清晰而准确的有效政策,以应对其与组织和管理界的关系,具有成熟的消费者定位。

学术机构应当具有展现内部审计和国家审计满意结果的能力。学术机构应当提供证据证明它成功对这些程序进行了回应。

学术机构应表明全部资源的分配水平与研究生教育或职后培训相适应。

四、教师

(1) 学术机构提供的认证项目必须能够出示证据证明教师教学的质量。MBA 的教学标准最高。

(2) 学术机构应当具有展现高水平教学质量的能力,通过教师从事相关的管理研究、学术和咨询活动。大多数的 MBA 教学团队应当积极介入上述三方面的活动。

(3) 承担 MBA 教学任务的教师必须具有相应的职业资格。学术机构的教学人员中至少有 75% 的人员具有相关的研究生学历。期待大多数的教师具有博士学位。

(4) MBA 教学团队应当意识到管理学相关领域知识前沿的争论,应当能够将他们所学与 MBA 的其他学科建立联系,应当对商学实践具有不断更新的理解。

(5) 应当保持所有研究活动的高质量标准,并展现国际化维度的证明。

(6) 学术机构应当表明存在有效的机制,这种机制让教师的研究、咨询、与行业企业的联系都定期吸纳进了 MBA 教学中。

(7) 学术机构应当制定良好的教师发展政策,以确保教师能够持续满足高标准要求。

(8) 承担 MBA 教学任务的教师应当具有一定的规模,这种规模能够采用新的教学方法,超越传统的师生互动关系,有效进行教学和指导,达到认证评价要求。

(9) 学术机构应把员工共同治理、可获得性和综合性考虑进学术机构的整体教学环境中。这包括非全日制教师、来自组织内部其他机构的教师、来自其他机构的员工和实践者。所有的 MBA 教学团队成员，不论籍贯，应主动适应机构的质量保障政策。

五、项目管理与学生参与

（1）为确保对学生就 MBA 课程内容及其传递的反映而做出充分反馈的质量，必须存在相应的保障机制。

（2）应当明确界定个人在 MBA 项目中与学术领导力和管理责任相关的角色和作用。

（3）学术机构应当有能力表明管理的水平和质量与 MBA 的教育规模相适应。

（4）在学生学习结束之后，应当存在一定的资源和条件帮助全日制学生就业，所有的学生都有机会获得职业发展。

（5）存在适当的机制为学生提供相关的保障，尤其是国际学生，应接受充分的精神关怀和课程学习支持。

（6）期待建立成熟的、活跃的 MBA 校友协会制度，能够为成员提供触手可得的交流网络和终身学习机会。

（7）对于长期已经远离正规教育的成员来说，在课程学习中，应在学习技能方面为其提供明确的帮助。

六、学生

（1）MBA 项目被认为是职业发展中的"多面手计划"，对那些毕业后具有重要工作经历的人而言，其教学过程应明确建立在这些经历之上。

（2）应当期待学生能够完成项目目标，达到前面所述的标准。应有证据证明招生程序和标准的严格性。

（3）MBA 的招生对象是各类有能力的候选人，主要包括具有不同学科背景的毕业生或者是具有相同职业资格的人才，个别成熟的有经验的管理者，具有满足 MBA 教学要求的潜力，也可以被看作是候选人。

（4）在开始 MBA 学习之前，要求学生至少有 3 年的相应工作经历，整个学生群体应平均至少具有 5 年的相应工作经历。

（5）要求语言娴熟的证据。当用英语授课时，在学生评价中，如果母语不是英语，需要提供雅思（IELTS）成绩或托福（TOEFL）成绩，或英文面试成绩。

(6)为了维持学生群体和项目的凝聚力和整合性,学分、高级职位、免修等招生标准将不能得到全日制 MBA 项目认证评价的认可。其他授课模式的学习比例应不超过课程学习的 20%。不超过 20% 的学生可以通过学分、高级职位和免修进行录取。

(7)学术机构应明确指出运用学分、高级职位和免修等条件进行录取的招生政策。所使用的标准和程序必须严格可信。一旦学分、高级职位和免修条件获准,学术机构必须有能力表明在 MBA 项目录取之前的学习,无论是机构内的教学或者是其他地方的学习,硕士阶段的学习可以与直接招收的 MBA 项目学生的学习质量具有可比性。在学分、高级职位和免修条件获准之前的任何学习必须已经在 MBA 项目录取之前的 5 年内获得。

(8)为了推进同行之间的互助学习,应当基于学生被期待做出的贡献和他们的收获进行选拔。假定成员群体在丰富学习过程中具有重要作用,生源的多元化非常重要。为了实现群体的充分互动,认证项目期待的参与对象至少是 20 人的学习小组。

(9)为了确保项目的多元化和稳定性,个别小组应具有国际多元化特征。

(10)个别公司和联盟的 MBA 项目可以在招生、学生进步、课程、由机构掌控的 MBA 评价和奖励权限方面接受认证。因为学习的重要资源来自背景多元的管理者之间的互动。

七、目的与结果

对于那些具有重要相关工作经历的人而言,MBA 项目是职业发展的"多面手计划"。关注项目学习的实践定位和职业定位的战略管理强调领导力培养。

MBA 的目的包括以下几点。

(1)提高和发展先前与工商管理相关的工作经验。

(2)为学生在商业领域的领导角色和转化角色做准备。

(3)发展战略思维、创新和创业技能。

(4)发展对全球商业问题的理解力,并提供有关全球商业问题的工作经验,接受 MBA 教育,有助于解决这些问题。

(5)发展学生运用先前及最近获得的知识和经验解决复杂背景下商业问题的能力。

(6)在高水平上发展组织管理和运行环境方面的知识。

(7)基于 MBA 在环境、社会和管理方面的影响力,发展对管理责任风险和可持续价值创造的理解力。

每个MBA项目应当明确陈述其目的、目标及学习结果。学习结果应当清楚描述参加者被期待了解什么,有能力做什么。

附录四　AACSB会计学认证标准(2003年)

一、概述

会计学认证致力于提高会计教育质量,能够为学生提供满足社会需要的服务能力。会计学认证的程序旨在推动会计教育项目的高质量发展,鼓励会计学教育的持续创新和发展。

认证标准为会计学项目提供评价指导和工作框架,有助于会计教育项目的质量提升和机构自身教育使命的完成。会计学认证标准是商学认证标准的延伸和拓展,所有的认证标准建立在商学认证标准的基础上,商学院认证的资格审核程序、认证标准等被合理整合进了会计学的专业认证标准中,并成为会计学认证程序和标准的基础。申请参加AACSB国际会计学认证必须以获得国际商学认证为前提。

商学认证标准是会计学认证标准的基石。在会计学认证标准中不需要复制商学院的认证标准,除了个别专门适用于会计学项目的标准之外。

会计学认证关注会计学相关项目的授课质量。评估的关键因素包括教师资格、教师发展、教师参与度、课程设计和有效性、用于教学过程的资源特点和有效性、学生的学术基础与潜力、项目规划、项目评估和质量保障机制以及教师的智力贡献。尽管这些因素对于任何学术项目质量的评估都至关重要,但是它们的相对重要性主要取决于,至少部分取决于学术机构的教育使命以及每一个学术项目的教育目标。

会计学项目主要是为学生从事会计、保险服务、咨询服务(包括税务)、商务管理等职业做准备,因此,申请参加认证的学术机构可以根据学生的职业范围,选择把学生的学习目标融入到教育使命和战略管理规划中。

为了获得会计学认证,会计学项目必须得到明确的教育使命的指引,必须满足上述会计教育目标的实现要求,必须掌握教师、领导和其他必要的资源,以在未来维持会计学教育项目质量的不断提升。

拥有会计学本科教育或研究生教育的 AACSB 成员单位,可以自愿申请会计学国际认证,为了申请会计学认证,高校必须满足 AACSB 商学院认证标准,或者同时申请两项资格认证。会计学认证程序与商学认证程序相似,会计学认证程序更关注高校的会计学专业建设情况。会计学认证过程包括严格的自我评价和同行评价过程,首先必须提交会计学认证资格申请,分为预审和初步认证两个阶段,获得 AACSB 会计学认证资格的成员单位五年后将再次接受相关认证评价,以维持项目教育质量。

二、资格认证程序

(1) 寻求 AACSB 会计学认证的学术单位必须拥有官方的会计学学位授予权,这种授予权或者是自身具有的,或者是其所属的大学或学院所具有的。这些会计学项目必须为毕业生做好在工商业界、公共会计、政府、非营利性组织内从事会计职业的准备。接受会计学项目认证的商学院必须已经获得了 AACSB 的商学院国际认证,或者同时获得商学院认证。AACSB 不接受两年制会计学学位项目的认证申请。

(2) 提供会计学教育项目的学术单位必须具备可持续发展的支持资源。AACSB 国际认证对学术单位的管理结构和管理实践不做特殊要求,但是该机构的管理结构必须要有利于会计学教育质量的持续提升。

(3) 由该学术单位在不同地方提供的所有会计学教育项目将同时接受评估,除了个别已被注明不接受评估的项目之外。

(4) 学术机构必须基于其教育使命和文化背景,在会计学教育项目上提供多样化的学位计划。每个会计学专业的毕业生应做好在全球范围内寻求职业发展的准备,所有课程的学习应着力培养学生应对不同文化差异的敏感性和灵活性。

(5) 提供会计学教育项目的学术机构必须建立管理者、教师和学生共同遵守的伦理行为标准。AACSB 国际认证协会指出,伦理行为对于会计学的教育质量至关重要。

(6) 接受认证评估的所有会计学教育项目必须具有可持续发展的生存能力。对于新开设的会计学教育项目而言,至少已经连续两届培养了大批毕业生,并实现了相关教学目标;对于那些已经被认证的会计学教育项目而言,如果面临招生人数减少的困境,学术机构必须采取相应措施保持该教育项目稳定而持续的发展。

三、认证范围的界定

1. 认证单位的界定

AACSB认为,申请认证的学术组织既可以是综合性学术组织的一个学术单位,也可以是独立的学术组织。如果是前者,美国初始认证委员会(Initial Accreditation Committee,IAC)将从财务关系、后勤服务、自主性和依附性等四个方面决定该学术单位是否可以申请认证;如果是后者,该学术组织可以向AACSB提出要求,需要认证哪些学位项目,在现场认证评价开始之前,必须做好这个事情。

2. 认证范围的界定

申请认证的组织是学术组织。该学术组织提供的所有会计学教育项目必须同时接受认证评估。接受认证评估的学位项目主要包括以下几个方面:①本科教育项目主要是会计学教育项目;②学位项目共有150个小时的学习时间;③工商管理硕士学位项目主要是会计学教育项目;④会计学专业的教师在硕士水平的学位项目教育中发挥着重要作用,为学生服务于会计职业,如财务报表、保险服务、税务、信息系统、管理会计、政府会计以及内部审计等做好准备;⑤博士学位项目教育重心是会计学教育。

如果一个学术机构申请参加认证评估的学位项目中,会计学教育项目的教学约占本科教育项目的15%及以上,或者约占研究生教育项目的50%及以上,那么这个学位计划可以被认定为会计学教育项目,可以接受认证评估。该学术机构借助于无线电通信和其他电子信息手段开展的会计学教育项目也将接受认证评估。

在初步认证评估阶段,学术机构应提供所有层次的会计学教育项目清单。认证评估的结果是对教育项目选定模式的认证,如果该学术机构在会计学教育方面开设了一个新的教育项目,而这个新的教育项目被看作是已被认证的教育项目的一部分,那么这个新的教育项目将在下一个认证评估维持周期到来之前完成认证评估。在会计学教育项目认证评估开始之前,IAC和该学术机构将就接受认证评估的会计学教育项目达成共识。在现场认证评估开始之前,IAC必须出具接受认证评估的会计学教育项目名单,这个名单就是认证评估的范围,AACSB会计学国际认证主要针对名单上的教育项目而展开。IAC对接受认证评估的会计学教育项目拥有最终裁决权。

四、战略管理认证标准

(一)标准1

学术机构具有公开发布的教育使命陈述,该陈述是基于会计学科及会计职业在社会中的地位和作用而提出的。它包括通过基础研究、应用研究和学习及教学论研究,促进会计学知识更新,提升会计职业实践中的智力贡献。不论哪个教育项目,其目的都在于培养的学生能够满足相应的职业要求。

1. 基本标准

(1)学术机构遵循教育使命而存在,教育使命让学习参与者对学位项目的发展方向获得了共识,对大家的行动具有重要的引领作用。

(2)学术机构的教育使命陈述是各方利益相关者集思广益的结果。

(3)学术机构的教育使命在相关利益者中间得到了广泛宣传。

(4)学术机构定期对其教育使命的合理部分进行评价。

(5)学术机构的教育使命陈述促进了该机构内会计学专业学生的学习,对学生作为专业人士和管理者的职业发展产生了积极影响。

(6)学术机构教育使命的陈述对会计学专业教师智力贡献方面的关注重点进行了说明。

(7)教师的智力贡献反映了学术机构的教育使命,包括了学术机构内其他部门教师的智力贡献。

(8)学术机构的基础设施和运行机制对教师智力贡献具有积极的促进作用。

(9)如果学术机构内做出智力贡献的教师先前与其他的学术机构持有合同关系,该学术机构必须出具相关文件说明其与这些教师的人事关系,说明其他学术机构对本单位的成功做出了贡献,支持本单位的教育使命,尤其是认同这些教师在本单位的智力贡献。

(10)学术机构的教育使命陈述认同组织内其他学术机构的教育使命陈述。

(11)学术机构的教育使命详细说明了接受会计学教育的哪些学生适合该机构内的教育,而哪些学生的教育要与教育使命陈述的条款相一致。

(12)任何一个会计学教育项目都期待提高教育质量。

(13)学术机构对每个会计学学位项目需要满足的特殊职业要求进行了列举说明。

2. 文件材料指南

(1) 提供教育使命陈述。

(2) 说明教育使命陈述如何影响学术机构的决策,如何统一利益相关者的行动,如何让大家对学习达成共识。

(3) 说明教育使命陈述形成的过程以及不同利益相关者的不同作用。

(4) 说明教育使命是如何以及对谁进行宣传。

(5) 说明评估和修正过程,并表明这个过程是如何进行的。

(6) 说明教育使命陈述中对该机构内学生的会计学教育有利的部分,并讨论它是如何积极影响学生发展的。

(7) 展示学术机构的教育使命如何引领其智力贡献。

(8) 展示会计学专业领域教师个体的智力贡献。

(9) 对学术机构中会计学专业教师的智力贡献价值和其他学科领域中教师智力贡献的价值进行分析。

(10) 探讨学术机构的教育使命与组织内其他学术机构教育使命的关联性。

(11) 表明每个教育项目中可能的利益相关者和学生群体的真实构成特点。

(12) 承认该学术机构在组织内作为服务部门和作为学位授予单位两者角色和地位之间的平衡和张力。

(13) 表明每个会计学教育项目如何满足相应的职业要求。

(二) 标准 2

学术机构的教育使命反映了其对利益相关者责任承诺的真实性和服务力度的充分性。

1. 基本标准

(1) 学术机构教育使命的发展过程涵盖了相关利益者的充分付出,这些利益相关者利用了该机构内学生关注的重大问题,如毕业生数量的充分供应、毕业生的质量、毕业生的多样性以及特许资格发放等。

(2) 当前的课程内容反映了利益相关者提出的相关问题。

(3) 学术机构具有课程体系改革的良好机制,随着利益相关者所在环境变化的发生,可以对课程内容进行及时调节。

2. 文件材料指南

(1) 说明利益相关者在教育使命陈述和课程体系方面提出的建议及其过程。

(2) 在学习时间、特殊课程体系及其他的特许资格要求等方面,提供最新的文件证明。

（3）提供利益相关者在当前水平上对满足特许资格的毕业生所提出的相关要求方面的信息。

（4）提供已经成功获得特许资格的学生和校友的相关信息。

（5）用文件说明学术机构对利益相关者就学生关注的重大问题，如毕业生数量的充分供应、毕业生的质量、毕业生的多样性以及特许资格发放等所做出的回应。

（6）如果做出具有代表性智力贡献的教师与其他学术机构持有聘任与被聘任关系，该学术机构必须清晰确认这类教师的智力贡献，并用文件证明该机构支持教师个体的学术工作，以及机构与教师之间的合同关系；证明其他学术机构对本机构的成功做出的贡献，如支持本机构的教育使命及相应的智力贡献等。

五、参与者认证标准

（一）标准 3

每个会计学教育项目在其教育服务的特殊市场领域获得了成功。其标志是：第一，学生在毕业 3 个月内就业；第二，学生在毕业的若干年后获得职业成功（如 5 年或 10 年等）。

1. 基本标准

（1）学生在做出职业抉择时得到了帮助，完成学位计划后签约就业。

（2）在每个会计学学位计划中，系统的服务规划能够帮助学生清楚确认职业咨询和就业信息，推动学生就业（可以通过媒体或网络资源将相关信息传递给学生）。

2. 文件材料指南

（1）讨论每个会计学学位计划在学生完成学术机构教育使命和提高教育质量方面所提供的有效支持。

（2）提供每个学术性学位计划中学生在毕业 3 个月内就业的百分比及其就业类型（如工作说明、被雇佣的公司或机构等）的统计数据。

（3）提供毕业生在后来合适的时间内获取职业成功的统计数据，这些数据可以通过雇员调查、毕业生调查或其他的方法实现。

（二）标准 4

从整体上看，学术机构的多数教师具有会计职业资格证书，或者具有会计职业资格证明,这与该机构的教育使命、每个学位项目的教育目标以及教师个体的教学和研究责任相吻合。

1. 基本标准

(1) 师资充足,能够在课程体系研发、课程内容研发、课程讲授以及支持教学目标的其他活动中发挥作用。

(2) 关于师资是否充足的判定,评价者应视教师在研究、教学、非学位教育、教师发展行动、社区服务、机构服务等方面的责任承诺而定。

(3) 与学术机构的教育使命和学位计划教育相一致,该机构具有职业资格证书和证明的教师必须足够多,以满足机构所在区域的发展要求。

(4) 除了通过考试和实践而获得的职业资格,还要对其职业活动进行明确解释。

2. 文件材料指南

(1) 说明补充的教师能够完成学术机构的教育使命和他们所承担的所有教学项目。

(2) 展示教职工如何发挥其在课程体系研发、课程内容研发、课程讲授、学术协助、学术咨询、职业咨询以及与其教育使命相一致的其他活动中的功能。

(3) 说明教师在每个学位项目中所采取的教学方法。

(4) 说明具有职业资格证书的教师的类别和价值。

(5) 说明无职业资格证书教师的具体工作安排。

(三) 标准5

从整体上看,会计学专业教师遵循学术机构的教育使命要求,积极进行基础研究、应用研究、学习及教学论研究方面的智力贡献活动。同时,针对教师个人对机构教育使命的贡献情况,制定明确的评价机制。

1. 基本标准

(1) 在任意一个为期5年的时间内,来自其他部门的多数教师借助于基础研究、应用研究、学习及教学论研究方面的智力贡献,维持其教育能力的不断提升(参见标准1的定义)。同时,教师在学习及教学论研究方面的贡献既不能被排除在外,也不能完全成为主导。

(2) 学术机构确立了基础研究、应用研究与教学研究之间互为关联、相互协调的重要共识,以促进教育使命及教育目标的实现。

(3) 对教师智力贡献的类型和每个教师的角色地位进行确认,以此为基础,对教师业绩进行评价。

2. 文件材料指南

（1）在5年评估周期之前，提供每个会计学专业教师的智力贡献情况小结。

（2）提供每个会计学专业教师当前的智力贡献计划。

（3）遵循学术机构的教育使命，提供对学术机构智力贡献进行全面评价的材料，着重对在5年评估周期之前尚未满足智力贡献预期的教师发展进行专门规划。

（四）标准6

学术机构的所有教师在职业互动上表现出充分的进取性，以支持他们完成机构的教育使命，实现每个学位项目的教育目标。同时，从整体上看，会计学专业教师要维持与机构教育使命和学位项目教育目标相一致的商科教育、会计学相关的实践活动。

1. 基本标准

（1）遵循学术机构的教育使命，教师具有一系列最新的职业互动行动及与商科教育、会计学相关的实践活动。

（2）用文件确立和说明教师的职业互动和实践经验与其教学和科研任务之间的关系。

（3）职业互动活动主要包括参加职业团体的相关活动、参与职业继续教育项目，以及出席与职业相关的专门会议等。

（4）教师最新的重要实践经验主要包括在公共会计、私人企业、政府部门和非营利组织工作，研发和提供职业继续教育活动，从事领域问题研究、实习、咨询，参与商科领域的职业协会和会计职业协会的重要活动，在商科领域的职业协会和会计职业协会的批准部门服务，参加重大的会计学实践及相关问题研究的职业活动，以及其他直接联结教师与会计学专业实践者的活动。

（5）更重要的是，教师的实践经验应该与其所教学科领域相关，这样才能充分将对理论问题的真知灼见运用到相关现实问题的解决上。

（6）遵循学术机构的教育使命和学位项目的教育目标，制定综合性的规划机制，确保教师的职业互动与重要实践活动的高质量运行。

2. 文件材料指南

（1）提供教师职业互动和实践活动的详细记录，包括任务安排的特点。

（2）说明职业互动和实践活动在教师评价中的作用。

（3）提供学术机构遵循其教育使命和学位项目的教育目标，制定综合性的规划机制的细节，以确保教师的职业互动与重要实践活动的高质量运行。

（五）标准7

会计学课程体系源自现实社会中提供财务及其他信息以确保其真实性的会计师的地位和作用。每个会计学教育项目的学习目标必须与学术机构的教育使命相一致。每个会计学教育项目都包括一系列合适的学习活动，以保证教育项目目标的实现，这些教育目标由重要的利益相关者参与制定。会计学的学习结果不限于研发、测量、分析、批准和交流财务及其他信息，重要的是要讲究诚信。

通常情况下，课程体系的管理机制会带来新学位计划的产生，新的学位计划要求其学习活动包括以下几个方面：现实社会中提供和保证财务及其他信息真实可信的会计师的作用，会计师的伦理和管理环境，商业进展及其分析，网络控制和安全，风险评估、财务报表保险及非财务报表保险，运用历史和未来的视角记录、分析和解释财务及非财务信息，项目管理和协议管理，设计和运行财务信息和非财务信息管理技术，个人和企业的税收政策、战略和规章，全球化背景下会计师在国际会计问题和实践中所发挥的作用等。

1. 基本标准

（1）除了满足商学院认证标准第15条的规定之外，所有的会计学教育项目还要满足上述要求和条件。

（2）课程体系研发、评估和修正的最新证据表明课程体系管理的有效性。

（3）产生的新课程在为毕业生从事会计学职业方面提供了适切的学习体验。

2. 文件材料指南

（1）用文件说明课程体系的管理机制及其所产生的持续推动力。

（2）为所有的会计学学位项目提供课程设计。

（3）展示学生的学习活动如何实现上述标准中的条件和要求。

（六）标准8

无论会计学的实践活动形式如何，学术机构的教育使命暗示该机构期待毕业生从事会计职业，期待毕业生满足会计职业的准入条件和要求。

1. 基本标准

（1）所有课程的准入要求都包含在学术机构的教学目标中。

（2）毕业生展现成功准入并完成各种形式的会计学实践活动的过程。

（3）无论可以申请准入的条件和要求多么多样化，学术机构都可以选择其中一个或更多的条件和要求作为目标来实现。然而,只要进行选择,必须将选中的准入要求清晰地向学生、雇主和其他的利益相关者公开。

2. 文件材料指南

(1) 详细说明重要的准入条件和要求。

(2) 展示满足准入条件和要求的学习目标。

(3) 表明毕业生实现了所有的学习目标。

(4) 表明毕业生成功进入了会计学相关的职业。

六、会计学本科教育项目

(一) 标准9

会计学本科教育项目的教学目标关注财务信息和非财务信息的研发、测量、分析、批准和交流。多数学生致力于参加这样的问题学习,这与该项目的教育使命相适应,满足了该学术机构对多数专业学习所设定的通用要求和条件。

1. 基本标准

(1) 该标准中的学生参与具有相应的计划表。

(2) 涉及会计学定义元素的学习活动被看作是会计学学科的一部分,即使这些活动并没有被官方认定为会计学活动。

(3) 详细列举并评价普遍知识和技能领域、专门管理知识和技能领域以及会计学知识和技能领域的学习目标。

(4) 在本科教育项目中,21个学分设计中至少有6个学分用在会计学入门学习中,只有这样,才能实现会计学教育的教学目标。

2. 文件材料指南

(1) 表明教学目标满足了上述标准。

(2) 讨论学生在学习活动中是否付出了足够的努力。

(3) 提供其他领域内专业要求方面的信息。

(二) 标准10

会计学本科教育项目的教学目标除了关注会计学之外,也关注发展学生接受更广泛教育的重要能力。

1. 基本标准

(1) 这个标准既覆盖了普遍知识和技能,同时也覆盖了会计学、商科教育之外的其他教育。

（2）该标准中的学生参与具有相应的计划表。

（3）重要能力应当反映学生个体接受更广泛教育的要求和条件。除非能够举出反例，否则重要能力应包括交流技能、应对多样化的能力以及批判性思维能力。

（4）允许本科教育阶段学生参与工作。这些条件包括但不限于大学预修课程、中学高级水平考试和被广泛认可并取得有效成绩的其他参与活动。

（5）无论会计学教育项目在何地以何种形式进行，必须对其学习质量负责，学习质量对学位计划的完成具有重要意义。

（6）至少90个学分直接用于完成这些教学目标。

2. 文件材料指南

（1）界定本科教育项目的宽泛教学目标。

（2）表明毕业生实现了所有的宽泛教学目标。

（3）表明毕业生已经面对的是全球范围内的多元化学习经历。

（4）解释说明学位项目如何满足学生参与的时间要求。

七、硕士学位会计学教育项目

（一）标准11

工商管理硕士（MBA）项目关注会计学教育，其教学目标集中在财务信息和其他信息的研发、测量、分析、批准和交流上。参与工商管理硕士学位教育项目以本科阶段获得的相应普遍知识和技能为前提条件。与本科阶段相比，硕士阶段的学习过程是一个更加综合、更密集的过程。毕业生表现出对职业责任感、会计职业道德标准以及社会和商业组织中会计学战略意义的充分理解。学分制中关于学习内容和学习时间的分配与该项目的教育使命相一致。

1. 基本标准

（1）通常情况下，会计学教育项目中的所有硕士学位项目必须至少包括30个学分，这超出了规定至少21个学分的本科教育项目要求，或者所开设课程中70%及以上的课程主要针对毕业生而展开。

（2）涉及会计学定义元素的学习活动被看作是会计学的一部分，即使这些活动并没有被官方认定为会计学活动。

（3）详细列举和评价与侧重会计学教育的MBA项目相适应的涵盖会计学知识和技能领域的学习目标。

（4）如果有条件，对比分析MBA项目中的会计学教学目标与会计学本科阶段、硕士阶段教学目标的异同。

2. 文件材料指南

（1）列举满足这个标准的教学目标。

（2）表明教学目标满足了这些学习要求。

（3）依据当地与财务信息和其他信息研发、测量、分析、批准和交流相关的考评制度，量化学生参与活动。

（二）标准 12

会计学硕士教育项目和会计学领域其他专业型硕士教育项目（如税务学硕士教育项目）的教学目标都集中在财务信息和其他信息研发、测量、分析、批准和交流上。参与会计学硕士教育项目以本科阶段获得的相应普遍知识和技能为前提条件。与本科阶段相比，会计学硕士项目的学习过程是一个更加综合、更加密集的过程；从知识深度上看，与 MBA 项目相比，会计硕士对会计学知识的学习更深入。毕业生表现出对职业责任感、会计职业道德标准以及社会和商业组织中会计学战略意义的充分理解。学分制中关于学习内容和学习时间的分配与该项目的教育使命相一致。

1. 基本标准

（1）会计学硕士教育项目课程中学分至少应有 15 个，其中至少 12 个学分主要为毕业生而设计。

（2）涉及会计学的学习活动被看作是学科不可分割的一部分，即使这些活动并没有被官方认可为会计学活动。

（3）详细列举和评价的涉及会计学知识和技能领域的学习目标对会计学其他专业型硕士项目也是适用的。

（4）对于那些从会计学本科教育阶段直接进入会计学硕士教育阶段的学生而言，获取两个学位的学分数量都要加以考虑。通常情况下，会计学硕士研究生在本科教育和硕士研究生教育阶段涉及财务信息和其他信息研发、测量、分析、批准和交流的学分至少应有 27 个，其中至少 12 个学分必须在毕业阶段进行。

（5）参与认证评估的由会计学教育单位授予的税务学硕士教育项目也要满足这个标准。这些教育项目可能开设了大量重要的税务学方面的课程，在会计学课程开设上比较有限，这就要看学术机构如何判定这类项目的内容和结构。

（6）如果条件许可，比较分析会计学硕士教育教学目标与本科阶段及 MBA 项目教学目标的异同。

2. 文件材料指南

（1）列举满足这个标准的教学目标。

（2）表明教学目标满足了这些学习要求。

（3）表明学生的参与水平是适宜的。

（4）解释说明这个项目如何满足了学生参与的时间要求。

八、会计学博士教育项目

（一）标准 13

会计学博士学位项目确保所有的毕业生理解财务信息和其他信息的研发、测量、分析、批准和交流。与商学院认证评价标准相一致，通过会计学领域的原创研究，会计学博士水平的毕业生表现出创造知识的能力。

1. 基本标准

（1）教师具有明确的教学目标，其教学行动满足了这个标准。

（2）所有的毕业生展示了进行原创研究的能力。

2. 文件材料指南

（1）列举满足这个标准的教学目标。

（2）展现满足这些教学目标的教学行动。

（3）依据当地的考评制度，量化学生的参与要求。

（二）标准 14

所有的会计学博士教育项目应确保所有的毕业生理解现实社会中会计师提供和保证财务信息和其他信息真实可信的作用及其职业地位。

1. 基本标准

所有的毕业生理解会计学在学术机构服务的领域中发挥着真实作用。

2. 文件材料指南

展示帮助学生完成这个目标的行动。

（三）标准 15

当学术机构的教育使命暗示其期待具有会计学博士学位并教授学术项目的毕业生受聘于该机构时，毕业生应准备承担教学责任。

1. 基本标准

（1）所有的准入要求和条件都涵盖在教学目标中。

（2）项目毕业生展示成功准入会计学项目教学的过程。

（3）因为不同的会计学教育项目对教学有不同的期待，学术机构可以选择一个或更多的期待作为目标进行实现。当一个学术机构为教学提供多样的选择条件而做准备时，被选中的条件必须清晰向学生、雇主和其他相关利益者公开。

2. 文件材料指南

（1）详细列举承担教学责任的准入要求和条件。

（2）展示满足了这些准入要求的教学目标。

（3）表明毕业生实现了这些教学目标。

（4）展现毕业生成功承担了教学责任。